珞珈管理评论

Luojia Management Review

2014 年卷　第 1 辑(总第 14 辑)

武汉大学经济与管理学院主办

武 汉 大 学 出 版 社

图书在版编目(CIP)数据

珞珈管理评论.2014 年卷.第 1 辑:总第 14 辑/武汉大学经济与管理学院主办.—武汉:武汉大学出版社,2014.7
ISBN 978-7-307-13369-3

Ⅰ.珞… Ⅱ.武… Ⅲ.企业管理—文集 Ⅳ.F270-53

中国版本图书馆 CIP 数据核字(2014)第 107287 号

责任编辑:柴 艺　　责任校对:鄢春梅　　版式设计:韩闻锦

出版发行:**武汉大学出版社**　(430072　武昌　珞珈山)
(电子邮件:cbs22@ whu. edu. cn 网址:www. wdp. com. cn)
印刷:军事经济学院印刷厂
开本:787×1092　1/16　印张:11　字数:255 千字
版次:2014 年 7 月第 1 版　　2014 年 7 月第 1 次印刷
ISBN 978-7-307-13369-3　　定价:28.00 元

改版寄语

随着樱花绚烂到腊梅吐香的季节轮回，《珞珈管理评论》在珞珈山下从蹒跚学步到步履渐稳已有七载。

回首七年，我们追求正确的价值取向、多元的学术思想及高质量的学术品位；我们力求提供一个弘扬学术、启迪创新思维、探讨管理学科前沿问题、交流管理理论以及展示管理学科学术成果的学术平台；我们尽力建造一个氛围宽松、研究规范、论证严谨的学术论坛。

管理学来源于实践。相比一些学科，管理学还颇为年轻，溯源法约尔和泰罗，至今百年左右。而今，经济全球化所带来的生产与流通管理的新变化，网络技术、通信技术和计算机科学的快速发展所带来的管理新变革，加上新的研究方法与工具的出现所产生的新的研究领域，管理学研究的边界在模糊，研究的方法在规范，研究的领域在扩展，但管理学研究的终极目标始终如一：为了组织的发展，在系统思想的指导下，通过人力资源的深层挖掘去提高效率、增加效益。

作为管理类学术期刊，我们秉承着刊物对于学术及其传统的理解和识见，担当着对于学术现象和学术进展的评价，把刊物对学术积累和学术发展的切实推进作为我们一直努力的方向。

为了进一步提高期刊的学术水平，增强期刊的学术影响力，更好地展示管理学科的学术成果，在历经七年的摸索和成长后，我们对封面设计、栏目设置和体例要求进行了相应调整，以新的面貌，开启新的征程！

改版之时，我们对继续担纲刊物学术委员会的委员一如既往的扶持、对受邀新入学术委员会的学者对刊物的厚爱、对欣然成为编委会一员的青年才俊的不吝支持致以诚挚的谢意！

“珞珈之山，东湖之水，山高水长，流风甚美。”《珞珈管理评论》将集珞珈一片苍翠之蓬勃、东湖万顷碧波之浩瀚，开辟一块属于自己的精神园地、一个独特的文化标志、一道亮丽的文化风景。

《珞珈管理评论》编辑部

2014. 6

目　　录

CONTENTS

利率市场化背景下中国货币政策利率传导渠道的动态变化
——基于1996—2012年的实证研究*

● 江　春[1]　余慧扬[2]
(1, 2 武汉大学经济与管理学院　武汉　430072)

【摘　要】本文针对中国1996—2012年的相关数据，分别运用状态空间模型和Morlet小波分析方法，对我国货币政策利率渠道的动态变化进行了实证分析。本文的实证分析发现：随着中国一系列利率市场化改革措施的不断推出，中国货币政策利率渠道的传导效率逐步上升。据此，本文认为，中国通过实现存款利率的市场化来实现利率的完全市场化，将会大大提高中国货币政策的有效性。

【关键词】货币政策　利率渠道　动态变化

1. 引　　言

自1996年正式放开银行间拆借利率开始，到2013年全面放开对金融机构贷款利率的管制，经过多年的改革，中国的利率市场化程度不断提高，目前仅剩下存款利率市场化这最后一步。在整个货币政策传导过程乃至宏观经济整体运行中，利率是一个核心变量。这体现在：利率既是一个极为重要的要素价格(从微观经济的角度来看)，直接影响着微观经济主体的消费和投资决策，同时又是调节宏观经济总量的政策杠杆(从宏观经济的角度来看)。就货币政策传导而言，不同期限的利率指标在许多发达国家常常被用作货币政策的操作变量、中介变量，利率价格信号作用的发挥关系着货币政策操作能否有效作用于实体经济，畅通高效的利率传导渠道则是提升货币政策有效性的关键环节。随着金融市场化程度的提高、资本市场的不断完善、金融创新及电子货币的繁荣，银行信贷的特殊地位将日益下降，信贷渠道会随着金融宏观管理从直接调控向间接调控的转变而逐渐淡出，而利率始终是联结金融领域与实物领域的纽带，并且随着利率市场化程度的不断深入，利率传导渠道将成为货币政策传导的主要渠道(方先明，2005)。因此，在利率市场化背景下，

* 本文得到国家自然科学基金项目“中国利率、汇率与央行资产负债及货币供应之间的交互影响：实证分析与政策意涵”(项目批准号：71373187)的资助。

货币政策利率渠道究竟发生了怎样的动态变化，是一个值得我们深入研究的重大问题。

关于中国货币政策传导机制的研究，大多数着眼于货币渠道和信贷渠道有效性的比较研究，目前占据主流地位的观点是：在中国，货币政策的信贷渠道占据主导地位，而以利率为核心的货币渠道则影响甚微(王振山和王志强，2000；周英章和蒋振声，2002；盛朝晖，2006；盛松成和吴培新，2008；蔡晓春，2010)。另外，部分学者运用单位根检验、协整检验、Granger 因果检验以及脉冲响应函数专门研究了中国利率传导渠道的有效性(方先明，2005；潘耀明，2008；岳意定和谢文，2009；杜江，2012)。关于中国利率渠道长期以来的低效性，各位学者总结的原因如下：长期以来中国的利率市场化程度较低，利率的价格信号作用难以发挥，且银行体系在我国占据主导地位，资本市场则相对不发达，货币政策操作只能通过影响银行提供的贷款量作用于实体经济(王振山和王志强，2000；周英章和蒋振声，2002；盛朝晖，2006；潘耀明，2008；杜江，2012)。

上述国内学者的研究，多数集中于对某一时间段中国货币政策传导机制有效性的探讨，但货币政策利率传导机制在研究区间的连续动态变化则较少受到关注。事实上，在制度变革、经济结构演变、政策变动以及内外冲击等诸多因素的影响下，货币政策的传导并非静态过程，而是呈现出动态变化的特征；并且考虑到目前中国的利率市场化进程已迈出较大步伐(尤其是 2012 年中国首次放开存款利率上限，2013 年全面放开贷款利率管制)，在此种背景下，对中国货币政策利率渠道的动态性变化进行研究，有助于我们探究利率市场化对利率渠道的传导究竟产生了怎样的影响，以便结合利率市场化改革，有针对性地提出相关建议，从而进一步提高货币政策的有效性。然而，传统研究中被广泛采用的协整检验、Granger 因果检验以及脉冲响应函数等固定参数的计量模型都不能很好地反映货币政策传导的动态性特征；另外，虽然有少数学者曾采用动态模型来刻画货币政策传导渠道的强弱变动，但大部分仅仅考虑了从货币供应量、同业拆借利率等政策变量、中介变量到 GDP、CPI 等最终目标变量之间简单的单向关系，并且只是对货币渠道和信贷渠道进行简单的对比研究(蔡晓春等，2010；谭太平，2011)，很少有文献针对中国货币政策利率传导渠道的连续动态变化进行研究，并充分考虑货币政策传导路径中利率与消费、投资等实际经济变量之间在不同周期、不同时间点相互关系的变动。

为解决上述问题，本文基于利率市场化的视角，力图运用最新的数据和动态计量方法，探讨 1996—2012 年我国货币政策货币渠道和信贷渠道的动态变化。首先利用 1996 年第一季度到 2012 年第四季度的货币供应量、同业拆借利率、信贷余额以及 GDP 等变量的季度数据，采用时变参数的状态空间模型刻画出该时间段货币政策利率传导渠道强弱的连续变化，同时给出信贷渠道的传导路径作为对比。相对于采用同样方法的有关研究(高铁梅，2001；江群等，2008；蔡晓春，2010；谭太平，2011)，本文以 1996 年同业拆借市场的建立为研究起点，研究期至 2012 年末，深入探讨了利率市场化及其相关因素对利率渠道强弱变化的影响，并在一定程度上对两者进行对比分析，研究的时间跨度更大，也更具针对性。为了对整个传导路径有一个更细致的研究，本文接着采用 Morlet 小波分析方法，利用 1996—2012 年的月度数据，对利率、消费、投资以及工业总产值①等变量之间的传

① 由于 GDP 没有月度数据，用月度数据进行分析时，经济增长的变量由工业总产值代替。

导同时从时域和频域上进行分析。Morlet 小波分析方法能够同时给出两个变量在时域和频域上的相关性，有助于我们观察货币政策传导机制各变量在不同周期的相关性以及这种相关性是如何随时间而变化的，与此同时，小波相位差的运用还能够给出不同时点、不同周期货币政策传导变量之间的领先和滞后关系①。Morlet 小波分析最初由 Morlet② 提出，近年来已多次运用于宏观经济学的研究，但目前很少有文献运用该方法来研究中国货币政策传导机制各变量间相互关系的动态变化。因此，本文通过运用状态空间模型和 Morlet 小波分析等动态计量方法，对中国货币政策利率传导机制进行实证研究，从以往文献单纯的静态分析扩展到时域和频域上的动态变化，无疑更具创新性，也更具参考价值。

本文结构安排如下：第二部分是计量模型和实证方法的详细介绍；第三部分对数据和指标做出说明；第四部分给出基于状态空间模型和 Morlet 小波分析方法的实证结果，并进行分析；第五部分是文章的结论。

2. 实证方法描述

以下对本文所采用的状态空间模型估计和 Morlet 小波分析这两种计量方法的理论基础及估计方法进行说明。

2.1 状态空间模型

状态空间模型源于现代控制理论，是一种估计动态系统中不可观测时间变量的有力建模工具，它能够刻画输入引起的系统内部状态的变化，并由此导致的输出发生的变化，是反映动态系统的完整模型。状态空间模型估计动态系统的优势在于，能够将不可观测的变量并入可观测模型，并与其一起估计得到结果，利用卡尔曼滤波可估计被解释变量过去的信息，得到状态变量的最佳近似解③。状态空间模型由两部分构成，即信号方程和状态方程，前者反映动态系统在输入变量作用下在某时刻所转移到的新状态，后者将系统在某时刻的输出和系统的状态及输入变量联系起来，模型结构如下：

信号方程：$Y_t = X_t\beta_t + C_t + \mu_t \quad t = 1,\ 2,\ \cdots,\ T$ （1）

状态方程：$Q_t = \Phi_t\beta_{t-1} + D_t + \varepsilon_t \quad t = 1,\ 2,\ \cdots,\ T$ （2）

$$(\mu t,\ \varepsilon_t)' \sim \left(\begin{pmatrix} 0 \\ 0 \end{pmatrix},\ \begin{pmatrix} \sigma^2 & 0 \\ 0 & R \end{pmatrix} \right) \tag{3}$$

其中，T 是时间长度，Y_t表示包含 k 个可观测变量的 $k\times1$ 维向量，这些变量用未观测到的 $m\times1$ 维向量β_t表示，β_t被称为状态向量。另外，X_t表示 $k\times m$ 维矩阵，C_t和 D_t分别表示 $k\times1$ 维向量和 $g\times1$ 维向量，Φ_t表示 $m\times m$ 维矩阵，Q_t表示 $m\times m$ 维矩阵，μ_t和 ε_t分别表示

① Crowley, P. M.. A guide to wavelets for economic[J]. *Journal of Economic Surveys*, 2007, 21(2): 207-267.

② Goupillaud, P., Grossmann, A., and Morlet, J.. Cycle-octave and related transforms in seismic signal analysis[J]. *Geo-exploration*, 1984, 23(1): 85-102.

③ 高铁梅，王金明. 我国货币政策传导机制的动态分析[J]. 金融研究，2001，3：50-58.

$k\times1$ 维向量和 $g\times1$ 维向量，代表信号方程和状态方程的随机扰动项。模型中 X_t、C_t、D_t、Φ_t、Q_t统称为系统矩阵，假定全部为非随机矩阵，可以对其预先确定。对任一时期 t，将状态方程依次代入，Y_t能够被表示为当前μ_t和过去ε_t以及初始状态β_0的线性组合，本文中我们的研究对象是状态向量β_t，β_t又被称为可变参数，可表示成一阶马尔科夫过程，由可观测变量X_t和Y_t进行估计，估计的主要原理为：当扰动项和初始状态向量服从正态分布时，能够通过预测误差分解计算似然函数，从而可以对模型中的未知参数进行估计，并且一旦观测到新的信息，就可以利用卡尔曼滤波方法连续地修正状态向量的估计。

2.2 Morlet 小波分析方法

状态空间模型刻画的是变量间关系在时域上的一个动态变化，能够勾勒出研究区间内货币政策利率传导渠道强弱程度的大致变化，而借助于 Morlet 小波分析，我们能够更加细致地展现货币政策传导过程中各变量间短期和长期的关系是如何随时间变化的。Morlet 小波分析能够将时间序列分解成不同频率的成分，相对于具有类似功能的傅里叶分析而言，它能够实现同时从时域和频域两方面进行考察，既不会丢失时间信息，又能够准确捕捉短暂性变动和结构性突变，还具有降噪功能强、较少遗漏和扭曲信息以及对序列的线性和平稳性均没有要求等诸多优势①②。小波分析将作为母小波的基本方程分解成多个子小波，以捕捉时间序列在时域和频域上的特征。母小波是遵循以下小波容许性条件的时间的函数：

$$0 < C_\psi = \int_0^\infty \frac{\psi(f)}{f}\mathrm{d}f < \infty \tag{4}$$

其中，$\psi(f)$是母小波$\psi(t)$的傅里叶变换。

为了保证 $C_\psi<\infty$，$\psi(0)$必须为 0，这就相当于 $\int_{-\infty}^{+\infty} |\psi(t)\mathrm{d}t| = 0$，通常情况下，我们要将$\psi(t)$标准化，即 $\|\psi(t)\|^2 = \int_{-\infty}^{+\infty} |\psi(t)|^2\mathrm{d}t = 1$，为了使这两个方程满足，$\psi(t)$的波形变动必须有衰退性的特征，其振幅从 0 开始上升，最后又回归到 0 轴，围绕着时间轴上下正负波动，且仅在局部为非零。

要对时间序列进行小波分析，必须对其进行小波变换，间断小波变换的一般用途为降噪，而连续小波变换方法更有助于提取金融信息，因此本文采用连续小波变换方法。③ 给定时间序列 $x(t)$，关于母小波 ψ 的连续小波变换方程如下：

$$W_x(s,\ \tau) = \int_0^\infty x(t)\frac{1}{\sqrt{|s|}}\psi^*\left(\frac{t-\tau}{s}\right)\mathrm{d}f < \infty \tag{5}$$

---

① Aguiar-Conraria, L., and Soares, M. J.. Oil and the macro-economy: Using wavelets to analyze old issues[J]. *Empirical Economics*, 2011a, 40(3): 645-655.

② Aguiar-Conraria, L., and Soares, M. J.. Business cycle synchronization and the Euro: A wavelet analysis[J]. *Journal of Macroeconomics*, 2011b, 33(3): 477-489.

③ Crowley, P. M.. A guide to wavelets for economics[J]. *Journal of Economic Surveys*, 2007, 21(2): 207-267.

$$\psi_{s,\tau}(t) = \frac{1}{\sqrt{s}}\psi\left(\frac{t-\tau}{s}\right) \tag{6}$$

其中，$W_x(s,\tau)$是$x(t)$时间序列的连续小波变换函数CWT，“ * ”意味着共轭复数，$S_x(s,\tau)=|W_x(s,\tau)|^2$是小波功率谱，用来描述时间序列在时域上的局部方差，$\frac{1}{\sqrt{|s|}}$的作用是将不同周期上的能量标准化。方程(6)表示如何将母小波$\psi(t)$转化为一系列具有不同频率的子小波$\psi_{s,\tau}(t)$。s是控制小波波长的调整系数，能够用来衡量母小波的伸缩程度，$s<1$表示较窄的母小波；当$s=1$时，小波与基本母小波相对应；$s>1$表示较宽的母小波。参数τ是显示小波在何处集中的局部参数。在此，我们必须对母小波$\psi(t)$的形式作出设定，本文参照Goupillaud形式的Morlet小波①，其简化形式定义如下：

$$\psi_\eta(t) = \pi^{-\frac{1}{4}}e^{i\eta t}e^{-\frac{t^2}{2}} \tag{7}$$

其中，$i=\sqrt{-1}$为虚数，η为小波的中心频率，通常被设定为6，这一数值能够在时间和频率的定位上实现较好的平衡。

与傅里叶分析类似，我们在小波时频域中能够给出一些度量指标的计算。例如，我们能够定义小波功率谱为$|W_x(\tau,s)|^2$，它定义了每个时域和频域对时间序列方差的相对贡献。小波功率谱能够对s和τ进行积分，以得到相应时间序列的总方差：

$$\sigma_x^2 = \frac{1}{C_\varphi}\int_0^{+\infty}\int_{-\infty}^{+\infty}|W_x(\tau,s)|^2\frac{d\tau ds}{s^2} \tag{8}$$

在分别计算出两组时间序列$x(t)$和$y(t)$的CWT后，我们就能构造它们的交叉小波变换函数(XWT)，以便研究x和y在时域和频域上的相关性。变量x和y的XWT能够显示出有着高度同步功率的区域以及相位差信息，其函数形式包含x和y的CWT：

$$W_{xy}(s,\tau) = W_x(s,\tau)W_y^*(s,\tau) \tag{9}$$

由于母小波一般为复数，交叉小波功率谱同样应当为复数，并能够被分解为实数部分和序数部分。正如小波功率谱反映了单一时间序列在时域上的局部方差，交叉小波功率则描述了两个时间序列的局部协方差。基于W_{xy}，我们能够计算出一个更易于解释的度量指标，即小波相关系数，从而将两组变量之间的联动性具体化，其表达式为：

$$R_{xy}(s,\tau) = \frac{|S(W_{xy}(s,\tau))|}{|S(W_x(s,\tau))|^{\frac{1}{2}}|S(W_y(s,\tau))|^{\frac{1}{2}}} \tag{10}$$

其中，s是一个时间和周期上的平滑算子，从方程(10)的形式可以看出，$R_{xy}(s,\tau)$实质上是交叉功率与两变量谱函数乘积的比率，在0~1取值，从某种意义上说，该指标度量了两项时间序列之间的相关程度在不同时间和频率上的变化，傅里叶分析中也有类似功能的指标，但只能度量在不同频率上的变化。②因此，从小波相关系数的图形中，我们能

① Goupillaud, P., Grossman, A., and Morlet, J.. Cycle-octave and related transforms in seismic signal analysis[J]. *Geo-exploration*, 1984, 23: 85-102.

② Rua, A.. Measuring co-movement in the time-frequency space[J]. *Journal of Macroeconomics*, 2010, 32(2): 685-691.

够识别出时域和频域上相关性较强且显著的区域，并分析时域和频域两个维度上的变动特征。

除了小波相关系数，接下来，我们进一步使用小波相位差来研究两变量间的领先—滞后关系。这一度量指标虽然与 Granger 因果检验有某些相似之处，但它显示的却是时频空间上的因果性，时间序列 x 和 y 之间的相位差被定义为：

$$\varphi_{xy}(s,\ \tau)=\tan^{-1}\left(\frac{I(W_{xy}(s,\ \tau))}{R(W_{xy}(s,\ \tau))}\right) \qquad \varphi_{xy}\in(-\pi,\ \pi) \tag{11}$$

其中，$I(W_{xy}(s,\ \tau))$ 和 $R(W_{xy}(s,\ \tau))$ 分别表示 $W_{xy}(s,\ \tau)$ 的虚数和实数部分，$\varphi_{xy}=0$ 意味着 x 和 y 在给定的时间点和频率上是完全同步变动的，当 $\varphi_{xy}\in\left(0,\ \frac{\pi}{2}\right)$ 和 $\varphi_{xy}\in\left(-\frac{\pi}{2},\ 0\right)$ 时（即相位差图形的箭头分别指向右上角和右下角），两者同相位变动，前者 x 领先于 y，后者 y 领先于 x；当 $\varphi_{xy}\in\left(\frac{\pi}{2},\ \pi\right)$ 和 $\varphi_{xy}\in\left(-\pi,\ -\frac{\pi}{2}\right)$ 时（即相位差图形的箭头分别指向左上角和左下角），前者 y 领先于 x，后者 x 领先于 y。

3. 指标选取和数据处理

本文以 1996 年同业拆借市场的建立为研究起点，选取 1996 年第一季度到 2012 年第四季度的货币供应量 M1、中国银行间同业拆借加权平均利率 CHIBOR 和国内生产总值 GDP 的季度数据，以构建利率传导渠道的状态空间模型。这里基于货币政策操作变量→中介变量→最终变量的传导原理，考察了货币供应量变动导致利率水平变化，利率水平变动进而影响实际产出这两个环节的传导效率。与此同时，还利用信贷余额 LOAN 的季度数据，构建了信贷渠道传导路径的状态空间模型以作对比分析。上述数据均来自中经网数据库，季度同业拆借利率数据是对中经网的月度同业拆借加权平均利率进行几何平均得出的。本文以同期 CPI 将上述数据调整为以 1995 年为基期的实际值，根据对时间序列线图的观察得知 GDP 具有较强的季节性特征，因而用 X12 方法对其进行除季节趋势调整，最后所有数据均取对数处理。这部分状态空间模型的测算结果由 Eviews6.0 软件得出。

在采用状态空间模型刻画研究期内货币渠道和信贷渠道强弱程度的连续动态变化后，为了进一步分析货币政策利率传导路径中各变量时频域的相关性，本文采用 1996 年 1 月到 2012 年 12 月社会消费品零售总额 CMP、固定资产投资额 INV 以及工业总产值 OUTPUT（工业总产值的数据只到 2012 年 5 月）的月度增长率数据（分别用 RCMP、RINV、ROUTPUT 表示）以及同业拆借加权平均利率 CHIBOR 进行小波相关和小波相位差的分析，以便考察 CHIBOR→RCMP、CHIBOR→RINV、CHIBOR→ROUTPUT 这三组变量的传导状况，即利率作为传导过程中的核心变量，是如何与消费、投资等实际经济行为乃至经济增长相联系的。采用月度数据有助于扩大样本容量，由于 GDP 只发布季度数据，这里用工业总产值代表经济增长，CMP 和 INV 的数据来自国家统计局网站，CHIBOR 即为上述的中国银行间同业拆借加权平均利率数据，与 OUTPUT 的数据一样来自中经网。类似地，利用同期 CPI 数值将所有数据转换为相对于 1995 年的实际值，并利用 X12 方法进行相应的季节调整，最后计算出相对于上年同期的增长率数据。小波分析结果由 MATLAB 软件运行得出。

4. 实证结果分析

4.1 状态空间模型对传导渠道强弱程度变动的刻画

本部分基于凯恩斯学派的观点，认为货币政策利率渠道的传导包括两个主要环节：一是货币供应量与利率的关系，即流动性偏好理论，货币政策变动引起金融体系流动性发生变化，供求关系的变动引起利率这一关键的价格指标的改变；二是利率与实际经济变量的关系，利率的变动会影响微观经济主体的行为决策，进而在宏观上改变产出这一最终目标变量，前者可以看做利率作为价格的灵敏度，后者可以看做经济主体对利率价格反应的灵敏度。因而，本部分利用第三部分所描述变量的季度数据，对货币供应量→利率、利率→GDP 这两个环节分别构建状态空间模型，根据 Eviews6. 0 的估计结果，最终建立的模型如式(12)至式(15)所示。

$$LIBOR_t = \underset{(17.25)}{1.76} + SV1_t \times M1_t + \mu_{1t} \tag{12}$$

$$SV1_t = SV1_{t-1} \tag{13}$$

$$GDP_t = \underset{(17326.53)}{7.36} + SV2_t \times LIBOR_t + \mu_{2t} \tag{14}$$

$$SV2_t = SV2_{t-1} \tag{15}$$

括号内是估计系数的 Z 统计量，SV1 和 SV2 分别是代表 M1→CHIBOR 和 CHIBOR→GDP 这两个环节传导效率的时变参数值，SV1 和 SV2 在研究期内的数值线分别在图 1 和图 2 中给出。与预期一致，图中 SV1 和 SV2 的变动趋势大体一致，且均为负值。中国于 1996 年初建立了全国银行间拆借市场，同年第三季度取消了同业拆借利率上限，开启了中国利率市场化的进程，此时利率作为价格指标的灵敏度，以及经济主体对利率价格的反应，都有所增强。而利率传导渠道效率的大幅度提高则始于 1998 年初，并一直持续至 2006 年。中国 1998 年 1 月取消了贷款限额控制，这意味着中国的货币政策操作由直接调控转变为间接调控，无疑对市场产生了巨大的信号作用，同年还实施了贴现率和再贴现率形成机制的改革，并由政策性银行首次通过人民银行债券发行系统发行金融债券。1999 年实现了国债招标发行，2004 年推出了再贷款浮息制度，虽然 1996—2004 年仍存在严格的存贷款利率管制，但该时期一系列利率市场化改革措施不断完善中国的市场化利率体系，增强了同业拆借利率的价格信号作用以及在不同层次市场上传递的效率，大大提高了利率渠道的有效性。2005 年利率渠道的传导效率也出现了小幅增加，这得益于当年推出的一项资本市场重大改革措施，即股权分置改革，股票价格的信号作用增强了，资产价格能够对利率变动做出更加灵敏的反应，从而在利率市场化改革与更加完善的资本市场的相互配合下，利率渠道的传导效率得以显著提升。但与预期相违背的是，2006 年之后，利率渠道的效率不但没有提高，反而出现了微小的下降，而此时取消贷款利率上限、存款利率下限这一重大利率市场化措施已推出，却没有收到利率渠道传导效率迅速上升的效果。考虑到放松存贷款利率管制这一措施主要关系到商业银行在货币政策传导中的行为，因而，本文接着对信贷渠道的传导(M1→LOAN 和 LOAN→GDP)构建状态空间模型，估计的结果如式(16)至式(19)所示：

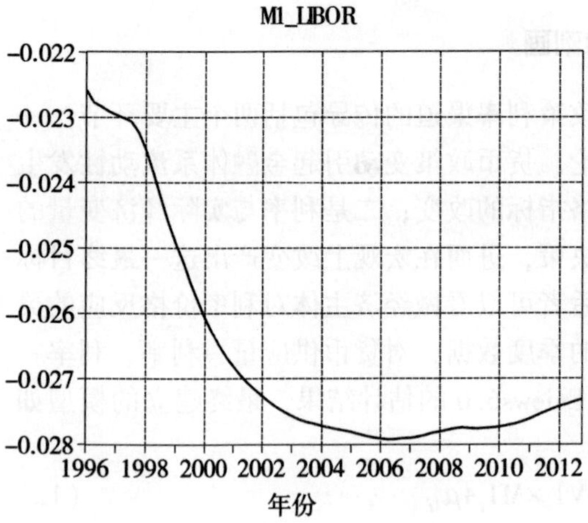

图 1

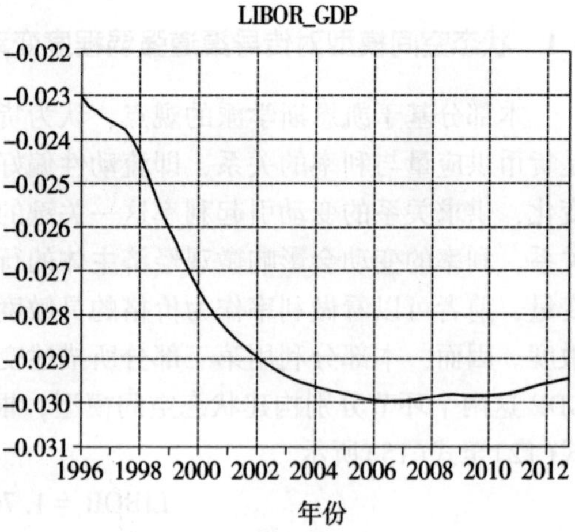

图 2

$$LOAN_t = 1.40 + SV3_t \times M1_t + \mu_{3t} \qquad (16)$$
$$(12.80)$$
$$SV3_t = SV3_{t-1} \qquad (17)$$
$$LOAN_t = 1.52 + SV3_t \times M1_t + \mu_{3t} \qquad (18)$$
$$(12.76)$$
$$SV4_t = SV4_{t-1} \qquad (19)$$

SV3 和 SV4 分别为 M1→LOAN 和 LOAN→GDP 这两个环节传导效率的时变参数值，数值线在图 3 和图 4 中给出。图 3 中 SV3 数值一直大于 0.9，信贷余额对货币供应量有着较高的弹性，流动性越充裕，发放的贷款量也就越多，这与常识相符合。图 4 的结果显示，在 1996—2004 年利率市场化不断推进期间，信贷余额对经济增长的拉动作用是不断减弱的，但同时注意到，2004 年存贷款利率管制放松后，信贷渠道的传导效率却有显著提升，这也为上文该时期内利率渠道传导的相对低效率提供了解释。存贷款利率管制放松的初期，商业银行预期到利率市场化的压力，在信贷决策时将更加注重资金投放的效率，努力提高自身的甄别能力，以减少资金的损失和风险，因此，该时期内，利率渠道的传导并未出现显著改善，信贷资金却因为流向了最具效率的项目和领域而表现出更大的经济增长拉动作用。

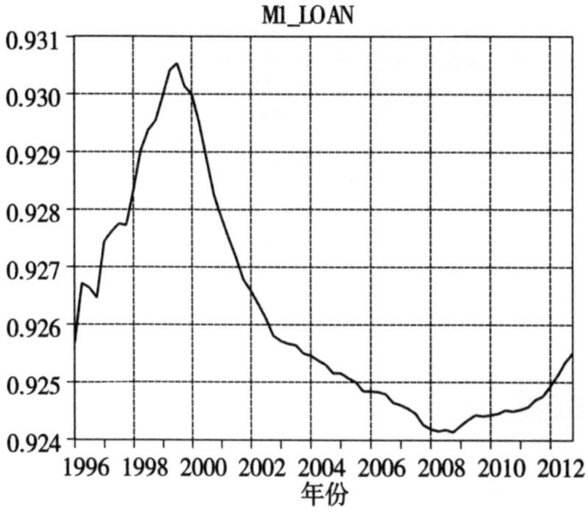

图 3

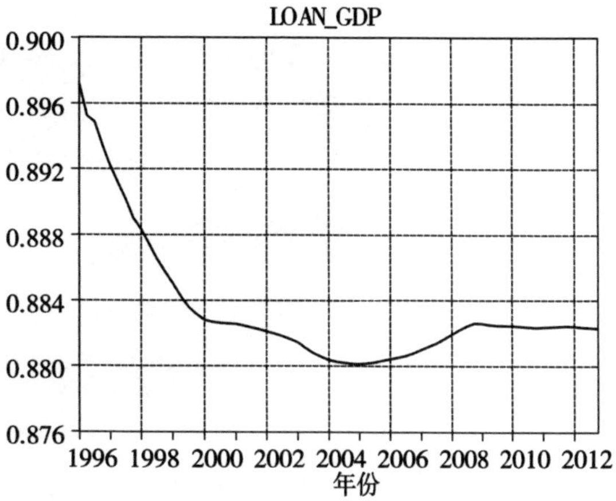

图 4

4.2 对货币政策传导过程中各变量相关性的时频分析

上文利用状态空间模型大致刻画出货币渠道和信贷渠道的强弱在 1996—2012 年这段时间内是如何变化的。为了进一步分析货币政策传导路径中各变量在时域和频域上的相关性特征，本部分利用同时期的月度数据，对 CHIBOR_RCMP、CHIBOR_RINV、CHIBOR_ROUTPUT 共 3 组变量进行小波分析，即探讨市场利率是如何向消费、投资以及工业总产值等实际经济行为传导的。实证结果分别列示在图 6 至图 8 中，各种颜色所对应的相关性强度在图 5 中给出。图 6 至图 8 的横轴为时间，范围为 1996 年 1 月至 2012 年 12 月(其中图 8 只到 2012 年 5 月)，反映时域上的变化；纵轴为周期(单位是年)，反映频域上的变化；用黑色线条圈出的部分为相关性显著的区域，箭头的方向表示相位差(具体含义参见本文第二部分)，箭头向右表示同相位，向左表示反相位；箭头指向右上和左下表示 x 领先于 y，指向右下和左上表示 y 领先于 x，这里变量的说明按照 x_y 的顺序列示，例如，CHIBOR_RCMP 这组变量中，CHIBOR 为 x 变量、RCMP 为 y 变量，若箭头指向右上方则表示 CHIBOR 和 RCMP 同相位，且 CHIBOR 领先于 CMP。

首先来看利率与投资增长之间的关系。从图 6 可以看出，2003 年之前，利率与投资的相关性较弱，只有 1998 年 4—6 月，利率与投资在 2~3 个月的较短周期内出现过短暂的显著负相关，而大概从 2003 年开始，利率与投资增长之间才在较多的区域内出现显著的相关性，特别是从 2003 年初至 2004 年底，利率与投资增长在 14~20 个月的较长周期上反相位显著相关，从而印证了该时期内利率渠道传导的高效性与持续性：这一时期再贷

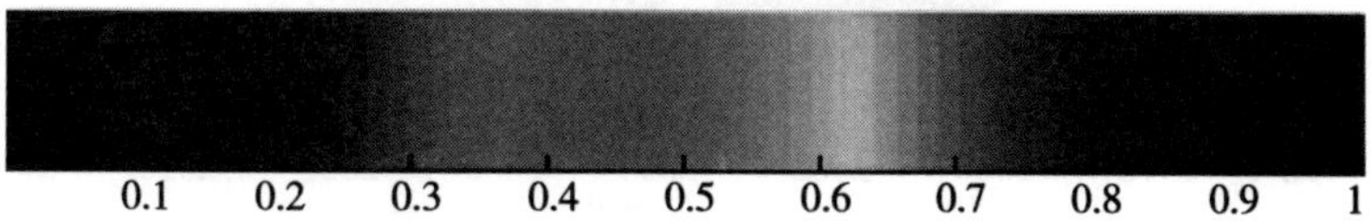

图 5

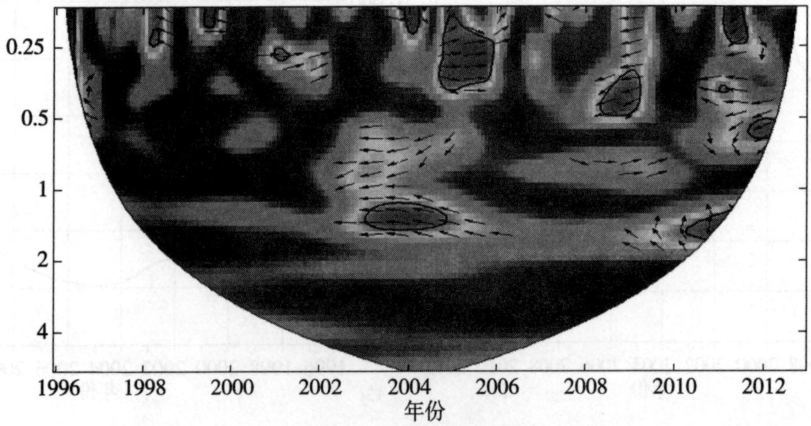

图 6　CHIBOR_RINV

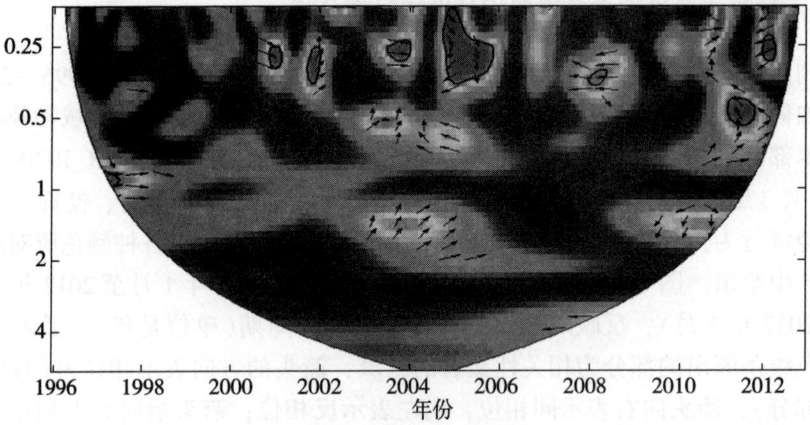

图 7　CHIBOR_RCMP

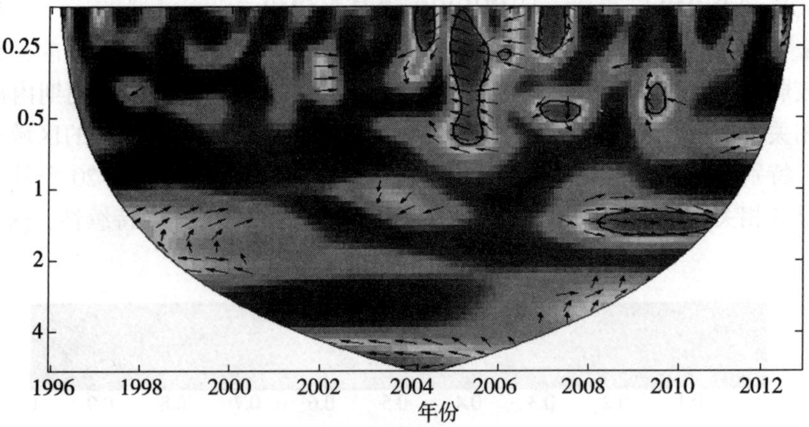

图 8　CHIBOR_ROUTPUT

款浮息制度的实施，迫使商业银行更加注重自身的流动性管理，无论是拆借利率还是存贷款利率的市场化水平都大大提高了，另外，差别准备金制度的实施、银行间市场准入制度改革以及股权分置改革等一系列措施，则进一步加强了利率对投资的传导。注意到，2004年10月至2005年8月这段时间内，利率和投资增长在1~4个月的较短周期内出现了显著正相关关系。关于这种短期内的反常现象，考虑到2004年曾推出取消贷款利率上限同时存款利率下浮这一重大市场化改革措施，银行能够以更具市场化的利率价格发放贷款，并赚取更多的利差，自然会提高放贷的积极性，而投资需求绝大多数是具有刚性的，企业的资金需求要大于银行的贷款供给，虽然利率水平提高了，但企业可获得的资金量却增加了，从而提高了投资水平，这也说明了该时期银行信贷在我国仍具有特殊地位。另外，利率与投资增长从2008年至2009年初、从2011年初至9月、从2011年初至2012年，分别在6~12个月、1~3个月、4~8个月的周期上均呈现出反相位显著相关关系。可以看出，随着利率市场化的深入，从2004年开始利率变动与投资增长之间的相关性是逐渐增强的，投资增长对利率价格信号的反应更加灵敏了。

再来看利率对消费的影响。将图7和图6对比，利率与消费的相关性明显要弱于与投资的相关性，这也与中国主要靠投资带动经济增长的事实相吻合。图7显示，在2004年下半年之前，利率与消费增长之间几乎不存在显著相关性，2004年10月至2006年末这一期间，利率与消费增长之间在1~5个月的周期上存在着反相位相关性，并且利率的下降领先于消费增长，该时期内传导效率的显著增长要得益于上文提到的一系列市场化改革措施。总的来看，利率与消费增长之间显著相关的时间段不是很多，这与张辉和黄泽华①关于利率对消费的传导效率较低的观点相一致，这可能是由于个人的消费决策还受到收入、预期、税收等诸多因素的影响，再加上社会保障体系的不完善和安全感的普遍缺失，中国居民维持较高的储蓄，从而造成了较低的消费利率弹性。但应注意到，利率市场化改革是一个渐进过程，随着改革的深入，图5的颜色变化表明利率与消费增长之间的相关强度在2004年之后还是有所提高。其中利率和消费增长从2007年6月至2008年初在4~6个月的周期上、从2011年10月至2012年初在3~5个月的周期上均为显著负相关，说明这两个时间段内利率水平的变动都能较有效地传导至消费这一实际经济行为；2011年1—10月利率与消费增长在5~7个月的稍长周期上显著负相关，但消费增长领先于利率的变动，这种反向的作用说明了利率渠道的传导也存在着一定的内生性。

图8显示了利率与工业总产值增长这一最终目标经济变量之间关系的变化。从图中可以看出，利率与工业总产值增长之间的相关性较弱，从2004年开始直至2007年3月，利率与工业总产值增长率之间在1~4个月、1~8个月的周期上都出现过显著负相关关系，这一时期利率传导渠道的增强要得益于从2004年开始推出的再贷款浮息等一系列市场化措施，利率的价格信号作用得以增强，市场化的利率体系得以进一步完善，在这之后，虽然已实现取消存款利率下限、贷款利率上限这一重大的利率市场化改革，但利率与工业总产值增长之间却未出现过显著相关，这与图1、图2状态空间模型所显示的结果一致，即商业银行存贷款利率管制的部分放松并没有立即显著增强利率渠道的传导效率，但总的来

① 张辉，黄泽华．我国货币政策利率传导机制的实证研究[J]．经济学动态，2011，3：54-58.

说，利率和工业总产值增长率在相关程度上还是有所提高，我国的利率市场化改革是逐步推进的，利率的信号作用正逐步增强，而利率渠道的传导效率也缓慢提高。

总结上述的小波分析结果：中国的利率变量与消费增长率的相关性程度一直较低，但随着利率市场化的推进，这种相关性程度还是有所提高；利率变量与工业总产值增长率在2004年利率市场化改革步伐加快后逐渐出现显著相关性；利率变量对投资增长的传导是这三组传导路径中效率最高的，尤其是在2003年多项利率市场化改革措施推出之后，利率与投资增长率在多个频率段上都出现了显著负相关。结合状态空间模型估计的结果进行分析，我们注意到，2004年利率市场化进程步伐加快，且首次部分放开商业银行存贷款利率管制之后，投资对利率的敏感性显著增强了，贷款增长对经济增长的拉动作用也有所提升，但利率变量向经济增长的传导效率却没有出现预期的大幅度增加。究其原因，投资对利率敏感性的增强应当归功于整个市场化利率体系的不断完善以及多层次竞争性市场的逐步建立，如2004年允许非银行金融机构进入银行间债券市场，并于当年4月实行准入备案制，同时期推出差别准备金制度、再贷款浮息制度，而2005年股权分置改革的实施则加强了利率渠道中资产价格路径的传导，这一系列的配套性措施大大增强了同业拆借利率作为市场化利率指标的价格信号作用，利率向投资这一最具敏感性的实际经济变量的传导效率也得以增强。相比之下，利率向经济增长的较低传导效率则说明了，在部分放松存贷款管制利率的初期，由于缺乏相应配套的改革和风险应对措施(如存款保险制度的建立，商业银行调整自身资产负债结构、减少对利差收入的依赖)，商业银行目前只是通过加强对项目的筛选、在贷款合同中设置特殊条款以及加强贷后监督等非价格手段来实现贷前贷后控制，以应对市场化的压力以及竞争，此时存贷款利率的浮动空间依旧有限，银行贷款在融资来源中的特殊地位依旧没有改变，因此利率渠道的传导效率的改善也就相对有限了。

5. 结　论

本文利用1996年第一季度至2012年第四季度的货币供应量、贷款余额和GDP数据，根据货币政策利率渠道传导的两个关键环节，对其建立状态空间模型，以刻画该段时期中国利率渠道传导效率的强弱变化，同时给出信贷渠道的结果进行对比分析；接着利用1996年1月至2012年12月社会消费品零售总额、固定资产投资额、工业总产值的月度增长率数据以及同业拆借利率数据，采用Morlet小波分析方法，对货币政策传导路径中各变量在时域和频域上的相关性变化进行了分析，以研究利率市场化背景下，我国货币政策利率渠道发生了怎样的动态变化。通过对实证结果的分析总结，我们得出如下结论：

状态空间模型和小波分析的实证结果均显示，自1996年建立同业拆借市场开始，随着中国一系列利率市场化改革措施的不断推出，利率变量的价格信号作用逐渐增强，中国货币政策利率渠道的传导效率逐步上升，且利率对消费、投资与工业总产值的影响逐步加大。根据本文的实证结果，我们认为，如果中国进一步推进存款利率的市场化改革，从而实现中国利率的完全市场化，则利率渠道的传导效率乃至中国货币政策的有效性将会大大提高。

商业银行存贷款利率管制的放开是利率市场化改革的关键。存贷款利率管制部分放松的初期，尚缺乏相配套的改革和风险应对措施，银行贷款相对于资本市场仍具有特殊地位，此时存贷款利率管制的放松对利率渠道的促进作用并不显著，利率渠道效率的改善主要得益于市场化改革及其相关措施的综合作用，相比之下信贷渠道对经济的拉动作用反而因商业银行更加注重效率而有所增强，状态空间模型和小波分析的估计结果均印证了这一点。如果中国能够在做好相关配套措施的条件下再推进利率市场化改革，那么从长远来看，存贷款利率管制的放松，将会对商业银行的经营效率和货币政策利率渠道的传导效率均产生显著的正面影响。

（作者电子邮箱：jiachun@ whu. edu. cn）

◎ 参考文献

[1]蔡晓春，曹佳，叶发强．基于状态空间模型的货币政策传导机制有效性分析[J]．软科学，2010，3.

[2]杜江，朱芳菲，冯倩宇．基于利率变动对经济增长影响的利率政策有效性分析[J]．统计与决策，2012，1.

[3]方先明，孙鏇，熊鹏，张谊浩．中国货币政策利率传导机制有效性的实证研究[J]．当代经济科学，2005，4.

[4]高铁梅，王金明．我国货币政策传导机制的动态分析[J]．金融研究，2001，3.

[5]江群，曾令华．一般均衡框架下货币政策信贷传导渠道研究[J]．经济评论，2008，3.

[6]潘耀明，胡莹，仲伟周．基于利率途径的货币政策传导效果实证研究[J]．上海金融，2008，3.

[7]盛朝晖．中国货币政策传导渠道效应分析：1994—2004[J]．金融研究，2006，7.

[8]盛松成，吴培新．中国货币政策的二元传导机制——“两中介目标，两调控对象”模式研究[J]．经济研究，2008，10.

[9]谭太平．国内信贷、货币供给对经济增长的动态影响——基于可变参数状态空间模型的实证研究[J]．财经科学，2011，2.

[10]王振山，王志强．我国货币政策传导途径的实证研究[J]．财经问题研究，2000，12.

[11]岳意定，谢文．利率市场化进程中货币政策传导实际利率渠道的实证检验[J]．湖南大学学报(社会科学版)，2009，5.

[12]张辉，黄泽华．我国货币政策利率传导机制的实证研究[J]．经济学动态，2011，3.

[13]周英章，蒋振声．货币渠道、信用渠道与货币政策有效性——中国1993—2001年的实证分析和政策含义[J]．金融研究，2002，9.

[14]Aguiar-Conraria，L. and Soares，M. J.. Oil and the macro-economy：Using wavelets to analyze old issues[J]. *Empirical Economics*，2011，40(3).

[15]Aguiar-Conraria，L. and Soares，M. J.. Business cycle synchronization and the Euro：A wavelet analysis[J]. *Journal of Macroeconomics*，2011，33(3).

[16]Crowley，P. M.. A guide to wavelets for economic [J]. *Journal of Economic Surveys*，

2007, 21(2).
[17] Goupillaud, P., Grossman, and Morlet, J.. Cycle-octave and related transforms in seismic signal analysis [J]. *Geo-exploration*, 1984, 23.
[18] Hamilton, J. D.. *Time series analysis* [M]. Princeton: Princeton University Press, 1994.
[19] Percival, D. B., and Walden, A. T.. *Wavelet methods for time series analysis* [M]. Cambridge: Cambridge Press, 2000.
[20] Kwapil, C., and Scharler, J.. Interest rate pass-through, monetary policy rules and macroeconomic stability [J]. *Journal of International Money and Finance*, 2010, 29(2).
[21] Krishnamurthy, and Vissing-Jorgensen, A.. The effects of quantitative easing on interest rates: Channels and implications for policy [J]. *National Bureau of Economic Research*, 2011, 5.
[22] Ramsey, J. B.. Wavelets in economics and finance: Past and future [J]. *Studies in Nonlinear Dynamics & Econometrics*, 2002, 6(3).
[23] Rua, A.. Measuring co-movement in the time-frequency space [J]. *Journal of Macroeconomics*, 2010, 32(2).
[24] Torrence, C., and Compo, G. P.. A practical guide to wavelet analysis [J]. *Bulletin of the American Meteorological Society*, 1998, 79(1).
[25] Tianyu Yang, and Shufen Huang. Estimating China's output gap based on wavelet de-noising and quarterly data [J]. *Economic Research Journal*, 2010, 1.

An Empirical Analysis of Dynamic Change in China's Monetary Policy Interest Rate Transmission Channel in the Process of Interest Rate Liberalization: 1996-2012

Jiang Chun[1] Yu Huiyang[2]
(1, 2 Economics and Management School of Wuhan University, Wuhan, 430072)

Abstract: This paper makes an empirical analysis of dynamic change in China's monetary policy interest rate transmission channel in the process of interest rate liberalization from 1996 to 2012, by such econometric approach as state space model and Morlet wavelet analysis respectively. Our findings indicate that as a series of interest rate liberalization revolution measures are put forward, the effectiveness of China's monetary policy interest rate liberalization has increased gradually. Based on relevant empirical results, this paper suggests that if China accomplishes fully market-oriented interest rate mechanism, the effectiveness of China's monetary policy will be improved significantly.

Key words: Monetary policy; Interest rate channel; Dynamic change

不仅仅是评分
——在线评论文本内容对评论有效性影响研究*

● 崔　楠[1]　张　建[2]　王菊卿[3]
(1, 2, 3 武汉大学经济与管理学院　武汉　430072)

【摘　要】用户生成的在线评论数量越来越多，企业如果不能很好地激励评论者提高评论有用性，就容易导致消费者不知所措从而面临失去潜在客户的风险，因此探讨评论有用性的影响因素也就显得非常重要。本文在现有研究的基础上，考察评论的文本效价和文本类型对评论有用性的影响。我们将文本类型分为以情感为中心的评价和以信息为中心的评价，将文本效价分为极端正面评价和极端负面评价。通过对来自卓越亚马逊网站上的数据进行分析，我们发现：极端负面评论词语的数量对评论的有用性有正向影响，极端正面评价词语的数量对评价的有用性有负向影响，以信息为中心的词语数量对评论有正向影响。这为企业探索提高在线评论有用性提供了指导。

【关键词】极端正面评论　极端负面评论　以信息为中心的评论　以情感为中心的评论　评论有用性

1. 引　言

随着网络购物的不断发展，越来越多的人通过互联网来购买自己所需要的商品，以在线评论为主题的研究成为新兴的研究热点。在网购情境下，其他用户的评论对消费者了解商品并做出购买决策有着十分重要的影响。因此，在线评论引起了学术界和实业界越来越多的关注。国内许多购物网站都会提供所售商品的用户评分及文字性评论，如网上零售商京东、卓越亚马逊、当当及第三方平台提供商淘宝网等。

现有文献对在线评论的研究多集中于在线评论如何影响销量、专家评论的作用、评价的回馈机制等对顾客信任和销量的影响等方面。而近年来，为了改善消费者体验，一些网站开始重视对在线评论的“评论”，并将“有用性”作为在线评论好坏的判断标准。

* 本文是国家自然科学青年基金资助项目(项目批准号：70902054)、教育部人文社会科学研究基金资助项目(项目批准号：09YJC630178)、中央高校基本科研业务费专项资金资助项目(武汉大学自主科研人文社会科学项目)的阶段性成果。

Mudambi 和 Schuff 指出，评论有用性是指潜在顾客在看评论时感知到的该条评论的可诊断性，即对其做出购买决策的帮助程度①。面对海量信息，消费者需要筛选出具有最大效用的评论，而评论有用性就是一个非常关键的参考指标。因此对于商家而言，如何提高评论有用性就显得尤为重要。

虽然评分可以从总体上给予消费者对某商品或服务价值的总体感知，但顾客必须通过查阅评论文本来实现对商品或服务的细节感知。顾客在网上搜索商品信息、购买商品的时候，他们不仅会看到某个购买者对商品的评分，而且同样会看其撰写的评论内容，这些评论内容的影响可能会大于评论评分的影响，因为评论的文字内容包含着可供消费者进行决策的更为丰富的线索。例如，在文字性评论中，用户提供的不仅是产品好与坏的评价，而且还会提供关于产品的描述，甚至是个人对于产品使用中的情绪经历。这些不同的评论信息可能会在一定程度上影响消费者的有用性感知和购买决策。因此，研究评论文本内容的相关特征对于理解评论有用性就显得尤为重要。有研究考察了评分对评论有用性的影响，例如 Mudambi 和 Schuff(2010)研究了产品类型对评分效价与评论有用性之间关系的调节作用；也有学者探讨了在线评论文本对评论有用性的影响，比如严建援等探讨了情感倾向、正负情感混杂度以及主客观表达混杂度对评论有用性的影响②。以往研究者对评论效价的关注往往集中在评分上面，比如 Chevalier 和 Mayzlin(2006)的研究结果表明一本书的评分高意味着较高的销量。当然负面评论并不必然带来负面效应，相反 Berger、Sorensen 和 Rasmussen(2010)指出由于负面评论较易传播，商品或服务反而具有较高的知名度。但事实上正如 Willemsen、Neijens、Bronner 等(2011)所说的那样，消费者关注的不仅是评论评分效价，还关注评论文本效价，因为评论文本具有更高的诊断性。Berger 和 Milkman(2012)指出在线评论内容涉及情感会更有传播性。关于评分的研究无法涉及评论的情感色彩，而评论文本却可能包含有关情感类型与信息类型的内容。

本文将从评论的文本类型和文本效价两个角度来探讨其对评论有用性的影响。其中，从文本的内容属性角度可以将文本类型分为以情感为中心的评价和以信息为中心的评价；从文本的效价属性角度可以将文本效价分为极端正面评价和极端负面评价。通过收集卓越亚马逊网站的评论性数据并进行分析，我们发现，以信息为中心的评价内容越多，消费者对评论有用性的评价也越高；评论中对商品的极端正面评论内容越多，消费者对评论有用性的评价越低；评论中对商品的极端负面评价内容越多，消费者对评论有用性的评价越高。

2. 文献回顾

在线评论是顾客在公司网站或第三方网站上生成的商品评价。在线评论能够吸引顾客

---

① Mudambi, S. M., and Schuff, D.. What makes a helpful online review? A study of customer reviews on amazon. com[J]. *MIS Quarterly*, 2010, 34 (1): 185-200.

② 严建援，张丽，张蕾．电子商务中在线评论内容对评论有用性影响的实证研究[J]. 情报科学，2012，5.

访问，增加访问时间，并增强卖家与买家的关系质量。现有文献对在线评论的研究多集中在评论数量、评论得分、评论效价、评论极性以及评分差异性等对产品销量或顾客购买意愿的影响，而且这些变量多以评分为背景，很少涉及评论的文本内容特征。比如在研究电影票房的影响因素时，Liu(2006)指出较为关键的是评论的数量，而非评论的效价；Dellarocas、Xiaoquan 和 Awad(2007)指出评论的数量和效价都较为关键。Sun(2012)从评分差异性角度出发，研究了评分差异性对利润的影响，对于平均分较低的评论而言，差异性能够增加利润，因为至少部分顾客非常喜欢该产品；对于平均分较高的评论而言，差异性降低了利润。

随着在线评论的广泛应用，研究关注点逐渐从在线评论对产品销量的影响转移到在线评论的有用性上。顾客购物时参考在线评论有助于做出更加优质的选择①，因此卖家逐渐专注于引导顾客提供有用的评论，比如卓越亚马逊在文字性评论方面会提供一些细节性引导，以期提高顾客购物时的便利性。

Mudambi 和 Schuff(2010)研究了产品类型对评论评分极端性与评论有用性之间关系的调节作用，指出体验型产品相对于搜索型产品，极端性评价对有用性的影响不如中性评价作用大。Zhang、Craciun 和 Shin(2010)依据调节聚焦的相关理论，指出极端性评论对评论有用性的调节也受消费者类型的影响，对于促进型消费者而言，极端正面评论较为有用；对于防御型消费者而言，极端负面评论较为有用。评论效价(比如极端正面评价与极端负面评价)对评论有用性的影响不仅体现在评论评分中，而且在评论文本中应该有更强的作用。Berger 和 Milkman(2012)，Ludwig、de Ruyter、Friedman 等(2013)认为这是因为评论文本不仅可以提供较为详细的信息，而且可能因为情感性因素或者评论文本的语言风格与消费者相似，从而增强了评论有用性。

虽然现有文献对在线评论有用性的探讨既涉及了评分极端性，又涉及了文本内容，但就我们所知，尚未有文章将极端性和文本内容相结合进行探讨。因此，我们将二者结合起来考察文本效价对评论有用性的影响。在探讨效价对评论有用性或者销量的影响时，大多学者会考虑极端性评论而非一般性评论，一方面是因为这样的极端性评论或评分更具差异性，另一方面是因为这样的极端性评论更具诊断性。文本效价指评论内容中所含词汇的评价倾向，本文将文本效价分为极端正面评价和极端负面评价。极端正面评论是指评论中有强烈的正面情感，并且出现至少一个极端词，例如这部电影太好看了。极端负面评论是指评论中有强烈的负面情感，并且出现至少一个极端词，例如这本书质量太差了。关于评论文本的类型，郝媛媛等(2010)以体验型产品电影为例，采用文本挖掘技术和实证研究方法，提出了文本特征对评论有用性的影响模型。严建援等(2012)通过 B2C 电子商务网站上的 221 个有效样本，研究了文本内容评论深度、客观性、描述相符度等对产品有用性的影响。殷国鹏(2012)在前人研究基础上，从社会网络的角度探讨了社会性因素对评论有用性的影响。如前所述，评论文本的情感性因素对消费者感知到的评论有用性非常重要，

---

① Dabholkar, P. A.. Factors influencing consumer choice of a "rating web site": An experimental investigation of an online interactive decision aid [J]. *Journal of Marketing Theory & Practice*, 2006, 14 (4): 23-45.

因此对于评论文本有必要根据消费者评论描述的类型不同，将文本类型分为以情感为中心的评论和以信息为中心的评论，以探讨这两种类型的评论文本对评论有用性的影响是否存在差异。体验性内容是指评论者在评论中所表现出的个人情感及主观判断成分，比如在评论中多次出现“感觉”、“认为”等词汇。信息性内容是指评论者在评论中给出的关于商品客观性描述的成分，比如在图书评论中多次出现“文风严谨”、“结构精简”、“名副其实”等词汇。

3. 假　　设

本文主要研究评论文本对评论有用性的影响。评论文本包括文本效价和文本类型两个方面，其中文本效价包括极端正面评论和极端负面评论，文本类型包括以信息为中心的评价和以情感为中心的评价。图 1 是本文的研究框架。

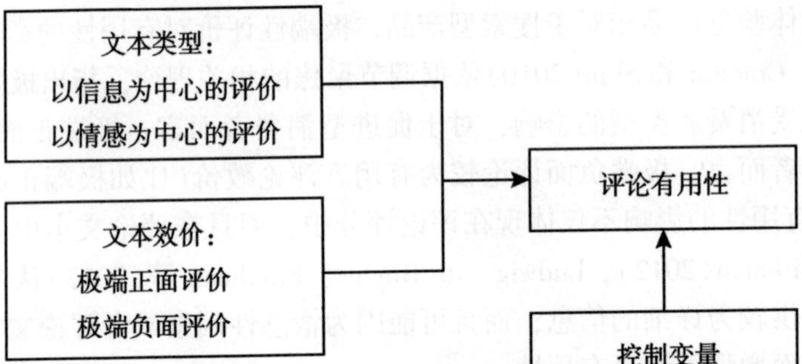

图 1　本文研究框架

评论有用性实际上是评论诊断性的反映，具有较高诊断性的评论会提供较为充分的信息，有助于消费者做出较优的购买决策，比如在线评论的长度可以提高信息的诊断性，尤其是这些信息是在顾客花费较大的代价才获取的。Ludwig、de Ruyter、Friedman 等(2013)认为文字性评论作为评分的有效补充，为产品提供了更为详细的说明，相对评分而言，更具诊断性。当顾客花费时间和精力去评价商品，之后却缺少信心或者动机做出购买决策时，如果此时商家能够提供具有较高诊断性的信息，人们购买商品的可能性便会大大增加。一个顾客或许会对一个产品产生购买的想法，但是并没有努力去寻找主要的决策理由，或者并没有罗列产品的优点和缺点；顾客也可能并不满意一个产品，但是没有动机去搜寻其他替代物的信息。在这些情况下，一个信息完善的长篇评论，或许会帮助购买者做出购买决定。

虽然前人研究指出评论长度正向影响评论有用性，但本文认为评论长度作为一个自变量是一个较为笼统的概念，例如长评中如果全部是购买者无聊的抱怨等信息，那么评论长度将不会发生作用。因此我们不仅要考虑评论的长度，而且要考虑评论文本的效价对评论有用性的影响。本文将文本效价分为极端正面评论和极端负面评论，探讨二者对评论有用性的影响。

在评分的研究中，高评分对销量的影响研究基本上能得出一致的结论：大多数研究认为高评分能够增加产品销量。而对于低评分，则较为复杂。虽然具有负面口碑的产品和服务往往面临失败的危险，但市场上也不乏口碑极差却获得了高票房的影片。部分去看这些电影的人，不是期望这些电影"有多好"，而是看看到底这些电影"有多烂"。Berger、Sorensen 和 Rasmussen(2010)认为这可能是因为在产品不知名的情况下，负面评价可能产生正面的效应，因为这些极端负面评论可能大幅度提高了产品的知名度，甚至形成"审丑风暴"，进而增加其购买可能性。

相对于评分，评论文本具有较强的诊断性，因为评论文本带给人们更多"可评价"、"可思考"和"可判断"信息。极端正面评论和极端负面评论有不同的传播能力和诊断性。诚如"好事不出门，坏事传千里"所表达的那样，负面口碑更具传播能力。Chen 和 Lurie(2013)从三个方面进行解释：(1)进化论；(2)信息出现频率；(3)频率归因。从进化角度来看，"居安思危"体现了人们在长期自然进化过程中形成的思维。Baumeister、Bratslavsky、Finkenauer 等(2001) 认为只有当人们对负面信息给予更多的关注时，才能更好地生存，因为负面事件比正面事件更具影响力。从信息出现频率角度来看，负面信息包含更多的信息量，且负面信息相对稀有，从而信息接收方更加愿意关注和相信负面信息。Mizerski(1982)、Thibaut 和 Riecken(1955)从频率归因角度分析，认为社会交往规则使人们愿意提供关于产品的更加正面的信息，从而增加了相对稀有的负面消息的影响力。基于此我们提出如下假设：

H1：随着极端负面词语数量的增多，评论有用性增强。

虽然 Duan、Gu 和 Whinston(2008)，Berger、Sorensen 和 Rasmussen(2010)等大量研究指出极端正面评论会提高消费的购买意愿，但不能由此推出极端正面评论也能提高评论有用性的结论。依据评论所提供的诊断性程度为标准，本文认为极端正面评论会降低评论有用性，因为相对极端负面评论而言，一方面极端正面评论提供的信息较少，另一方面在日常生活中正面信息出现的频率较高，人们对正面信息的反应较为迟钝。因此从这两个方面来看，极端正面评论不能满足顾客购买时对产品评价相关信息的需求，我们提出如下假设：

H2：随着极端正面词语数量的增多，评论有用性降低。

本文将文本类型分为以情感为中心的评价和以信息为中心的评价。购买者在购买过程中需要对产品信息了解到一定程度后才会做出购买决策。根据 Petty、Cacioppo 和 Schumann 提出的认知信息加工理论模型，人类对信息的认知加工存在两种模式，即中心路径加工与边缘路径加工①。其中，中心路径加工是指信息接收者认真听取信息传递者所传递的信息并且评价信息的质量，当信息足够详尽时就会产生说服；边缘路径加工并不注重信息的详尽而是对信息整体进行认知，例如，这条信息的情感是否真实、来源是否可靠。潜在顾客在浏览评论信息的过程中，认知加工的中心路径就会开启，但是往往会遇到

① Petty, R. E., Cacioppo J. T., and Schumann, D.. Central and peripheral routes to advertising effectiveness: The moderating role of involvement[J]. *Journal of Consumer Research*, 1983, 10 (2): 135-146.

很多障碍。此时，如果评论是以信息为中心的评价，就意味着它拥有较多的信息性词语，能够为购买者提供信息。以信息为中心的评价包含的多数是产品的细节、如何使用产品、最好在什么情况下使用产品等内容，可信度较高，并且可以使顾客勾画出他们购买产品、使用产品的过程，进而提高购买意愿。因此我们得出下列假设：

H3：随着以信息为中心的词语个数的增多，评论有用性增强。

在说服过程中，与中心路径加工相关的说服信息固然重要。但是在 Petty、Cacioppo 和 Schumann(1983)的模型中边缘路径加工被证明也是说服的一种有效途径。采取边缘路径加工时人们往往忽略了信息的内容，而是关注信息的其他状况，比如评论者的情感因素。认知和情感共同形成了态度，对事物的理性认知是认识事物的基础，但是一旦缺少了情感，态度就难以形成。因此，人们在考虑信息性词语的同时，也关注评论中的情感表达。据此我们提出如下假设：

H4：随着以情感为中心的词语个数的增加，评论有用性增强。

4. 数据与分析

4.1 数据收集

本文选取卓越亚马逊作为数据收集的来源。为了收集有关评论内容及评论有用性的相关数据，我们首先对收集数据的网站进行了筛选。目前在中国，提供评论的网站主要包括两类，分别是零售网站及第三方评论性网站。零售性网站可以选取 B2C 型网站，如卓越亚马逊；或者 C2C 型网站，如淘宝。而评论性网站是诸如美丽说、蘑菇街和豆瓣网之类的网站。基于以下列理由，我们选择卓越亚马逊作为数据收集的来源：

第一，尽管这些网站都为产品提供文字性评论，但是相对于其他网站而言，卓越亚马逊网站有对评论有用性的直接统计，如每一条评论后都会询问“这条信息对你是否有用”，而在每条信息的最顶端，都会附上信息的有用性，如 29/35(35 个人中 29 个人认为此评价有用)。

第二，卓越亚马逊的产品因由厂家提供，所以较少出现盗版问题，受众相对其他网站也比较广泛，而豆瓣网的受众年龄较小，撰写评论和评论有用性评价的用户代表性不够广泛。

对于收集数据的产品类别，我们选择了小说类书籍评论进行收集。选择这一类产品是出于下列原因：

其一，书籍在卓越亚马逊网站上类型数量十分齐全，评论条数众多，因此选择书籍进行评论。

其二，我们选择的书籍种类为畅销的国外小说，评论条数都在 1000 条以上。

我们选取了有用户对其进行有用性评价的评论作为样本，采用人工收集方式，对每一条评论进行数据录入和编码。由于时间和精力的限制，本研究收集了卓越亚马逊网站上 10 本畅销书的 200 条具有有用性评价的评论作为最终分析的数据。

4.2 变量及其测量

4.2.1 因变量的测量

如前所述，卓越亚马逊网站对每条评论都提供了有用性评价的数据，如 29/35 表明有 35 个人对该条评论的有用性进行了评价，其中有 29 人认为该条评论有用。本研究发现即使删除了总评论人数较少的评论，有用性评价之比大多数是趋近于 1 的，并且存在大量没有进行有用性评价的评论。我们也分别选择了剔除 3 个及以上或 4 个及以上总评论人数的评论，发现有用性评价之比并不会因为这些评论总数较少的评论的剔除而发生明显的改变。我们进一步分析了出现这种情况的原因，推测一般情况下当购买者认为某条评论有用的时候才会评价其为有用，而当觉得没有用的时候，多数是选择以沉默应对，即不会对该条评论的有用性进行评价。因此，有用性评价之比并不是一个很好的反映该评论是否真正有用的测度。取而代之，我们直接采用该条评论被多少用户认为是有用的数量作为对评论有用性的一种测度。当然，这种测度不仅受到评论的长短、文本效价、文本类型、评分等因素的影响，而且也会受到该条评论发布的时间长短的影响。

4.2.2 自变量的测量

由于一条评论存在的时间越长，这条评论被他人看到的可能性也越大，进而在其他情况相同的条件下，认为评论有用的人的个数也会相应增加。因此，我们首先将获取评论的时间减去评论发表的时间计算出该条评论已存在的时间长短(以天为单位)。此外，由于考虑到新近发表的评论的影响权重要高于发表时间较长的评论，我们对评论发布的时间长短进行了对数变换，并以此作为评论的时间的测度。我们以字数作为评论长度的测量，以该条评论中出现的极端性正面词汇的数量来测量极端正面评价，例如：太喜欢，非常好，很棒等。我们以该条评论中出现的极端性负面词汇的数量来测量极端负面评价，例如：很烂，非常不喜欢等。我们以产品相关的描述性词汇的数量多少来测量以信息为中心的评价，包括中性词语、中性正面词语、中性负面词语，例如：文风严谨、结构精简等。我们以情感性词汇的数量的多少来测量以情感为中心的评价，例如：感觉、认为等。我们以卓越网上的星级评价作为评论评分进行测量，例如：一颗星就记为 1。

4.3 分析与结果

我们以评价的有用性作为因变量，并以评论的时间、评论的长度、正面评论内容、负面评论内容、信息性评论内容、体验性评论内容、评论评分作为自变量进行回归分析。除了上述自变量以外，为了捕获评分对有用性评价的极端性影响，我们还在回归方程中加入了评论评分的平方项。我们选取了 10 本不同的小说的评论作为样本数据，因此，在回归方程中，为了控制这十本小说的异质性，我们在方程中增加了 9 个虚拟变量。

此外，由于初步描述性统计分析发现评论的有用性、评论的长度、正面评论内容、负面评论内容、信息性评论评论内容、体验性评论内容等变量的分布均存在较大的峰度和偏度，我们对上述变量进行了对数变换，并以对数变换后的变量作为最终进入回归方程的变量。

模型中所涉及的变量之间的相关系数、均值、标准差、峰度和偏度等指标的统计信息参见表 1。

表 1 **相关系数表**

变量	均值	标准差	1	2	3	4	5	6	7
1. 评论时间#	6.64	0.96	1.00						
2. 评论长度#	4.44	0.95	-0.02	1.00					
3. 评分	3.34	1.55	-0.07	0.11	1.00				
4. 以情感为中心的评论#	0.26	0.42	0.00	0.24**	0.26**	1.00			
5. 以信息为中心的评论#	1.26	0.65	-0.32**	0.60**	-0.02	-0.05	1.00		
6. 极端正面评论#	0.28	0.42	-0.21**	0.01	0.45**	0.15*	0.04	1.00	
7. 极端负面评论#	0.26	0.38	-0.03	-0.07	-0.48**	-0.19*	0.04	-0.17*	1.00
峰度			-1.70	0.04	-0.30	1.35	0.09	1.14	1.02
偏度			3.04	-0.22	-1.38	0.73	0.39	0.02	-0.48

注：* 代表 $p<0.05$，**代表 $p<0.01$，#表明该变量经过了自然对数变换。

我们采用分层多元回归方法对数据进行了分析。本文建立了两个回归模型，在第一个模型中，我们考察了先前研究中所探讨过的变量及虚拟变量以及评论时间长度对评论有用性的影响。第二个模型是在第一个模型的基础上加入了极端正面评价、极端负面评价、以信息为中心的评价和以情感为中心的评价等四个变量。模型一和模型二的回归结果见表 2。

表 2 **模型一和模型二的回归结果**

变量	模型一 回归系数	模型一 t 值	模型二 回归系数	模型二 t 值
常数项	-0.95	-0.74	-1.04	-0.84
评论时间	0.35*	2.12	0.45**	2.83
评分	0.01	0.17	0.19**	2.69
评论评分的平方	-0.05	-0.93	-0.01	-0.22
评论长度	0.39**	3.54	0.04	0.30
极端负面评论			0.79**	3.34
极端正面评论			-0.45*	-2.05
以信息为中心的评论			0.59**	3.28
以情感为中心的评论			0.15	0.72
F	2.88		3.90	
R^2	0.17		0.27	

注：分析模型中加入了 9 个虚拟变量，但虚拟变量的相关数据不在表中显示。* 代表 $p < 0.05$，** 代表 $p < 0.01$。

从表 2 中的模型一可以看出，随着评论发布的时间的增加，认为评论有用的用户数量也会随着增加($\beta = 0.276$，$t = 2.12$，$p < 0.05$)，这表明我们先前对评论发布时间的推测得到了统计检验结果的支持。此外，评论的评分($\beta = 0.013$，$t = 0.17$，$p = 0.862$)及其平方项($\beta = -0.074$，$t = -0.93$，$p = 0.354$)对评论有用性并无显著的影响，表明当评论评分和评论内容同时存在时，评论评分对有用性评价的影响并不显著，至少本研究所收集的小说类书籍的评论适用该结论。另外，评论的长度与评论的有用性呈现显著正相关($\beta = 0.260$，$t = 3.54$，$p < 0.01$)，表明评论的字数越多，用户越可能认为该评论是有用的。

模型一的拟合 $R^2 = 0.17$($F(13, 185) = 2.88$，$p < 0.01$)，当在模型一的基础上加入极端正面评价、极端负面评价、以信息为中心的评价和以情感为中心的评价等 4 个本研究主要探讨的自变量后，模型二的拟合 $R^2 = 0.27$($F(17, 181) = 3.90$，$p < 0.001$)，与模型一相比，模型二的拟合度提高了 0.10($F(4, 181) = 6.172$，$p < 0.001$)，表明所增加的变量显著改善了模型的拟合程度。

从表 2 中的模型二可以看出，极端负面评论词语数量与评价有用性呈显著正相关($\beta = 0.251$，$t = 3.34$，$p < 0.01$)，这与假设 H2 相一致。与假设 H3 预测的相一致，极端正面评论词语数量与评价有用性呈显著负相关($\beta = -0.155$，$t = -2.05$，$p < 0.05$)。以信息为中心的词汇的数量与评论有用性呈显著正相关($\beta = 0.321$，$t = 3.28$，$p < 0.01$)，因此，假设 H4 得到了验证。假设 H5 预测体验性词汇数量与评论有用性正相关，但是该假设在本研究中并没有得到验证($\beta = 0.052$，$t = 0.72$，$p = 0.473$)。这一点我们将在后续研究中做进一步讨论。

此外，当在模型二中加入极端正面评价、极端负面评价、以信息为中心的评价和以情感为中心的评价等 4 个变量后，原本在模型一中对有用性评价有显著影响作用的评论长度在模型二中变得不再显著($\beta = 0.029$，$t = 0.30$，$p = 0.766$)，这说明评论的长度对评价有用性的影响是通过评价内容的类型和评价信息的效价来实现的。

5. 结论与讨论

5.1 结 论

通过收集来自卓越亚马逊网站上畅销外国小说评论的数据，本研究发现，评论的长度对评论有用性的影响实际上是通过用户对评论文本效价和文本类型的判断来进行的。评论中极端负面词汇出现的数量越多，认为该评论有用的用户数量也越多。而与之相反的是，随着一条评论中所出现的极端正面词汇的数量的增加，认为该评论有用的用户数量反而会减少。这就说明了不同信息效价的评论内容对评论有用性的影响作用是不同的。其次在一条评论中如果出现的信息性词汇的数量越多，那么认为该条评论有用的用户数量也越多。这三种效应综合解释了评论长度对评论有用性的影响作用。

5.2 讨 论

以往关于线上评论的研究主要是从在线评论存在必要性以及如何才能更好地发挥在线

评论的作用这两个角度出发，具体来说就是线上评论的重要性和评论有用性相关的研究。本文在现有研究的基础上延伸了对线上评论的研究，从评论文本效价和评论文本类型两个角度探讨在线评论有用性的影响因素。其中评论文本效价包括极端正面评价和极端负面评论，评论文本类型包括以信息为中心的评论和以情感为中心的评论。

本文研究发现正面极端词数量、负面极端词数量对评论有用性的影响方向是相反的，即正面极端词使得评论的有用性降低，而负面极端词使得评论有用性提高。同时本文对已有研究关于评论长度的概念进行梳理，得出信息性词语这个更为精确的评价标准，结果显示以信息为中心的评论对评论有用性的影响是正向显著的。此外，本文还提出了体验性词语这个新的衡量维度，但其对评论有用性的影响是正向不显著的。

中国的电子商务正以蓬勃的速度发展，卖家在拥有无限商机的同时，也面临着巨大的竞争压力，尤其是对于商品趋于同质化、价格普遍低廉的线上购物。因此，找到自身的竞争优势就变得十分重要。线上评论的重要性，商家们都十分明确，但是对评论妥善管理的商家却十分少见。比如，中国大多数零售网站上并没有对评论的有用性进行公开评价，评论均是按照后来居上的位置进行排放。本文建议，网上零售商开设对评论的有用性评价，并设置按照有用性排序的选项。对于如淘宝这样的大型第三方交易平台，网站需要妥善管理评论，将评论收集，按照本文所讨论的文本效价以及文本类型进行整理，并向一些新进入的网络零售商家宣传销售线上评论，像旅游等行业的网站也可以开设评论有用性项目，以增加网站的访问量。

5.3 研究局限及后续研究方向

本文的局限性存在于两个方面，即样本的局限性和分析的局限性。样本的局限性表现在样本数量不足，仅200条。样本是对十本书的评论，而这十本书的类型不可避免地存在差异，会导致评论的类型有所偏差。分析的局限性表现在对评论信息内容的分类不够细致，在信息性词语中出现了中性、正面和负面词语，如精确、简练等；而且在统计过程中由人工进行统计，可能会存在统计误差。

本文从评论内容的效价及类型出发，形成了新的角度，今后的研究可以继续从这个角度将工作细致化，细分内容、增加样本、使用计算机文本挖掘。还可以拓宽研究方向，比如对信息性词语与体验性词语的交互作用进行分析；又比如 Mudambi 和 Schuff(2010)的研究已经确定产品的类型可以成为评论有用性的一个调节变量，今后可以研究产品类型对本文自变量与评论有用性之间关系的调节作用。

（作者电子邮箱：zhangjianpsly@163.com）

◎ 参考文献

[1]郝媛媛，叶强，李一军．基于影评数据的在线评论有用性影响因素研究[J]．管理科学学报，2010，8.

[2]严建援，张丽，张蕾．电子商务中在线评论内容对评论有用性影响的实证研究[J]．情报科学，2012，5.

[3]殷国鹏．消费者认为怎样的在线评论更有用？——社会性因素的影响效应[J]．管理世界，2012，12.
[4]Baumeister, R. F., Bratslavsky, E., and Finkenauer, C.. Bad is stronger than good[J]. *Review of General Psychology*, 2001, 5 (4).
[5]Berger, J., and Milkman, K. L.. What makes online content viral? [J]. *Journal of Marketing Research*, 2012, 49 (2).
[6]Berger, J., Sorensen, A. T., and Rasmussen, S. J.. Positive effects of negative publicity: When negative reviews increase sales[J]. *Marketing Science*, 2010, 29 (5).
[7]Chen, Z., Lurie, and N. H.. Temporal contiguity and negativity bias in the impact of online word of mouth[J]. *Journal of Marketing Research*, 2013, 50 (4).
[8]Chevalier, J. A., and Mayzlin, D.. The effect of word of mouth on sales: Online book reviews[J]. *Journal of Marketing Research*, 2006, 43 (3).
[9]Dabholkar, P. A.. Factors influencing consumer choice of a "rating web site": An experimental investigation of an online interactive decision aid [J]. *Journal of Marketing Theory & Practice*, 2006, 14 (4).
[10]Dellarocas, C., Xiaoquan, Z., Awad, and N. F.. Exploring the value of online product reviews in forecasting sales: The case of motion pictures [J]. *Journal of Interactive Marketing*, 2007, 21 (4).
[11]Duan, W., Gu, B., and Whinston A. B.. The dynamics of online word-of-mouth and product sales—An empirical investigation of the movie industry[J]. *Journal of Retailing*, 2008, 84 (2).
[12]Liu, Y.. Word of mouth for movies: Its dynamics and impact on box office revenue[J]. *Journal of Marketing*, 2006, 70 (3).
[13]Ludwig, S., de Ruyter, K., and Friedman, M., etc.. More than words: The influence of affective content and linguistic style matches in online reviews on conversion rates[J]. *Journal of Marketing*, 2013, 77 (1).
[14]Mizerski, R. W.. An attribution explanation of the disproportionate influence of unfavorable information[J]. *Journal of Consumer Research*, 1982, 9 (3).
[15] Mudambi, S. M., and Schuff, D.. What makes a helpful online review? A study of customer reviews on amazon.com[J]. *MIS Quarterly*, 2010, 34 (1).
[16]Petty, R. E., Cacioppo, J. T., and Schumann, D.. Central and peripheral routes to advertising effectiveness: The moderating role of involvement [J]. *Journal of Consumer Research*, 1983, 10 (2).
[17]Sun, M.. How does the variance of product ratings matter? [J]. *Management Science*, 2012, 58 (4).
[18]Thibaut, J. W., Riecken, and H. W.. Some determinants and consequences of the perception of social causality[J]. *Journal of Personality*, 1955, 24 (2).
[19]Willemsen, L. M., Neijens, P. C., and Bronner, F., etc.. "Highly recommended!"

the content characteristics and perceived usefulness of online consumer reviews[J]. *Journal of Computer-Mediated Communication*, 2011, 17 (1).
[20] Zhang, J. Q., Craciun, G., and Shin, D.. When does electronic word-of-mouth matter? A study of consumer product reviews[J]. *Journal of Business Research*, 2010, 63 (12).

Not Only Rating, But Also Text Content Will Produce an Influence on Review Helpfulness

Cui Nan[1] Zhang Jian[2] Wang Juqing[3]

(1, 2, 3 Economics and Management School of Wuhan University, Wuhan, 430072)

Abstract: It's more and more important for online firms to improve the usefulness of online reviews, because the number of online reviews is lager and lager and consumers may be confused that they give up buying. Based on the literature of online review, this paper will examin the influence of review text valence and text type on review usefulness. Furthermore, text type is divided into the emotion-centered review and the information-centered review; text valence is divided into extreme positive review and extreme negative review. After analyzing the data from Amazon. cn, we found that extreme negative review had positive influence on the review usefulness, extreme positive review had negative effect on the review usefulness and the information-centered review had positive influence on the review usefulness. The paper may provide some suggestions for firms to improve the usefulness of reviews.

Key words: Extreme positive comments; Extreme negative comments; Information centric comments; Emotional center review; Review usefulness

平衡与和谐之美：中庸价值取向对员工幸福感影响实证研究*

● 杜　旌[1]　刘　芳[2]
(1, 2 武汉大学经济与管理学院　武汉　430072)

【摘　要】随着我国物质文化水平的提高，幸福感成为人们关注的焦点。个人幸福感会受到传统文化的影响，但目前还没有研究实证探索传统东方文化对员工幸福感的影响。中庸价值取向是我国传统本位文化，其倡导的平衡与和谐导向会影响个体的幸福感知，且组织公正感和组织关怀感是这个影响过程的潜在中介变量。基于325名企业员工的实证调查数据分析结果显示：中庸价值取向对员工幸福感有积极促进作用，组织公正感与组织关怀感起部分中介作用。研究结果支持了理论假设，即中庸价值取向所倡导的平衡与和谐促进员工感知到组织公正和组织关怀，进而提升员工幸福感。本研究丰富了跨文化幸福感研究，揭示了我国传统本位文化对个体幸福感的促进作用及其机制。

【关键词】幸福感　中庸价值取向　公正感　关怀感　平衡与和谐

1. 序　　言

随着我国物质生活水平迅速提高，个人的幸福感成为我国社会广泛关注的话题。幸福感是个体的主观感受，其必然受到文化因素的影响(Fischer & Boer, 2011；曾红和郭斯萍，2012)。国外已有大量研究探索文化差异对幸福感的影响(Fulmer et al., 2010; Schimmack, Radhakrishnan, Oishi & Dzokoto, 2002)，国内学者也尝试从理论层面探讨我国传统文化对幸福感的影响。如高良、郑雪、严标宾(2010)从自我构建的视角探讨中西的个人主义和集体主义文化差异对幸福感的影响，邹琼和佐斌(2004)探讨了人格、文化与主观幸福感的关系。

文化会对幸福感产生影响是毋庸置疑的。中国文化博大精深，包含集体主义文化、中庸文化等。中庸精神不仅培养了中华民族内敛而包容的性格，而且是中国人做人做事的起

* 本文是国家自然科学基金面上项目“本土文化情境下领导行为对员工变革反应的影响：基于图式理论的动态研究”(项目批准号：71172202)、教育部人文社会科学研究青年项目“团队创新氛围研究”(项目批准号：09YJC630173)的阶段性研究成果。

点和标准。中庸价值取向的核心是其倡导的平衡与和谐，它作为中国文化的精髓，对个体幸福感有着潜在的影响作用。本文将聚焦于中庸价值取向，实证探索中庸文化对员工幸福感的作用及其机制。我们首先回顾以往国内外幸福感研究，然后探讨员工中庸价值取向对员工幸福感潜在的积极作用以及员工组织公正感和组织关怀感的中介作用，而后在包含325名员工的数据基础上，实证检验传统中庸文化对员工幸福感的影响。

2. 文献回顾与假设提出

2.1 幸福感

《新华字典》(2001)对幸福的定义是“美满如意的生活和境遇”，这个概念缺乏明确的内涵，较难展开实证研究。曾红和郭斯萍(2012)以及杜旌、李难难、龙立荣(2013)指出幸福就是“乐”，而幸福感就是个体对“乐”的主观体验。这种“乐”的幸福感内涵，建立了幸福感与当今研究的直接联系，即幸福感可以被描述为happiness和well-being(快乐和安康)(Diener, Suh, Lucas, & Smith, 1999)。已有研究更多采用主观幸福感或心理幸福感的表述方式(subjective/psychological well-being)(Cropanzano & Wright, 2001)。

当今幸福感内涵研究主要包含情感和认知两个方面(Tay & Diener, 2011)。情感方面，主要是指个体的积极情感和消极情感，积极情感包括快乐、开心、兴奋等；消极情感有羞耻、焦虑、压抑等(Cropanzano & Wright, 2001)。当个体感受到的积极情感次数多于消极情感，成为主导性的情感体验，个体就会产生幸福感，从而使个体在整体上感觉到快乐和愉悦(Bradburn, 1969; Chekola, 2007; Kelloway, Turner, Barling, & Loughlin, 2012)。

幸福感的认知方面，主要是指个体对总体生活满意度的评价，包括工作、家庭、健康、经济状况等(Louis & Ed, 2011; Tay & Diener, 2011)。有学者进一步探索幸福感的认知内涵，认为幸福感不是简单的满意，而是通过发挥潜能努力达到完美的体验，这种内涵的体验将是完全精神性的，且更为持久(Riff & Keys, 1995)。Riediger(2004)也指出幸福感应当是个体内在积极精神概念的整合，以促使个体维持一个积极的状态。同样，我国学者立足我国本土文化，探索这种更高层次的精神幸福感。例如，曾红和郭斯萍(2012)就剖析了我国传统的儒、道、佛三大流派对“乐”的阐释，提到了“父母俱在，兄弟无故”之乐和“先天下之忧而忧，后天下之乐而乐”即为幸福。这种精神层面满足的幸福感，某种程度上可以解释为文化价值观对幸福感的影响，使得不同文化价值观的个体对幸福有着不同的理解(杜旌等，2013)。

本文关注员工这种更高精神层次的幸福感，探索中庸价值取向对员工高层次精神幸福感的影响。基于Ryff和Keys(1995)的研究，这种高精神层次的幸福感主要包含六个维度，分别是自我接受、良好人际关系、自主性、掌控感、工作意义和个人成长。选择高精神层次的幸福感进行分析的主要原因是其稳定和持久性。基于情感的幸福感和生活总体认知的幸福感具有较强的波动性(彭怡和陈红，2010)，而更高层次的精神幸福感体验更为持久和稳定，针对其展开的研究更能有效地指导我们工作和生活。以往研究已经实证探索了Ryff和Keys(1995)提出的六维高层次精神幸福感的信效度，且发现其能显著预测个体的行为(Ma, Tan, & Ma, 2012)。我国学者彭怡和陈红(2010)也对这种高层次的精神幸福感进行了深入的理论探索。延续以往理论和实证的研究，本文关注 Ryff 和 Keys(1995)所提出的更为持久稳定的高精神层次的幸福感，研究个体中庸价值取向对员工这种幸福感的影响以及员工的组织公正感和组织关怀感的中介作用。

2.2 中庸价值取向：平衡与和谐

中庸是我国传统本位文化的核心之一。现如今，中庸已融入我国的民族性格和社会心理中，成为中华民族根深蒂固的文化传统和社会文化心理。有人认为中庸就是没有原则、没有立场、平均主义、妥协主义，这种“中间主义”会让人们不思进取、缺乏创新。但王岳川(2007)指出这种理解是人们在“反中庸”中全盘采用西方的过度竞争手段，以竞争、斗争、战争的观念来取代传统“中庸”节制合度的观念。

当前，学者们对中庸展开了全面客观的研究：段锦云和凌斌(2011)认为中庸是华人的传统思维模式，是基于全局认知、动态的辩证思维模式。何轩(2009)认为中庸是价值取向，是以执中、守道、适度、求和的价值理念来行为处事。尽管角度不同，但学者们有共同的认识，即“中庸的目标就是要达到和谐的境界”，其核心是“度”与“和”(赵志裕，2000)。例如，吴佳辉和林以正(2005)将中庸表述为“整个中庸体系中，内心的中、外在的节以及最后结果的致中和，是最核心的概念”。杨中芳(2009)指出中庸价值取向是我们在认知环境和处理自我与环境关系时的导向，它是基于全局性和辩证性的认知，采用“和”作为价值取向。因此，中庸最终是一种指导个体行为处事的价值取向，它可以表述为基于全局的、辩证的认知环境，采用“执中”、“适度”而非偏激的方式，达到个体与整体的和谐(杜旌、冉曼曼、曹平，2013)。这其中以整体视角和全局观念认识外部环境是中庸价值取向的基础，通过“执中”和“适度”方式，达到平衡与和谐是中庸价值取向的最终目标(Yao, Yang, Dong & Wang, 2010)。

传统文化几千年的影响使得中庸已成为我们有意识或潜意识中坚持的信念和价值取向，这些信念和价值取向定义了什么是正确的和什么是错误的，影响着我们的偏好(Adler, 2002)。中庸价值取向影响我们对事物认知和判断的核心是其平衡与和谐的核心。中庸的平衡与和谐是指其“过犹不及”和“执两用中”，强调处世不可走极端，坚持整体和适度的原则，达到“君子和而不同”的平衡与和谐境界。本研究认为中庸这种平衡与和谐，会影响员工的幸福感。其机制是个体会全面认知环境，通过调整认知和行为，达到内外和内心的平衡与和谐，进而促进个体感知到组织公正和组织关怀，最终提升员工的幸福感。

2.3 中庸价值取向与员工幸福感

2.3.1 中庸对组织公正感和组织关怀感的作用

组织公正感是员工在组织中对付出和收获是否对等的感受(Du & Choi, 2010)。公正理论(Adams, 1965)认为员工公正感主要是通过和其他人进行对比而得到的。员工将自己的付出和收获比例与他人的付出和收获比例进行对比，当发现对比他人，自己的收获小于付出时则会感觉到不公平。吴佳辉和林以正(2005)指出高中庸个体会认清外在的信息与自己本身的内在要求，并详加考虑，采用全面思考的方式。他们看待事情更加全面，会全方位分析付出和收益。低中庸员工可能仅仅看到当下的、局部的收益和付出，而高中庸员工倾向于全面、辩证地看待自己的付出与收获、他人的付出和收获。例如，他们会意识到他人不仅在工作之内付出，而且工作之外也有很大贡献，认识到自己的收获不仅体现在报酬上，还有个人能力的提升等。基于此，高中庸员工更容易达到自身与外界环境平衡，形成一个和谐状态。

组织关怀感是指员工个体在组织中所感知到的组织对自身利益和成长的关注、关怀和投入(Patterson et al., 2005)。文化价值观因素会影响员工对组织关怀的感知，其原因之一是文化因素影响个体内心期望的高低，而这种期望的高低又影响个体对外界关怀的感知。中庸倡导“执中”、不走极端(杨中芳, 2009)。高中庸价值取向的个体能够通过不断反省自己，正确认识自己的欲望。他们将自身现状与自己内心价值取向或期望进行对比时，让自己的期望更符合现实，将自己的期望置于一个合理水平，同时他们能够正确认识组织的各项行为。通过这种内心的自我修行，个体对外界给予的各种关怀和投入会更加敏感，更容易感受到组织的关怀。相比个体形成自我付出和外界回报的理性平衡，这种内心的平衡更多是一种精神的修炼，让个体形成感知“大爱”的心态。总之，高中庸价值取向指导员工全面认知环境和处理自我与环境关系，追求内外和内心的平衡与和谐，因此更容易感知到组织公正和组织关怀。

2.3.2 组织公正感和组织关怀感对幸福感的影响及其中介作用

员工的组织公正感和组织关怀感会提升员工的幸福感知。组织公正感是员工个体与外部环境进行联系与衡量时所感知到的，自己付出与所得是否与他人的付出与所得相当，或自己的付出与所得是否合理的感受(Du & Choi, 2010)。自己付出与外界回报对等时，员工会感到自己的付出得到承认，从而感知到自我存在的价值、他人的认可，以及投入工作的意义。通过自我努力来获取各种回报，员工会认识到自己可以控制自己的所得，提升员工的自主性和掌控感(李晔、龙立荣、刘亚, 2003)。感知到晋升、培训机会的公平性，也会提升员工幸福感中个人成长维度。总的来说，员工感知到合理的付出和回报比例，会有效促进 Ryff 和 Keys(1995)所提出的自我接受、良好人际关系、自主性、掌控感、工作意义和个人成长等幸福感知。

组织关怀感是员工个体在组织中所感知到的组织对自身利益和成长的关注、关怀与投入(Patterson et al., 2005)。Lawrence 和 Maitlis(2012)指出组织中的关怀既是一种价值观，也是一种实践，这种实践注重满足特定对象的需要，而所谓的特定对象是指那些在血亲关系和社会关系中我们对其负有道德责任的人。公正感是员工感觉到在个体和组织交换之间的平衡，而组织关怀感是员工感受到组织基于个体需求的“大爱”，这种“大爱”会激发员工的同理心和积极感知，从而全面提高员工的幸福感(关璐, 2013)。例如，关怀感使员工感受到组织的温暖及对自身的重视，让员工意识到在组织中是有意义且有未来的，从而进一步提高员工的主动性，感知到工作的未来在自己的掌控之中。组织关怀还能使员工与企业环境保持一种和谐稳定的状态，使员工拥有良好的人际工作环境，缓解员工的工作压力，改善员工的身心健康，使员工更加愉悦和快乐地工作。

2.3.3 理论假设与理论模型

总的来说，如图 1 所示，中庸价值取向的平衡与和谐通过正确认识组织的各项行为，使员工认知自我付出和获得更加全面客观，并通过员工内心期望与自我修行的平衡，使员工的期望更符合现实，从而更易感知到组织的关怀。通过作用于组织公正感与关怀感，中庸价值取向对员工幸福感产生积极促进作用。基于以上讨论，我们提出如下假设：

H1：中庸价值取向对员工组织公正感和组织关怀感有显著积极作用。

H2a：员工组织公正感对员工幸福感有显著积极作用。

H2b：员工组织关怀感对员工幸福感有显著积极作用。

H3：员工组织公正感和组织关怀感是中庸价值取向促进员工幸福感的中介变量。

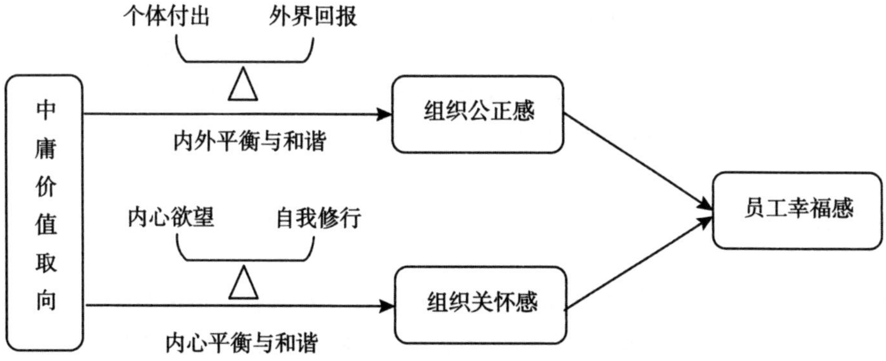

图 1　中庸价值取向对员工幸福感促进作用机制图

3. 研究设计

3.1　样本和数据收集程序

数据采集在我国中部 40 家企业的 500 名员工中进行，每个员工报告其个人统计变量、中庸价值取向、组织公正感、组织关怀感、幸福感。经过问卷预调查后，正式问卷发送到调查对象手中，问卷由研究助理直接回收，以确保调查结果的保密性。一个月期间，收回问卷共有 385 份。剔除掉无效问卷后，共有 39 家企业的 325 名员工参与了调查。参与调查的员工的平均年龄为 30 岁(SD = 5.54)，男性占 49%，平均工作年限为 6 年(SD = 4.14)。受调查员工中，52%的人具有本科或本科以上学历，31%的人具有专科学历，其余的具有高职或高中学历。参与调查员工主要是从事专业技术和行政工作。

3.2　测　量

在本研究模型中，所有变量均采用李克特五点量表法进行量度(1=非常不同意，5=非常同意)。

(1)中庸价值取向。中庸价值取向测量采用了赵志裕(2000)、吴佳辉和林以正(2005)开发的测量量表。我们通过专家访谈(与企业中层管理者访谈)，在上述量表中选取了更符合工作情景的六个条目来测量中庸价值取向(a = 0.82)。具体的条目如“与同事相处，只做到合理是不够的，还要合情”、“任何事情总有个限度，过了头和达不到都不好”、“做决定时要为了整体的和谐来调整自己”。

(2)组织公正感。基于 Du 和 Choi(2010)的研究，员工的组织公正感通过三个问题来量度($a = 0.91$)，分别是“在我们公司，工作出色会得到认可和回报”、“在我们公司，付出和收获是公平的”、“在我们公司，奖励和惩罚都是公平的”。

(3)组织关怀感。依据 Patterson 等(2005)的研究，用三个问题来评价组织关怀感($a = 0.89$)，分别是“我们公司很关注员工的利益”、“我们公司会尽可能关心每一个员工”、“我们公司企业尽可能不伤害员工利益”。

(4)员工幸福感。员工幸福感测量采用 Riff 和 Keys (1995)的量表，用六个条目来测量员工幸福感，包括员工自我接受、良好人际关系、自主性、掌控感、工作意义和个人成长 ($a = 0.88$)，具体的条目如“我的工作是有意义的”、“我能够决定如何完成自己的工作”、“我能在很大程度上控制我的工作”。

4. 数据分析和结果

为检验员工汇报的数据是否有同源偏差，我们首先对所有变量进行了验证性因子分析(CFA)。结果如表 1 所示，四因子模型符合要求，并显著优于其他因子模型，表明在员工汇报的数据中，共源偏差的影响并不严重。研究中各变量的均值、标准差以及相关性如表 2 所示。

表 1　**验证性因子分析结果**

模型	$\chi^2(df)$	p	CFI	NFI	TFI	RMSEA	AIC
单因子模型	1218.34 (135)	0.000	0.55	0.52	0.43	0.159	1326.34
双因子模型(合并组织公正感、组织关怀感、员工幸福感)	857.92 (134)	0.000	0.70	0.66	0.61	0.131	967.92
三因子模型(合并组织公正感和组织关怀感)	478.02 (132)	0.000	0.86	0.81	0.81	0.091	592.02
四因子模型(中庸价值取向、组织公正感、组织关怀感、员工幸福感)	238.50 (129)	0.000	0.95	0.91	0.94	0.052	358.50

表 2　**各变量均值、标准差和相关性**

变量	M	SD	1	2	3	4
1. 中庸价值取向	4.01	0.42				
2. 组织公正感	3.61	0.83	0.13*	—		
3. 组织关怀感	3.60	0.83	0.10	0.29***	—	
4. 员工幸福感	4.05	0.41	0.31***	0.20**	0.23**	—

注：* 代表 $p < 0.05$，** 代表 $p < 0.01$，*** 代表 $p < 0.001$。

相对于 Baron 和 Kenny 的分步中介作用分析①，结构方程模型更适合本研究模型的检验②。我们首先检验了假设模型，即中庸价值取向通过组织公正感和组织关怀感的中介作用，对幸福感产生影响。结果显示模型对当前数据有较好的拟合（$\chi^2(df = 131) = 287.86$，CFI = 0.93，NFI = 0.89，TFI = 0.91，RMSEA = 0.062，AIC = 405.86）。为了寻找潜在更好的模型，我们尝试检验了其他可能模型，结果显示当加入中庸价值取向对幸福感的直接作用后，模型拟合度有显著提高（$\chi^2(df = 130) = 238.50$，CFI = 0.95，NFI = 0.91，TFI = 0.94，RMSEA = 0.052，AIC = 358.50；$\Delta\chi^2(df = 1) = 49.36$，$p < 0.001$）。因此，我们选取该模型作为最优拟合模型，图 2 展示了该模型的结果。如图 2 所示，中庸价值取向与员工组织公正感、关怀感及员工幸福感也分别显著相关（$\beta = 0.22$，$p < 0.01$；$\beta = 0.39$，$p < 0.001$），假设 H2a 和假设 H2b 成立。中庸价值取向与员工幸福感也直接显著相关（$\beta = 0.37$，$p < 0.01$），即组织公正感和组织关怀感是中庸价值取向促进员工幸福感的中介变量，假设 H3 得到支持。

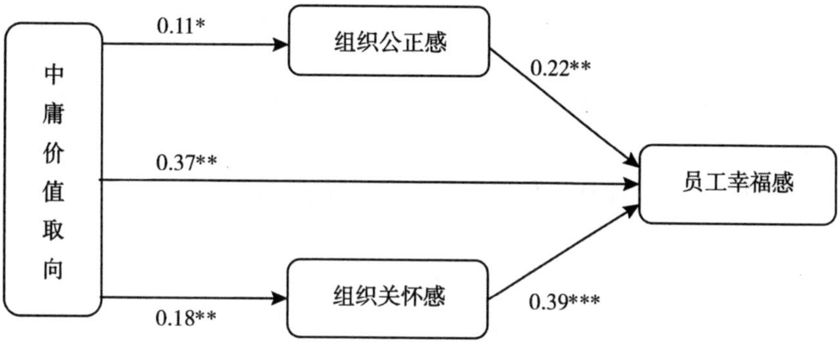

注：* 代表 $p < 0.05$，** 代表 $p < 0.01$，*** 代表 $p < 0.001$。

图 2　中庸价值取向作用员工幸福感的最优拟合模型

5. 结论与讨论

Markus 和 Kitayama（1996）指出文化对于幸福感有决定性影响。邹琼和佐斌（2004）也提出我国传统文化对员工幸福感存在着潜在的影响。延续了前人的研究，本文实证研究中庸价值取向对员工幸福感的作用。对包含 325 名企业员工的数据的结构方程的分析表明，中庸价值取向显著提升员工幸福感，且组织公正感和组织关怀感部分中介中庸价值取向对员工幸福感的积极作用。

---

① Baron，R. M.，and Kenny，D. A.. The moderator-mediator variable distinction in social psychological research：conceptual，strategic，and statistical considerations [J]. *Journal of Personality and Social Psychology*，1986，51(6)：1173.

② Chung，G. Y.，Du，J.，and Choi，J. N.. How do employees adapt to organizational change driven by cross-border M&As? A case in China[J]. *Journal of World Business*，2013，49(1)：80.

以往研究主要探索经济、认知、性格等方面对个体幸福感的影响(柯燕和黄小荣，2011)。本文从文化角度，探索中庸价值取向对员工幸福感的积极作用。中庸价值取向的核心是平衡与和谐，当员工对自身与外部环境进行认知时，高中庸价值取向个体会认清外在的信息与自己本身的内在要求，并采用全面思考方式，全面考察自我与环境的关系(吴佳辉和林以正，2005)。这种认知方式有助于员工全面认识自己的付出和获取，使员工能够更容易感受到组织公正感，进而提升员工的幸福感。同时，中庸倡导"执中"、不走极端(杨中芳，2009)，使个体不断进行自我修炼，将自己的期望置于一个合理水平，从而对组织关怀更加敏感，而感知到组织的"大爱"又会通过提升员工的积极感受来促进员工幸福感。研究结果验证了假设，但结果也显示中庸价值取向对员工有显著的直接效应。这表明当员工达到内心的和谐与平衡时，会直接提升其幸福感。高良等(2010)也认为和谐是影响幸福感的关键因素。

世上没有完美的研究，本研究也有着其局限性。首先，数据来源均为员工个人自我报告的数据，尽管验证性因子分析显示同源偏差的影响并不严重，但在未来研究中还是应该采取相应措施避免同源数据的影响(Du & Choi, 2010)。例如，可以在不同时点采集数据，避免同源误差。其次，研究只选取了我国中部企业进行调查，其结论的普适性有一定局限。我国地域广阔，南方和北方、东部和西部以及发达地区和不发达地区在幸福观上会有所不同。未来研究还应当抽取更为广泛的样本，使研究更具代表性。

尽管存在着这些不足，本研究依然有效扩展幸福感的研究，为企业实践提供了理论指导。为使员工能快乐地工作，企业可以通过有效宣传传统文化来提升员工的幸福感。曾红和郭斯萍(2012)就指出，传统文化能帮助现代人在追求和实现幸福的过程中，回归本性，关注内心的平衡与和谐，而不是外在物质的追求。当员工达到了内心的平衡与和谐，就可以有效应对各种压力、消除烦恼，来获得工作中的幸福感(Cropanzano & Wright, 2001)。

(作者电子邮箱：jdu@ whu. edu. cn)

◎ 参考文献

[1]杜旌，冉曼曼，曹平．中庸价值取向对员工变革行为的情景依存作用[J]．心理学报，2013，45.

[2]段锦云，凌斌．中国背景下员工建言行为结构及中庸思维对其的影响[J]．心理学报，2011，10.

[3]高良，郑雪，严标宾．幸福感的中西差异：自我建构的视角[J]．心理科学进展，2010，5.

[4]关璐．组织关怀与怜悯研究述评与展望[J]．外国经济与管理，2013，35.

[5]何轩．互动公平真的就能治疗"沉默"病吗？——以中庸思维作为调节变量的本土实证研究[J]．管理世界，2009，4.

[6]柯燕，黄小荣．主观幸福影响因素的模型构建[J]．湖北社会科学，2011，7.

[7]李晔，龙立荣，刘亚．组织公正感研究进展[J]．心理科学进展，2003，5.

[8]彭怡，陈红．基于整合视角的幸福感内涵研析与重构[J]．心理科学进展，2010，18.

[9]王宇清，周浩．组织公正感研究新趋势——整体公正感研究述评[J]．外国经济与管理，2012，34.

[10]王岳川．《中庸》在中国思想史上的地位——《大学》《中庸》讲演录(之三)[J]．西南民族大学学报(人文社科版)，2007，10.

[11]吴佳辉，林以正．中庸思维量表的编制[J]．本土心理学研究，2005，12.

[12]杨中芳．传统文化与社会科学结合之实例：中庸的社会心理学研究[J]．中国人民大学学报，2009，3.

[13]曾红，郭斯萍．"乐"——中国人的主观幸福感与传统文化中的幸福观[J]．心理学报，2012，20.

[14]赵志裕．中庸思维的测量：一项跨地区研究的初步结果[J]．香港社会科学学报，2000，18.

[15]邹琼，佐斌．人格、文化与主观幸福感的关系及整合模型述评[J]．心理科学进展，2004，12.

[16]Adams，J. S.. Inequity in social exchange [J]. *Advances in Experimental Social Psychology*，1965，2.

[17]Adler，N. J.. *International dimensions of organizational behavior* (4th ed.) [M]. Cincinnati：South-Western College Publishing，2002.

[18]Baron R. M.，Kenny，D. A.. The moderator—mediator variable distinction in social psychological research：Conceptual，strategic，and statistical considerations [J]. *Journal of Personality and Social Psychology*，1986，51(6).

[19]Bradburn，N. M.. The structure of psychological well-being[J]. *Monographs in Social Research*，1969，15.

[20]Chekola，M.. Happiness，rationality，autonomy and the good life[J]. *Journal of Happiness Studies*，2007，8.

[21]Chung，G. Y.，Du，J.，and Choi，J. N.. How do employees adapt to organizational change driven by cross-border M&As? A case in China[J]. *Journal of World Business*，2013，49(1).

[22]Cropanzano，R.，Wright，T. A.. When a "happy" worker is really a "productive" worker：A review and further refinement of the happy-productive worker thesis [J]. *Consulting Psychology Journal：Practice and Research*，2001，51(3).

[23]Diener，E.，Suh，E. M.，and Lucas，R. E.，and Smith，H. L.. Subjective well-being：Three decades of progress[J]. *Psychological Bulletin*，1999，125.

[24]Du，J.，Choi，J. N.. Pay for performance in emerging markets：Insights from China[J]. *Journal of International Business Studies*，2009，41(4).

[25]Fischer，R.，Boer，D. What is more important for national well-being：Money or autonomy? A meta-analysis of well-being，burnout，and anxiety across 63 societies [J]. *Journal of Personality and Social Psychology*，2011，101(1).

[26]Fulmer，C. A.，Gelfand，and M. J.，Kruglanski，A. W.，and Kim-Prieto，and C.

Diener, E. , Pierro, A. , and Higgins, E. T.. On "feeling right" in cultural contexts how person-culture match affects self-esteem and subjective well-being [J]. *Psychological Science*, 2010, 21(11).

[27] Kelloway, E. K. , and Turner, N. , and Barling, J. , and Loughlin C.. Transformational leadership and employee psychological well-being: The mediating role of employee trust in leadership[J]. *Work & Stress*, 2012, 26(12).

[28] Lawrence, T. B. , and Maitlis, S.. Care and possibility: Enacting an ethic of care through narrative practice[J]. *Academy of Management Review*, 2012, 37(4).

[29] Ma S. M. , Tan Y. , and Ma S. C.. Testing a structural model of psychological well-being, leisure negotiation, and leisure participation with Taiwanese college students [J]. *Leisure Sciences*, 2012, 34.

[30] Markus, H. R. , Kitayama, S. , and Heiman, R. J.. Culture and "basic" psychological principles[J]. *Social psychology: Handbook of Basic Principles*, 1996, 5.

[31] Tay, L. , Diener, E. Needs and subjective well-being around the world [J]. *Journal of Personality and Social Psychology*, 2011, 101(2).

[32] Patterson, M. G. , West, M. A. , Shackleton, V. J. , Dawson, J. F. , Lawthom, R. , Maitlis, S. , Robinson, D. L. , and Wallace, A. M.. Validating the organizational climate measure: Links to managerial practices, productivity and innovation [J]. *Journal of Organizational Behavior*, 2005, 26.

[33] Ryff, C. D. , and Keyes, C. L. M.. The structure of psychological well-being revisited [J]. *Journal of Personality Social Psychology*, 1995, 69.

[34] Riediger, M. , and Freund, A. M.. Interference and facilitation among personal goals: Differential associations with subjective well-being and persistent goal pursuit [J]. *Personality and Social Psychology Bulletin*, 2004, 30.

[35] Schimmack, U. , Radhakrishnan, P. , and Oishi, S. , Dzokoto, V. , and Ahadi, S.. Culture, personality, and subjective well-being: Integrating process models of life satisfaction[J]. *Journal of Personality and Social Psychology*, 2002.

[36] Yao, X. , Yang, Q. , Dong, N. , and Wang, L.. Moderating effect of Zhongyong on the relationship between creativity and innovation behavior [J]. *Asian Journal of Social Psychology*, 2010, 13.

Balance and Harmony: An Empirical Study of Zhongyong's Effect on Employee Psychological Well-being

Du Jing[1] Liu Fang[2]

(1, 2 Economics and Management School of Wuhan University, Wuhan, 430072)

Abstract: With the development of the society, psychological well-being has received more and more attention. Psychological well-being could be inevitably affected by traditional culture.

However, no empirical research has been conducted to explore the influence of traditional culture on psychological well-being. Zhongyong orientation is one of Chinese traditional cultural values and its core contents, balance and harmony, have potential influence on individual psychological well-being. Individual justice perception and welfare perception could be two mediators during the process. Based on the data from 325 employees, empirical analysis results show that Zhongyong orientation was significantly related to psychological well-being, and justice perception and welfare perception partially mediated the relationship of Zhongyong orientation with psychological well-being. The results support the theoretical propositions that balance and harmony advocated by Zhongyong orientation enhance individual perception about organizational justice and welfare, and further increase individual psychological well-being. This research enriches the cross-culture research of psychological well-being, and demonstrates the positive role and its mechanism of Chinese traditional emic culture for psychological well-being.

Key words: Psychological well-being; Zhongyong orientation; Justice perception; Welfare perception; Balance and harmony

事务所审计失败溢出效应
——基于我国非金融类上市公司的经验数据

● 李青原[1]　杨　婷[2]
(1, 2 武汉大学经济与管理学院　武汉　430072)

【摘　要】本文以2003—2009年非金融类上市公司数据为样本，实证检验了会计师事务所审计失败暴露出的内部管理缺陷对其审计的其他上市公司审计质量的影响，同时基于会计师事务所规模、上市公司的治理结构，又检验了其对会计师事务所审计质量的影响。结果发现，审计失败暴露出的内部管理缺陷会导致事务所审计的其他上市公司审计质量较低，而事务所规模效应和上市公司完善的治理结构能在一定程度上减轻这种影响。

【关键词】审计失败　内部管理缺陷　事务所规模　上市公司治理结构

1. 导　　言

资本市场的发展促使所有权与经营权相分离，这样两权分离产生的信息不对称与利益冲突，使公司管理层作为“内部人”具有提供虚假财务信息的动机。然而财务信息不仅是投资者进行投资决策的重要依据，更是监管层对资本市场进行监督、管理和完善的重要根据。具有专业能力与一定独立性的事务所能够提供高质量的审计，并在一定程度上减轻两权分离产生的信息不对称，能有效地约束代理人的机会主义行为，减少公司的代理成本，提高公司的价值(Jensen & Meckling, 1976)。

探索影响事务所提供审计质量的因素主要集中于行业专门化、事务所任期、审计客户规模及重要程度等方面，我们以事务所已暴露出的审计失败为切入点，研究存在审计失败的事务所提供的审计质量信息。正因为如此，本文以2003—2009年非金融类上市公司数据为样本，实证检验了会计师事务所审计失败暴露出的内部管理缺陷对其审计的其他上市公司审计质量的影响，同时基于会计师事务所规模、上市公司的治理结构，又检验了其对会计师事务所审计质量的影响。

本文的研究可能在以下方面具有贡献：

首先，本文从事务所审计失败角度切入，研究了审计失败的溢出效应，发现已暴露出审计失败的事务所审计的其他公司的审计质量较低，为公司各利益相关者提供了信息增量。以往从事务所层面对审计质量的研究主要关注了事务所规模(Choi, Kim, Kim &

Zang，2010；DeAngelo，1981；Francis & Yu，2009；刘笑霞和李明辉，2011；温国山，2009）和专业胜任能力（Reichelt & Wang，2010；蔡强和葛晓舰，2009；刘文军等，2010）。然而，事务所的规模在一定的时间内是稳定的（Francis & Michas，2012），外界也可能会因为缺乏信息而难以衡量事务所的专业性，外部利益相关者利用这两个指标衡量事务所审计质量在实际使用过程中会受到一些阻碍。因此，本文的研究有助于我们理解审计失败传递的低审计质量信号，缓减由于低质量审计带来的代理问题。

其次，本文的研究结果为提高审计市场的审计质量提供了思路。在面对已发生的审计失败时，事务所和监管机构应重点关注事务所内部质量控制程序的完整性和规范性，这对于中国市场来说尤其重要。相比美国事务所面临的高契约风险，如法律风险、声誉风险和监管风险，我国事务所的执业监管环境较松散，法律制度不健全，特别是没有严格的民事赔偿制度，使我国事务所面临的执业风险较低，助长了其冒险意识①，同时，由于犯错成本较低，加之事务所的趋利行为，我国审计市场存在贿赂被审计单位关键管理人员、低价收费等乱象②，最终导致审计市场失灵。因此，本文的研究丰富了监管机构对事务所审计行为的监督管理视角。同时，我们以处于一个较低诉讼风险的中国上市公司样本为研究对象，为探究审计失败的影响因素提供了一个相对干净的证据。

2. 研究假设

2.1 审计失败对审计质量的影响

美国会计原则委员会（APB）认为，若财务报表存在计算错误、会计原则应用错误、忽视或误用财务报告公布日已经存在的事实等，则需要企业对前期的财务报表进行重述。Coffee（2003）基于美国安然事件，认为利益关系会导致事务所对公司发生错误的信息视而不见，从而导致日后发生重述行为，发生了财务报表重述行为则意味着审计师独立性较差。Kinney（2003）的研究直接把事务所审计项目中存在财务报表重述作为低审计质量的前提。企业进行财务报表重述，是对前期报表存在的错误进行的一种“认错”行为。对财务报表进行审计，就是事务所的“纠错”行为。事务所如何看待企业的错误，是通过审计意见体现出来的。在没有了解事务所对于财务重述样本的审计意见时，不能武断地认为财务重述公司的审计质量较差③。因此，我们采用审计意见类型和财务重述样本相结合的方式来衡量事务所审计失败。如果事务所在审计过程中没有发现企业的错误，出具了标准审计意见，且企业随后对财务报表进行了重述，便意味着事务所的审计失败。Francis 和 Michas（2012）以 2005—2007 年上市公司为研究样本，发现事务所由于内部控制不健全导致审计失败，会对其他审计项目产生低审计质量的传染效应。因而，当事务所在某一年份存在多个低审计质量的项目时，就暴露出事务所在管理控制方面存在缺陷，导致事务所审

① 刘峰．制度安排与会计信息质量［J］．会计研究，2001，7：7.

② 郝玉贵．我国新兴独立审计市场失灵问题与监管研究［J］．审计研究，2004（6）：64-67.

③ 王霞，张为国．财务重述与独立审计质量［J］．审计研究，2005，3：56-61.

计的其他上市公司审计质量较低的概率增大。国内对审计失败的后果研究主要集中于事后监管行为(李爽和吴溪,2002)以及市场对事务所签发非标准审计意见的反应(蔡祥,2003)。

综合来看,事务所低审计质量的发生,可能是由两方面的原因造成的:一方面是针对具体的某个审计项目,审计程序设计不合理,审计师没有遵循相应的独立性要求等;另一方面,可能是事务所在审计内部控制管理程序上存在缺陷。由第一个原因造成的低审计质量,仅局限于具体的某个审计项目,对该审计项目的低审计质量一般不会影响其他审计项目,因此我们认为事务所会更加关注第二个原因造成的审计低质量。

在第二个原因的作用下,会计师事务所内部管理控制缺乏科学决策、良性运行机制和执行力,整个业务流程依靠关键项目合伙人,缺乏相应的控制制约机制等内部控制管理缺陷,这样的缺陷使事务所的审计行为暴露于制度约束松散和监督不力的环境中,导致审计风险敞口增大,加大了审计项目低审计质量的概率;并且,这样的管理制约控制缺陷往往在审计当年不能被及时发现和纠正,如果暴露出来的审计失败项目在事务所审计的总体项目中所占比例较低,不会引起事务所的高度重视,因而,当事务所在审计当年有多个审计失败的项目的,可能暴露出事务所内部管理有缺陷,导致事务所整体提供的审计具有低质量。据此,提出本文的假设 H1:

H1:若一个会计师事务所在审计当年存在多个审计失败的项目,那么事务所审计的其他上市公司审计质量较低。

2.2 事务所规模与审计质量

事务所规模对审计质量的影响,是实务界讨论的一个经久不衰的话题,国内外学者对此分别从不同的角度进行了实证研究。国外研究有 Becker 等(1998)、Francis 等(1999)及 Kim 等(2003),他们的研究均发现六大审计公司的审计质量显著高于非六大审计公司。Palmrose(1988)用诉讼率作为审计质量的替代指标来探索其与事务所规模之间的关系,发现非“八大”的诉讼率要远高于“八大”,表明规模较大的事务所具有较高的审计质量。国内也有很多学者对这个问题进行了探究。吴水澎与李奇凤(2006)、蔡春等(2005)发现国际“四大”的审计质量要显著高于国内“十大”,且国内“十大”对公司盈余管理的掌控要明显高于国内非“十大”。李仙与聂丽洁(2006)、王良成与韩洪灵(2009)分别从非标审计意见、IPO 样本以及配股公司角度研究事务所规模对审计质量的影响,也支持了上述结论。

审计质量取决于事务所审计师发现和报告财务报表错误的联合概率,因此,要保持高审计质量,事务所的专业胜任能力与独立性显得尤为重要。根据中国注册会计师协会网站公布的信息,2003—2009 年,在综合评价排名前十位的事务所中,专业能力较强、执业素质较高的注册会计师人数比例要远远高于其他非十大事务所,并且,排名前十的事务所中,学历结构趋向高学历化,本科及其以上学历在整体注册会计师人数中所占比例较大。

因而,事务所规模较大,其人员审计能力较强、独立性较强,当审计失败发生时,相对于规模较小的事务所而言,专业知识、技能和能力能够在一定程度上减轻内部控制缺陷导致的低审计质量的影响。据此,提出本文的假设 H2:

H2：在面对内部控制缺陷导致低审计质量时，规模大的事务所比规模小的事务所有更高的审计质量，规模大的事务所能够减轻其影响。

2.3 企业治理结构与审计质量

基于代理理论，企业代理人与所有人信息不对称才导致内部人具有提供虚假信息的可能性。公司治理结构完善时，可以通过权力来平衡内部人与外部人之间的利益冲突，从而降低企业信息不对称。Cadbury 发现公司治理结构与事务所独立性和审计质量正相关①，同时余宇莹和刘启亮也认为，公司治理结构越完善，企业进行盈余操纵的空间越小，审计质量越高。② 事务所对公司提供的审计质量取决于其自身的能力和独立性，同时也受审计环境的影响。当公司治理结构完善时，公司管理层对事务所的审计行为阻碍性较低，事务所能保持独立性，因而能提供高质量的审计服务。据此，提出本文的假设 H3：

H3：治理结构完善的企业，能够在一定程度上减轻事务所由于内部管理缺陷对审计质量造成的影响。

3. 研 究 设 计

3.1 审计质量的度量

国外研究发现，事务所面临的诉讼概率、出具不恰当的审计报告的概率与操纵性应计正相关，而与事务所谨慎性负相关，同时，运用截面的 Jones 模型估计出的操纵应计可以有效地衡量公司盈余管理的程度(Heninger，2001；Subramanyan，1996)。结合我国的具体情况，根据郭照蕊(2011)的分析，使用分行业、分年度的横截面 Jones 模型来衡量可操纵应计，具有同样的适用性。所以，本文借鉴陈信元和夏立军(2006)的研究方法，采用横截面修正的 Jones 模型来衡量可操控应计利润，并用可操控应计利润的绝对值(｜DACC｜)作为审计质量的替代指标。Kothari(2005)发现在 Jones 模型中加入业绩控制变量 ROE，能够使模型更好地计算可操纵应计利润，因而，我们使用 Kothari 的模型计算出可操纵应计利润绝对值(｜KLA｜)，作为衡量审计质量的另一个指标。为了进一步提高模型结果的稳健性，借鉴 Chen 等③的做法，使用标准化的｜DACC｜与｜KLA｜的平均值(Aggreg)作为审计质量的另一个替代指标，以减轻测量误差。

横截面修正的 Jones 具体模型为：

$$TA_{it} = \alpha_1 \frac{1}{A_{it-1}} + \alpha_2(\Delta REV_{it} - \Delta REC_{it}) + \alpha_3 PPE_{it} + \varepsilon_{it} \tag{1}$$

---

① Cadbury, A., Butler, J., and Lipworth, S.. Committee on the financial aspects of corporate governance[J]. *Gee*, *London*, 1992, 11.

② 余宇莹，刘启亮．公司治理系统有助于提高审计质量吗？[J]．审计研究，2007 (5)：77-83.

③ Chen, F., et al.. Financial reporting quality and investment efficiency of private firms in emerging markets[J]. *The Accounting Review*, 2011, 86(4)：1255-1288.

上式中各变量的含义为：TA_{it} 为 i 公司 t 期总体应计利润，也即净利润与经营活动净现金流量的差额；A_{it-1} 为 i 公司 $t-1$ 期的资产总额；ΔREV_{it} 为 i 公司 t 期与 $t-1$ 期的营业收入的差额；ΔREC_{it} 为 i 公司 t 期与 $t-1$ 期的应收账款净值的差额；PPE_{it} 为 i 公司 t 期期末总的厂房、机器设备等固定资产价值；ε_{it} 为残差项。

对式(1)进行 OLS 得出 α_1、α_2、α_3 的估计值 $\hat{\alpha_1}$、$\hat{\alpha_2}$、$\hat{\alpha_3}$，并将得出的估计值代入式(2)中，这样可以估计出样本公司的非可操控应计利润。

$$NDA_{it} = \hat{\alpha_1}\frac{1}{A_{it-1}} + \hat{\alpha_2}(\Delta REV_{it} - \Delta REC_{it}) + \hat{\alpha_3}PPE \quad (2)$$

式中，NDA_{it} 为非可操控应计利润。由此，可操控应计利润可由式(3)计算得出：

$$DACC_{it} = TA_{it} - NDA_{it} \quad (3)$$

式中，$DACC_{it}$ 是估计出的经过 $t-1$ 期期末总资产调整后的 t 期可操控应计利润，本文把该指标作为 i 公司 t 期的审计质量的代理变量。

3.2 研究模型和定义变量

本文从事务所审计失败、事务所规模和公司治理角度对审计质量的影响进行研究，根据假设，本文建立如下回归模型：

$$|DACC|(|KLA|, Aggreg) = \alpha_0 + \alpha_1 AUD\_FAIL + \alpha_2 AUDSIZE + \alpha_3 INFOT + \sum \beta_i X + \varepsilon \quad (4)$$

其中，|DACC|(|KLA|，Aggreg)为企业审计质量的代理变量；AUD_FAIL 为事务所审计失败的代理变量；AUDSIZE 为事务所规模的代理变量；INFOT 为企业治理结构的代理变量；X 为控制变量。根据 DeAngelo(1981)、Dechow(1994)、Francis 等(2009)、Chan 等(2006)、Wang 等(2008)、Lennox(2005)的研究结果，本文分别选取以下变量作为模型中的控制变量：事务所审计客户数量(NCLIENT)、公司现金流量(CFO)、公司资产负债率(LEV)、公司营业收入(GROWTH，VSALE)、公司当期利润(LOSS)、公司规模(LNSIZE)、公司上期应计利润(TAC_{t-1})、公司市账比(BM)、总资产收益率(ROA)。各变量的具体定义和度量见表 1。

表 1　主要变量定义

变量符号	变量名称	变量度量
| DACC |	审计质量	Jones 修正模型计算的残差绝对值
| KLA |	审计质量	Kothari 等(2005)模型计算的残差绝对值
Aggreg	审计质量	标准化|DACC|与|KLA|的平均值
AUD_FAIL	低审计质量	被具有审计失败的事务所审计的企业取值为 1，否则为 0
AUDSIZE	事务所规模	根据中国注册会计师协会公布的排名，事务所在当年位于前十取值为 1，否则为 0
INFOT	企业治理结构	在 A-B 股、A-H 股上市的企业，取值为 1，否则为 0

续表

变量符号	变量名称	变量度量
NCLIENT	事务所客户数量	会计师事务所在审计年份所审计的上市公司数量
CFO	公司现金流量	经营活动净现金流量/期初总资产
LEV	公司资产负债率	当期负债总额/当期资产总额
GROWTH	营业收入增长率	(本期营业收入-上期营业收入)/上期营业收入
VSALE	营业收入标准差	公司从 $t-2$ 期到 t 期营业收入的标准差的自然对数
LOSS	公司当期利润情况	若当年利润为正取值为 1，否则为 0
LNSIZE	公司规模	当期期末公司总资产的自然对数
TAC_{t-1}	公司上期应计利润	$t-1$ 期净利润/期初总资产
BM	公司市账比	公司账面价值/公司市场价值
ROA	总资产收益率	(利润总额+利息支出)/资产总额

3.3 样本选择与数据来源

本文以 2003—2009 年所有沪市和深市 A 股上市公司为初选样本，根据研究需要对数据作如下处理：(1)删除金融类和综合类上市公司；(2)删除数据缺失的上市公司；(3)对相关连续变量在 1%和 99%水平上进行 Winsorize 处理，小于 1%分位数与大于 99%分位数的变量，令其分别等于 1%分位数和 99%分位数，最终得到 6387 个样本。同时，我们筛选了在审计年份审计失败的公司，得到 831 个样本，2003—2009 年具体样本分布如表 2 所示。本文数据来自国泰安 CSMAR 数据库和中国注册会计师网站。本文数据处理采用 Excel 和 StataSE11.0 软件。

表 2　**审计失败的样本量具体分布**

年份	总样本量	审计失败的样本量	所占比例(%)
2003	913	175	19.2
2004	913	126	13.8
2005	915	128	14.0
2006	914	95	10.4
2007	915	96	10.5
2008	907	124	13.7
2009	910	87	9.6

4. 实证分析

4.1 描述性统计分析

表3是主要变量的描述性统计，从表中可以看出，｜DACC｜(｜KLA｜，Aggreg)的平均值和中位数分别为0.067(0.065，0.708)、0.045(0.045，0.475)，说明在所有样本中，盈余管理程度为6.7%(6.5%，70.8%)，和之前国内研究的盈余管理水平基本相同(蔡春等，2007)。AUD_FAIL的平均值为0.335，表明在所有的样本中，有33.5%的样本由暴露出审计失败的事务所进行审计。AUDSIZE的平均值为0.169，在整个样本量中，由“十大”审计的样本仅占总样本的16.9%，基于我国审计市场竞争激烈，事务所面临法律诉讼成本较低，上市公司尤其是较小的公司没有追求高质量审计的动力(刘峰等，2002)，故在整个样本量中由能提供高质量审计的事务所审计的样本所占比例较低。INFOT的平均值0.018，表明在所有样本中，企业治理结构较完善的企业仅占1.8%，所占比例较低。

表3　　各主要变量的描述性统计

	N	Mean	Std.	25%	Median	75%
｜DACC｜	6387	0.067	0.069	0.019	0.045	0.089
｜KLA｜	6387	0.065	0.067	0.019	0.045	0.087
Aggreg	6387	0.708	0.737	0.207	0.475	0.942
AUD_FAIL	6387	0.335	0.409	1	1	1
AUDSIZE	6387	0.169	0.376	0	0	0
INFOT	6387	0.018	0.134	0	0	0
NCLINET	6387	25.028	18.225	14	20	31
CFO	6387	0.056	0.102	0.007	0.052	0.105
LEV	6387	0.562	0.313	0.396	0.536	0.667
GROWTH	6387	0.238	0.702	-0.027	0.135	0.327
VSALE	6387	18.992	1.443	18.051	18.971	19.924
LOSS	6387	0.146	0.353	0	0	0
LNSIZE	6387	21.362	1.069	20.684	21.352	20.021
TAC_{t-1}	6387	0.224	1.917	-0.063	0.011	0.258
BM	6387	0.626	0.261	0.426	0.609	0.816
ROA	6387	0.041	0.086	0.023	0.045	0.074

4.2 变量相关性分析

表4为主要变量的相关系数检验分析结果，由表中可以看出审计失败(AUD_FAIL)与可操纵盈余显著正相关，可以初步判定有审计失败的事务所其审计对象的审计质量较低。事务所规模(AUDSIZE)与可操纵盈余负相关，初步可以判定事务所规模越大，其审计质量越高。我们同时检验了变量的VIF，根据结果可知，VIF的最大值为3.33，平均值为1.82，

表 4　　**Pearson 相关系数**

变量	AUD_FAIL	AUDSIZE	INFOT	NCLIENT	CFO	LEV	GROWTH	VSALE	LOSS	LNSIZE	TAC_{t-1}	BM	ROA
| DACC |	0. 029**	-0. 045**	0. 014	-0. 027	-0. 169***	0. 228***	0. 032*	-0. 044***	0. 198***	-0. 154***	0. 009	-0. 101***	-0. 207***
| KLA |	0. 029**	-0. 049***	0. 011	-0. 031**	-0. 129***	0. 228***	0. 039***	-0. 046***	0. 206***	-0. 161***	0. 006	-0. 108***	-0. 214***
Aggreg	0. 031**	-0. 049**	0. 014	-0. 031*	-0. 129***	0. 228***	0. 039**	-0. 046***	0. 206***	-0. 161***	0. 006	-0. 108***	-0. 214***
AUD_FAIL		0. 189***	0. 002	0. 347***	-0. 036**	0. 052***	-0. 011	0. 033**	0. 023***	0. 052***	0. 029**	-0. 068***	-0. 002
AUDSIZE			-0. 026	0. 287***	-0. 036***	-0. 009	-0. 003	0. 141***	-0. 009	0. 144***	0. 032***	-0. 016	0. 017
INFOT				0. 203***	0. 003	0. 037**	0. 007	0. 106***	-0. 032***	0. 161***	0. 053***	-0. 212***	0. 068***
NCLIENT					-0. 002	-0. 009	-0. 024**	0. 078***	-0. 013	0. 082***	0. 019	-0. 035***	0. 028**
CFO						-0. 127***	0. 181***	0. 137***	-0. 196***	0. 098***	0. 011	-0. 069***	0. 316***
LEV							0. 009	0. 017	0. 261***	-0. 126***	-0. 007	-0. 005	-0. 259***
GROWTH								0. 197***	-0. 166***	0. 089***	-0. 009	-0. 005	0. 191***
VSALE									-0. 161***	0. 733***	0. 022*	0. 287***	0. 193***
LOSS										-0. 216***	-0. 012	-0. 002	-0. 676***
LNSIZE											0. 018	0. 447***	0. 218***
TAC_{t-1}												-0. 007	0. 039
BM													-0. 092***

注：***、**、*分别代表在 1%、5%和 10%的水平上显著。

表明本文回归模型不存在严重的多重共线性，从而保证了结果的可靠性。

4.3 多元回归分析

表 5 为研究假设 H1 的回归结果。根据结果可知，在全部样本中，会计师事务所审计失败(AUD_FAIL)与可操纵盈余在 1%的水平下显著正相关，回归系数为 0.004(0.004, 0.048)，这表明，在某审计年份，若某事务所存在多个审计失败的行为，那么该事务所审计的其他公司的审计质量较低，该所的内部管理缺陷，导致其提供的审计质量整体处于较低的水平，与假设 H1 一致。

表 5　　多元回归结果

	$\lvert DACC \rvert$	$\lvert KLA \rvert$	Aggreg
Constant	0.161*** (6.95)	0.157*** (6.93)	1.683*** (6.71)
AUD_FAIL	0.004*** (3.32)	0.004*** (4.07)	0.048*** (3.76)
AUDSIZE	-0.007*** (-2.67)	-0.006*** (-2.66)	-0.073*** (-2.69)
INFOT	0.006 (0.88)	0.005 (0.69)	0.062 (0.87)
NCLIENT	-0.004*** (-2.84)	-0.003*** (-2.96)	-0.039*** (-3.04)
CFO	-0.051** (-1.97)	-0.028** (-1.97)	-0.277 (-1.35)
LEV	0.024*** (4.99)	0.024*** (6.16)	0.265*** (5.55)
GROWTH	0.005*** (2.75)	0.005*** (3.18)	0.052*** (3.03)
VSALE	0.006*** (6.24)	0.005*** (6.24)	0.061*** (6.14)
LOSS	0.007 (0.93)	0.006 (0.76)	0.076 (0.94)
LNSIZE	-0.008*** (-7.75)	-0.008*** (-8.24)	-0.086*** (-8.14)
TAC_{t-1}	-0.001 (-0.21)	-0.001 (-0.51)	-0.002 (-0.39)

续表

	$\lvert$DACC$\rvert$	$\lvert$KLA$\rvert$	Aggreg
BM	-0.038^{***} (−5.91)	-0.036^{***} (−5.61)	-0.401^{***} (−5.76)
ROA	-0.136^{***} (−2.76)	-0.129^{***} (−2.82)	-1.562^{***} (−3.02)
YEAR	控制	控制	控制
IND	控制	控制	控制
N	6387	6387	6387
Adj-R^2	0.168	0.155	0.165

注：表中数据为各自变量的回归系数，括号内的数值为 T 值，并经个体与时间的两维度 Cluster 修正；***、**、* 分别表示参数在 1%、5%和 10%的显著性水平下显著异于零。

为了进一步验证假设 H2，我们建立交互变量 AUD_FAIL×AUDSIZE，因此，在原有模型(4)基础上，我们得到新模型(5)：

$$|\mathrm{DACC}|(|\mathrm{KLA}|,\ \mathrm{Aggreg})=\alpha_0+\alpha_1\mathrm{AUD\_FAIL}+\alpha_2\mathrm{AUDSIZE}+\alpha_3\mathrm{AUD\_FAIL}\times\mathrm{AUDSIZE}+\alpha_4\mathrm{INFOT}+\sum\beta_iX+\varepsilon \tag{5}$$

表 6 为研究假设 H2 的回归结果。从表中可以看出，AUD_FAIL×AUDSIZE 与可操纵盈余在 1%的水平下负相关，相关系数为−0.012(−0.014，−0.156)，说明事务所暴露出审计失败、内部管理存在缺陷时，事务所的规模效应能在一定程度上减轻内部管理导致的低质量。对于具有内部管理缺陷的事务所，规模大的事务所审计的上市公司的质量要优于规模小的事务所审计的上市公司，规模大的事务所能利用专业人员能力和素质抑制事务所内部管理缺陷对审计质量的影响，与假设 H2 一致。

表 6　　**多元回归结果**

	$\lvert$DACC$\rvert$	$\lvert$KLA$\rvert$	Aggreg
Constant	0.159^{***} (6.67)	0.156^{***} (6.61)	1.665^{***} (6.39)
AUD_FAIL	0.006^{***} (4.07)	0.006^{***} (4.27)	0.064^{***} (4.46)
AUDSIZE	0.003 (0.56)	0.006 (1.08)	0.059 (0.92)
AUD_FAIL×AUDSIZE	-0.012^{***} (−2.72)	-0.014^{***} (−2.88)	-0.156^{***} (−2.92)

续表

	|DACC|	|KLA|	Aggreg
INFOT	0.006 *** (0.91)	0.016 *** (14.25)	0.184 *** (13.42)
NCLIENT	−0.003 *** (−2.87)	−0.003 *** (−3.22)	−0.036 *** (−3.22)
CFO	−0.065 ** (−2.55)	0.030 ** (−2.46)	−0.367 * (−1.89)
LEV	0.027 *** (6.01)	0.025 *** (7.93)	0.286 *** (6.97)
GROWTH	0.006 *** (3.31)	0.006 ** (4.00)	0.062 *** (3.70)
VSALE	0.006 *** (6.08)	0.005 *** (6.41)	0.058 *** (6.24)
LOSS	0.011 (1.43)	0.011 (1.27)	0.127 (1.43)
LNSIZE	−0.082 *** (−9.14)	−0.008 *** (−9.62)	−0.089 *** (−9.58)
TAC_{t-1}	0.001 (0.50)	0.001 (0.32)	0.003 (0.38)
BM	−0.032 *** (−4.19)	−0.031 *** (−4.03)	−0.341 *** (−4.14)
ROA	−0.097 * (−1.69)	−0.098 * (−1.93)	−1.175 ** (−2.00)
YEAR	控制	控制	控制
IND	控制	控制	控制
N	6387	6387	6387
Adj-R^2	0.169	0.156	0.166

注：表中数据为各自变量的回归系数，括号内的数值为 *T* 值，并经个体与时间的两维度 Cluster 修正；***、**、* 分别表示参数在 1%、5%和 10%的显著性水平下显著异于零。

在假设 H3 的验证中，我们选择公司的上市市场作为公司治理的替代变量。根据目前的规定，我国企业不仅能在 A 股上市，也能在 B 股、H 股和海外市场上市。虽然同属中国资本市场，但在 A-B 股、A-H 股上市的企业被要求同时按照国际会计准则的要求披露报表信息，其监管要求也比 A 股市场严格，如在 B 股市场上市的企业被要求聘请国际"四大"对其进行审计，在香港市场上市的企业被要求董事会必须具备至少 3 名拥有合适能力的独立非执行董事。因此，与仅在 A 股上市的企业相比，A-B 股或 A-H 股企业的公司治理结构较完善(刘启亮，2007)。

我们根据企业仅在 A 股上市和在 A-B 股、A-H 股上市将样本划分为两个样本量，对模型(4)进行分别回归。

通过表 7 和表 8 可知，在企业结构相对不完善的样本中，审计失败(AUD_FAIL)与可操纵盈余在 1%的水平下显著正相关，而在企业结构完善的样本中，审计失败与(AUD_FAIL)与可操纵盈余的关系不显著。这表明在企业结构完善的上市公司中，即使审计其的事务所内部管理有缺陷，但其本身提供的财务信息质量较高，企业治理结构完善，企业管理层对事务所的审计行为阻碍性较低，事务所对企业审计错误率较低，使上市公司的审计质量受内部控制缺陷的影响较小，然而，在企业治理结构相对不完善的企业中，被有内部管理缺陷的事务所审计的上市公司，审计质量较低，与假设 H3 一致。

表 7　　**多元回归结果(A 股上市样本)**

	|DACC|	|KLA|	Aggreg
Constant	0.164*** (7.12)	0.159*** (-7.01)	1.707*** (6.84)
AUD_FAIL	0.004*** (3.11)	0.004*** (3.77)	0.045*** (3.43)
AUDSIZE	-0.007*** (-2.73)	-0.006*** (-2.75)	-0.072 (-2.76)
NCLIENT	-0.004*** (-2.76)	-0.003*** (-2.83)	-0.039*** (-2.88)
CFO	-0.052** (-2.04)	-0.029** (-2.02)	-0.287 (-1.43)
LEV	0.024*** (4.96)	0.024*** (6.15)	0.265*** (5.56)
GROWTH	0.004*** (2.86)	0.005*** (3.31)	0.052*** (3.14)
VSALE	0.006*** (5.91)	0.005*** (6.03)	0.059*** (5.81)
LOSS	0.007 (0.99)	0.006 (0.79)	0.081 (0.98)
LNSIZE	-0.008*** (-7.81)	-0.008*** (-8.29)	-0.085*** (-8.26)
TAC_{t-1}	-0.001 (-0.08)	-0.001 (-0.36)	-0.002 (-0.26)

续表

	|DACC|	|KLA|	Aggreg
BM	−0.037*** (−6.11)	−0.035*** (−5.86)	−0.395*** (−6.01)
ROA	−0.134*** (−2.81)	−0.128*** (−2.89)	−1.543** (−3.08)
YEAR	控制	控制	控制
IND	控制	控制	控制
N	6271	6271	6271
Adj-R^2	0.169	0.156	0.166

表 8　　多元回归结果(A-B 股、A-H 股上市样本)

	|DACC|	|KLA|	Aggreg
Constant	−0.378*** (−11.91)	−0.287*** (−2.91)	−3.476*** (−3.61)
AUD_FAIL	0.001 (0.15)	0.004 (0.46)	0.077 (0.66)
AUDSIZE	−0.009 (−0.79)	−0.003 (−0.21)	−0.099 (−0.65)
NCLIENT	−0.003*** (−2.83)	−0.003*** (−3.01)	−0.036*** (−3.08)
CFO	−0.065** (−2.54)	−0.031** (−2.44)	−0.365* (−1.88)
LEV	0.027*** (6.01)	0.025*** (7.93)	0.286*** (6.96)
GROWTH	0.006*** (3.31)	0.006*** (3.99)	0.062*** (3.69)
VSALE	0.006*** (5.91)	0.005*** (6.24)	0.057*** (6.07)
LOSS	0.011 (1.46)	0.011 (1.29)	0.128 (1.46)
LNSIZE	−0.008*** (−9.06)	−0.008*** (−9.27)	−0.089*** (−9.59)
TAC_{t-1}	0.001 (0.48)	0.001 (0.29)	0.003 (0.36)

续表

	|DACC|	|KLA|	Aggreg
BM	-0.032*** (-4.21)	-0.031*** (-4.05)	-0.341*** (-4.15)
ROA	-0.096* (-1.68)	-0.097* (-1.92)	-1.168** (-1.99)
YEAR	控制	控制	控制
IND	控制	控制	控制
N	116	116	116
Adj-R^2	0.316	0.306	0.304

4.4 稳健性测试

为了确保本文结果的稳健性，我们对之前回归的结果分别做如下的稳健性测试：

(1) Teoh(1998)与 Healy 等(1999)均认为，公司盈利的增长可能来源于可操纵应计的变化，因此，我们在模型中添加衡量公司利润增长的指标，通过比较公司当年利润与上一年利润，若为正取值为1，否则取值为0，进行重新回归。

(2)针对国内"十大"的衡量，我们重新采用事务所审计客户总资产的标准进行分类，进行重新回归。

(3)根据已有研究，考虑事务所在审计时会重点关注企业的正向可操纵盈余，我们将可操纵盈余分为正向和负向，进行重新回归。

以上测试发现本文结论均未发生实质性改变，表明了本文结论的稳健性。

5. 结　　论

审计质量的高低，不仅关系到上市公司财务报表信息的可信度，同时也关系到会计师事务所本身的能力与发展，更影响到资本市场的健康运行。我们基于中国市场探索了存在审计失败的事务所对其审计的其他上市公司审计质量的影响。

本文以2003—2009年非金融类上市公司数据为样本，实证检验了会计师事务所审计失败暴露出的内部管理缺陷对其审计的其他上市公司审计质量的影响，同时基于会计师事务所规模、上市公司的治理结构检验了这种影响的强弱程度。我们研究发现，由于事务所内部管理缺陷，存在多个审计失败的事务所提供的审计质量较低，同时，事务所规模效应和上市公司完善的治理结构能在一定程度上减轻这种内部管理缺陷对审计质量的影响。

(作者电子邮箱：qyli@whu.edu.cn)

◎ 参考文献

[1] 蔡春，黄益建，赵莎．关于审计质量对盈余管理影响的实证研究[J]. 审计研究，

2005，2.
[2] 蔡春，鲜文铎．会计师事务所行业专长与审计质量相关性的检验——来自中国上市公司审计市场的经验证据[J]．会计研究，2007，6.
[3] 蔡祥．中国证券市场中的审计问题：实证研究综述[J]．审计研究，2003，3.
[4] 曹强，葛晓舰．事务所任期，行业专门化与财务重述[J]．审计研究，2009，6.
[5] 陈信元，夏立军．审计任期与审计质量：来自中国证券市场的经验证据[J]．会计研究，2006，1.
[6] 郭照蕊．国际四大与高审计质量[J]．审计研究，2011，1.
[7] 郝玉贵．我国新兴独立审计市场失灵问题与监管研究[J]．审计研究，2004，6.
[8] 李爽，吴溪．审计失败与证券审计市场监管——基于中国证监会处罚公告的思考[J]．会计研究，2002，2.
[9] 李仙，聂丽洁．我国上市公司 IPO 中审计质量与盈余管理实证研究[J]．审计研究，2006，6.
[10] 刘峰．制度安排与会计信息质量[J]．会计研究，2001，7.
[11] 刘峰，张立民．我国审计市场制度安排与审计质量需求——中天勤客户流向的案例分析[J]．会计研究，2002，12.
[12] 刘笑霞，李明辉．会计师事务所规模与审计质量——基于审计意见视角的经验研究[J]．商业经济与管理，2011，6.
[13] 刘文军，米莉，傅倞轩．审计师行业专长与审计质量——来自财务舞弊公司的经验证据[J]．审计研究，2010，1.
[14] 王霞，张为国．财务重述与独立审计质量[J]．审计研究，2005，3.
[15] 王良成，韩洪灵．大所的审计质量一贯地高吗？——来自我国上市公司配股融资的经验证据[J]．审计研究，2009，3.
[16] 温国山．会计师事务所规模，审计质量与市场反应——来自中国证券审计市场的证据[J]．审计与经济研究，2009，6.
[17] 吴水澎，李奇凤．国际四大、国内十大与国内非十大的审计质量[J]．当代财经，2006，2.
[18] 余宇莹，刘启亮．公司治理系统有助于提高审计质量吗？[J]．审计研究，2007，5.
[19] Becker, C. L., DeFond, M. L., and Jiambalvo J.. The effect of audit quality on earnings management[J]. *Contemporary Accounting Research*, 1998, 15(1).
[20] Cadbury, A., Butler, J.,, and Lipworth, S.. Committee on the financial aspects of corporate governance[J]. *Gee, London*, 1992, 11.
[21] Chen, F., et al.. Financial reporting quality and investment efficiency of private firms in emerging markets[J]. *The Accounting Review*, 2011, 86(4).
[22] Choi, J., Kim, C., Kim, J., and Zang, Y.. Audit office size, audit quality, and audit pricing[J]. *Auditing: A Journal of Practice & Theory*, 2010, 29(1).
[23] Coffee Jr. J. C.. What caused iron: A capsule social and economic history of the 1990s [J]. *Cornell L. Review*, 2003, 89.

[24] De-Angelo, et al.. Auditor size and audit quality [J]. *Journal of Accounting and Economics*, 1980, 3(3).
[25] Francis, J. R., Maydew, E. L., and Sparks, H. C.. The role of Big 6 auditors in the credible reporting of accruals[J]. *Auditing: A Journal of Practice & Theory*, 1999, 18(2).
[26] Francis, J. R., and Michas, P. N.. The contagion effect of low-quality audits [J]. *The Accounting Review*, 2012, 3.
[27] Francis, J. R., and Yu, M. D.. Big 4 office size and audit quality[J]. *The Accounting Review*, 2009, 84(5).
[28] Healy, P. M., and Wahlen, J. M.. A review of the earnings management literature and its implications for standard setting[J]. *Accounting Horizons*, 1999, 13(4).
[29] Heninger, W. G.. The association between auditor litigation and abnormal accruals[J]. *The Accounting Review*, 2001, 76(1).
[30] Jensen, M. C., and Meckling, W. H.. Theory of the firm: Managerial behavior, agency costs and ownership structure [J]. *Journal of Financial Economics*, 1976, 3(4).
[31] Kim, J. B., Chung, R., and Firth, M.. Auditor conservatism, asymmetric monitoring, and earnings management[J]. *Contemporary Accounting Research*, 2003, 20(2).
[32] Kinney, W. R., Palmrose, Z. V., and Scholz, S.. Auditor independence, non-audit services, and restatements: Was the US government right? [J]. *Journal of Accounting Research*, 2004, 42(3).
[33] Kothari, S. P., Leone, A. J., and Wasley, C. E.. Performance matched discretionary accrual measures[J]. *Journal of Accounting and Economics*, 2005, 39(1).
[34] Palmrose, Z. V.. Competitive manuscript co-winner: An analysis of auditor litigation and audit service quality[J]. *Accounting Review*, 1988, 42(2).
[35] Reichelt, K. J., and Wang, D.. National and office-specific measures of auditor industry expertise and effects on audit quality[J]. *Journal of Accounting Research*, 2010, 48(3).
[36] Subramanyam, K. R.. The pricing of discretionary accruals[J]. *Journal of Accounting and Economics*, 1996, 22(1).
[37] Teoh, S. H., Welch, I., and Wong, T. J.. Earnings management and the underperformance of seasoned equity offerings[J]. *Journal of Financial Economics*, 1998, 50(1).

The Spillover Effect of Corporate Audit Failure: Evidence from China

Li Qingyuan[1] Yang Ting[2]

(1, 2 Economics and Management School of Wuhan University, Wuhan, 430072)

Abstract: Using non-financial company data disclosed by the Chinese listed firms from 2003 to 2009, this paper empirically examines the effects of audit failure of audit firms. Moreover, taking into account the impact of audit firm size and corporate governance structure on audit quality, this

paper further examines the audit failure effects of audit quality. Our results indicate that low audit quality can be observed in audit firms with audit failure and that the professional knowledge, skills and ability possessed by large audit firms can to some extent alleviate the audit failure effects. In addition, we also find evidence that the perfection of corporate governance structure significantly mitigates the low audit quality effects in audit firms with audit failure.
Key words: Audit failure; Internal management defect; Audit firm size; Corporate governance structure

独立审计研究的微观化趋向：文献评述与实践意涵*

● 余玉苗
(武汉大学经济与管理学院 武汉 430072)

【摘 要】近十年来，独立审计理论研究的微观化趋向十分突出，对会计师事务所分所层面审计质量影响因素与个体审计师行为选择的研究受到学术界的高度重视。总结分所层面与个体审计师层面的审计研究成果，阐述其对改进独立审计职业监管和完善会计师事务所质量控制体系的实践含义，将有益于深化我国的独立审计理论研究、提升我国的独立审计水平。

【关键词】独立审计研究 微观化趋向 会计师事务所分所 个体审计师 实践意涵

纵观国外独立审计研究的发展历史，我们发现就其研究对象而言，经历了一个从会计师事务所整体到会计师事务所分所这一局部再到具体审计师这一个体的清晰的演变过程。近十年来，独立审计理论研究的微观化趋向更为突出，对分所层面和个体审计师层面的审计研究受到学术界的高度重视。本文拟对这方面的研究成果及其实践含义进行综述与分析。

1. 会计师事务所层面审计研究的局限性

审计界长期以来基本上是以会计师事务所整体为对象，研究独立审计在维护投资者权益、促进社会资源优化配置方面的功能，并进而分析事务所规模与声誉(审计师选择)、组织形式、行业专长、审计定价、审计独立性(非审计服务的提供、客户雇用原来审计师的“旋转门”问题)、审计任期、审计师变更等诸多事务所层面因素对独立审计质量的影响，而很少对独立审计质量的形成过程进行细致、深入的微观考察。

对会计师事务所整体进行宏观层面的研究当然是重要的，有利于推动会计师事务所塑造品牌，形成合理的审计市场结构。但我们认为，执行审计程序甚至洽谈审计合约、决定

* 本文是国家自然科学基金项目“会计判断过程中的伦理决策模型构建及其应用研究”(项目批准号：71272227)和教育部人文社科研究规划基金项目“国有控股上市公司管理层关联方持股的隧道效应研究”(项目批准号：10YJA790236)的阶段性成果。

审计意见的终究是会计师事务所内不同的分所及不同层级的审计师。仅从会计师事务所整体角度来研究独立审计问题是远远不够的，势必难以解释同一会计师事务所内部不同分所的审计质量差异以及同一会计师事务所内部不同层级审计人员间的审计质量差异问题。而从更小的对象——会计师事务所分所，甚至审计师个人的行为动机出发，深入考察分所层面和个体审计师层面的利益诉求、风险偏好等因素对审计业务质量的影响，则能更准确地探究独立审计质量的形成机制。这种微观性研究无论是对深化和丰富独立审计理论，还是对提升独立审计质量、更好地发挥独立审计维护资本市场秩序和投资者权益的作用都具有重要意义。

2. 分所层面的审计研究成果及其政策含义

2.1 分所层面的审计问题

会计师事务所分所(office)一般是主要的审计决策单元，决定审计客户的承接与维持，审计收费、审计时间等审计合约关键要素的谈判，乃至审计意见的确定，对审计质量无疑具有直接影响。一个分所往往基于本单元的局部利益来权衡客户重要性。Reynolds 和 Francis 曾指出，大型客户对分所层面审计报告的决策影响显著。21 世纪初美国发生的多起著名公司会计舞弊、审计师审计失败事件充分地说明了这一点。例如，安达信内部风险控制部门多次警告安然公司的审计风险过高，但休斯敦分所合伙人 Duncan 却视而不见，因为 2000 年度该分所收取了安然 2500 万美元的审计费用和 2700 万美元的非审计费用，安然未来还可能成为其收费超过 1 亿美元的明星客户；作为安达信杰克逊分所唯一客户的世界通信公司 2001 年为其贡献了 1680 万美元的收入。几个甚至一个分所的审计失败就可能摧毁整个会计师事务所的职业声誉，导致其遭受灭顶之灾。这是独立审计职业界的一个教训！

2.2 主要研究进展

受安然—安达信事件的震动，学术界开始重视对分所层面审计质量的理论研究与实证考察。Jennifer 和 Gregory 最先从公司治理角度对 2002 年安达信的解体进行了剖析，明确指出：一些合伙人的客户关系与巨额非审计服务收入诱使他们丧失了独立性，而当地分所却未能坚持安达信长期形成的“一个事务所”的信念(one-firm concept，即统一的质量标准)，损害了公众信任。Krishnan 发现，与其他“五大”会计公司休斯敦分所的客户及安达信亚特兰大分所的客户相比，安达信休斯敦分所的审计客户，在安然审计失败的同年，更少对坏消息进行及时披露。这说明安达信休斯敦分所的客户审计风险呈现出系统性高而审计质量呈现出系统性低的特征。

随后，Francis 和 Yu、Choi、Francis 和 Michas 等学者对分所层面的审计质量进行了更深入的研究。这些研究结论都显示：在控制了全国层面会计师事务所规模和分所层面行业专长的情况下，分所规模与审计质量和审计收费存在显著正相关关系，大型分所比小型分所提供了更高的审计质量，且这种审计质量差异在审计定价上也得到了体现。即使是在

“四大”，其大型分所的客户经审计的盈余质量比其小型分所同样要高。Francis 和 Yu 将分所的这种规模效应归结于大型分所拥有更多的有关上市公司的内部经验，从而拥有更雄厚的人力资本和更高的审计技能。而 Choi 等人则将分所的规模效应归结于大型分所对任一单个客户的经济依赖性都要低，从而具有更强的审计独立性。但上述试图透视分所审计质量“黑箱”的研究，以“分所规模”作为审计质量的替代变量无论如何过于粗糙。而且，如果分所规模年复一年较为稳定，那么这种测度方法自然也就无法辨别出分所层面审计质量的年度变化。

鉴于对已审计财务报表的重要重述足以表明原先财务报表审计的质量低下，所以学者们转而采用审计失败指标来度量审计质量，并将审计失败界定为客户对先前已审报告盈余的下向重述。根据这一新的审计质量测度方法，Francis 和 Michas 研究了分所层面低水平审计质量的传染效应。他们首先考察了低审计质量的纵向传染效应，即审计失败在以后年度是否存在持续性。由于分所人力资源构成和质量控制程序的共同特征，他们推测分所审计失败可能会出现系统性问题。其进行的实证分析结果表明：无论是“四大”或是非“四大”，如果其某个分所在前 1~5 年($t-1$ 至 $t-5$ 年)发生了审计失败，则该分所在 t 年很可能也发生审计失败；而且，如果某分所在 t 年发生审计失败，该分所在随后的年度，甚至 5 年内发生审计失败的可能性都会显著增加。上述两方面相互印证，某些分所审计质量确实呈现出纵向传染效应问题。审计失败随时间推移的传染效应说明所在会计师事务所并没有及时识别并纠正这些分所存在的质量控制缺陷。

在此基础上，Francis 和 Michas 重点考察了低审计质量的横向传染效应，即事务所某个分所在某一年度存在审计失败是否显示同一年度该分所还存在其他审计失败。为验证分所层面审计失败的横向传染效应，他们进行了三个检验：

(1)某个分所存在审计失败预示着该分所同时存在其他低质量的审计，即具有传染效应。结果显示，无论是“四大”或非“四大”，测试组(存在审计失败的分所)客户的盈余质量比控制组(不存在审计失败的分所)都要低。

(2)“四大”的大型分所与其小型分所相比，审计失败的传染效应要弱。在“四大”和非“四大”，最小的 75%分位的分所的盈余质量都较低，且在小型的非“四大”分所以绝对值和收益增加型应计衡量的审计质量都清楚地显示出传染效应。相反，在最大的 25%分所却未发现传染证据，即事务所规模缓释了低审计质量的传染效应。这一检验结果与先前研究结论一致，即大型分所执行了更高质量的审计。

(3)在更多审计基于行业专长实施的“四大”分所，低审计质量的传染效应比在行业专门化程度低的“四大”分所要弱。在所有“四大”分所中，在行业专长领域执行审计比率越低的“四大”分所，收益增加型异常应计越大，传染效应越强；相反，在更大比例审计基于行业专长领域执行的分所，则不存在传染效应。而在“四大”最大的 25%分所中，那些基于行业专长执行审计比例较低的分所，也不存在传染效应。综合起来看，行业专长的利用对“四大”的 75%的小型分所重要，而对 25%的大型分所不重要。也就是说，“四大”小型分所规模的负面效应在该类分所更多审计基于行业专长执行时得到了抑制。其原因可能是，“四大”大型分所中更好的人力资本和质量控制抵消了行业专长较低程度利用的缺陷。这一发现拓展了 Francis 和 Yu 及 Choi 等人的研究，表明行业专长的充分利用能够缓解分所规模小对审计质量产生的负面影响。

2.3 研究成果的政策含义

学术界对会计师事务所分所层面的审计研究成果为监管部门和审计准则制定机构提供了理论依据。会计师事务所规模越大，执业跨越区域越广，分所的自我意识、离心性越强，也越有必要加强监督和管控。Francis 等学者都认为，美国公众公司会计监管部门(PCAOB)可利用审计失败指标——盈余重述信息识别出那些审计质量持续低下的事务所分所，进而将检查重点聚焦于这些问题分所，从而提高监管效率；审计准则制定机构AICPA 审计准则委员会(ASB)也可以利用这些信息完善审计准则，以指导那些多区域执业的事务所防控分所的质量隐患。当然，会计师事务所更可以从有关分所层面的研究成果中直接受益。例如，事务所负责质量控制的人员可采用审计失败信息确认哪些分所未能适当执行整个事务所的质量控制程序，从而有针对性地开展质量复核与督导活动，以加强这些分所的质量控制。

3. 个体审计师层面的研究成果及应用价值

个体审计师，即包括签字审计师在内的审计项目的具体负责人和执行人，其行为选择直接决定着审计项目的审计质量。作为理性的经济人，个体审计师总是根据自己的收益与风险分析来做出决策。客户对其来说不仅意味着经济利益，也意味着在会计师事务所的组织地位。如何抵制客户的利诱与威胁、如何应对审计合约所施加与传导的费用、时间等预算压力都是个体审计师需随时做出的判断与选择。有关此方面的研究促使行为审计学 20 世纪 90 年代后在西方国家得以兴起。

3.1 重要研究成果

由于上市公司信息披露存在严格的时效要求和忙季审计人力资源的限制，会计师事务所一般都针对每个审计项目乃至每位审计人员制定有具体的时间预算和任务截止期限。审计人员面临的时间约束是否导致审计质量受到损害？Low 和 Han 对此进行了一项实验研究。实验对象是“四大”新加坡分所的 130 名审计人员(126 位高级审计师、2 名审计助理、2 名审计监督员)，其平均拥有 2 年半的审计经验，以前年度将大约 12%的审计时间用在存货审计上，且将他们同期经历的截止期限和时间预算压力评分为 7.0(评分范围从无压力 0 至很高压力 10)。在一次内训会上，作者要求他们完成计算机模拟的存货审计任务，即计划和执行对客户存货减值准备的测试，以检查存货计价的合理性和记录的完整性。案例材料的背景信息暗示完整性目标的审计风险增大了，但参与者并不知晓。如果在时间压力下不按优先次序执行审计任务，而仅按任务安排执行，参与者将可能先执行低风险的计价估值测试，而将有限的剩余时间用来执行高风险的完整性测试。实验结果表明，在审计结束时间受到限制的情况下，审计师的绩效总体变差；但如果在制订审计计划及结束审计工作的早期就对审计师发出时间紧迫的预警(即早期预警，而不是在制订审计计划及结束审计工作阶段的后期预警)，则有利于缓和时间约束对审计师工作绩效的负面影响；进一步，如果审计师在审计计划阶段能得到采用更有效的审计程序的明确指导，而不是限于其过去常用的或事务所审计手册中规定的审计程序，这种预警的积极作用更大。由于面临着较大的时间压力，审计师可能依赖标准化或惯用的审计程序，而未充分考虑本年度的情况变化采用更有效的方式来实现审计目标。这时，给予审计师适当的指导可促使他们进行思考。这种指导与对时间约束进行早期预警的共同作用，极大地改善了审计绩效。Low 和 Han 仅仅研究了截止期限型时间约束，未触及预算型时间约束，而审计师对两种时间约束的应对策略可能不同；同时，该文局限于研究单个审计师对时间约束的反应，而实际工作中审计项目是按团队进行的，一个审计团队自然拥有更多的可供支配资源和可协调使用的时间。

20 世纪 90 年代后，西方国家大型会计师事务所纷纷推行现代风险导向审计模式。为了控制审计风险并提高审计效率，审计师往往向那些高重大错报风险的领域分配更多的审计资源，执行更严格的审计程序。然而，如果客户管理层预期到审计师的这一行为特点，他们将转向在固有风险低的账户上进行舞弊，以规避审计。这样，固有风险低的账户对应的舞弊风险反而变高。Bowlin 指出，忽视舞弊风险将会导致审计资源错配，审计师应了解管理层的舞弊倾向并做出妥善应对，管理层的舞弊选择与审计师的审计资源配置实质上是一种策略博弈。他将 132 名会计系高年级学生分成两组，分别扮演客户管理层和审计师进行了 20 轮实验。结果表明，与没有受到策略性提示的审计师比受到策略性提示的审计师们在固有风险低的账户上明显增加了审计资源的分配，且能在这类账户上识别出更多的错报。这说明，如果审计师在分配审计资源时能意识到审计资源配置和管理层舞弊选择间的博弈性质，那么将会更加重视对固有风险低的账户的审计，从而识破管理层的舞弊“阴谋”，提高审计质量。

在会计师事务所内部，除直接执行审计业务的各级审计人员外，还配备有专门负责质量复核与检查的内部控制人员。这些人员的工作绩效也对审计质量具有重要影响。Tan 和 Shankar 研究了事务所质量复核人员对审计人员所编工作底稿的例行评估工作，发现这种评估检查受以下三个因素的影响：(1)对审计任务的先入为主的初始意见；(2)支持底稿编制人员所得结论的证据力度；(3)检查人员认为下级审计师的工作迎合上级偏好的重要性。作者的实验材料是计算机声卡生产商应收账款审计(声卡为该公司新产品，没有对客户应收账款可收回性的历史记录，按销售额计提了 2%的坏账准备)。他们以位于新加坡的“四大”会计公司的 56 位高级审计师和 42 位审计经理为对象，进行了下述实验：检查人员对应收账款审计形成一个意见，是补提坏账准备还是对货款收回的不确定性进行附注披露，然后评估审计师所编工作底稿的质量。实验结果显示，对同样证明力的工作底稿，检查人员给了那些与其初始意见一致的工作底稿更高的绩效评级，这一效应在具有更强证明力的工作底稿处得到了放大。此外，对那些认为下级审计师不应迎合上级偏好的检查者来说，检查者与编制者对强证明力底稿的意见协同效应，在其评估审计工作底稿质量时也得到了放大。这样，势必会产生下述不良的后果：底稿编制者的意见质量将因他们迎合上级的观点而受到不利影响；检查者重视意见协同而不重视证据的证明力度，将导致审计人员的审计工作得不到合理的反馈，从而使审计质量受到损害；还可能导致事务所内部形成审计人员只知道迎合检查者的观点而不发表自己独立意见的审计文化。由此可见，会计师事务所内部的质量复核政策和程序存在改进的必要。

涉及审计师个人行为选择的数据无法公开获得，因此针对个体审计师层面的审计研究难以采用基于大样本的实证分析法。为了掌握个体审计师的经历、教育等多重背景特征，深入洞察其个人决策行为的过程及其对独立审计质量的影响，学者们大多采取的是实验研究、焦点访谈、问卷调查等更独特、可靠的研究方法。行为实验研究可以观察个体审计师如何做出个人决策；现场调查与焦点访谈可以提供丰富的描述性数据；问卷调查则能够搜集许多初始信息。

3.2 成果的应用价值

会计师事务所是一种典型的人力资本密集型“人合”组织，审计人员的专业技能及其道德素养是其核心资产。但签字审计师、项目经理等各级具体审计人员毕竟是理性的经济人，都有自己的利益追求。在面临客户管理层支付巨额费用、购买审计意见的诱惑下或解聘审计师的威胁下，他们很可能对客户的财务报表重大错报风险置若罔闻；在面临时间和预算压力下，他们也可能“偷工减料”，牺牲审计质量。如何有效地监控与约束审计人员的行为是会计师事务所质量控制的关键，也是维护会计师事务所职业声誉的基石。上述有关个体审计师行为的研究成果的重要启示是：

其一，会计师事务所应改进审计质量复核方式。Marchesi 和 Emby 进行的调查研究发现，新任业务质量复核合伙人比连续任期的合伙人能做出更好的判断，因而应实行项目合伙人和复核合伙人的强制性轮换政策，同时复核应尽量采取面对面而非电子文件的在线复核方式，以使审计人员编制的底稿受到更多的质疑。

其二，应强化对审计人员评估和应对客户舞弊风险的意识与能力的培训及督导，促使其重视采用非常规审计程序，降低审计程序的可预见性。

其三，应及早地对审计人员进行时间约束的预警，更充分地对其运用有效审计程序进行指导，以提升审计人员在面临时间及费用等其他预算压力下仍能确保审计质量的能力。

4. 简要结论与展望

为了深化独立审计理论研究、提高独立审计质量，深入考察会计师事务所分所层面和个体审计师层面的审计质量形成机制十分必要。国外有关这方面的研究已取得重要进展，且对完善独立审计职业监管和改进会计师事务所质量控制体系具有显著的实践价值。目前国内相关的探讨还刚刚起步，代表性成果有：张继勋对个体审计人员执业判断及其绩效进行的持续性实验研究、陈波对会计师事务所分所的经济依赖和声誉效应对审计质量影响的实证研究等。事实上，在中国的现实背景下加强会计师事务所分所层面和个体审计师层面的微观化研究具有更重要的意义。为了增强审计独立性，谋求在国际审计市场上的话语权及对国际资本市场的影响力，中国注册会计师协会提出了会计师事务所“做大做强”的发展战略。为此，证监会和财政部通过提高证券市场准入标准，促使会计师事务所进行合并重组，扩大规模。但这种准入资格驱动性的合并可能加剧会计师事务所内部各分所审计质量参差不齐、审计师之间人心不合的问题。因此，研究分所和个体审计师的行为选择及对审计质量的影响，包括如何从业务导向转向质量导向来完善绩效考核制度，如何健全会计师事务所质量控制体系，就成为理论界急需重视的课题。

（作者电子邮箱：yymiao2006@163.com）

◎ 参考文献

[1] 陈波．经济依赖、声誉效应与审计质量——以会计师事务所分所为分析单位的实证研究[J]．审计与经济研究，2013，5.

[2] 刘成立，张继勋．时间压力、责任与审计判断绩效：一项实验研究[J]．中国会计评论，2008，4.

[3] 杨明增，张继勋．审计判断中的锚定效应研究[J]．审计研究，2007，5.

[4] 杨明增，张继勋．经验、努力程度对审计判断偏误的影响研究[J]．南开管理评论，2010，2.

[5] Almer, E. D., J. L. Higgs, and K. L. Hooks. A theoretical framework of the relationship between public accounting firms and their auditors[J]. *Behavioral Research in Accounting*, 2005, 17.

[6] Bowlin, K. Risk-based auditing, strategic prompts, and auditor sensitivity to the strategic risk of fraud[J]. *The Accounting Review*, 2011, 86(4).

[7] Chen S. M., Sun S. Y. J., and Wu D. H.. Client importance, Institutional NTS, and audit quality in China: An office and individual auditor level analysis[J]. *The Accounting Review*, 2010, 85(1).

[8] Choi, J. H., C. F. Kim, J. B. Kim, and Zang, Y.. Audit office size, audit quality and audit pricing [J]. *Auditing: A Journal of Practice & Theory*, 2010, 29(1).

[9] Farvere-Marchesi, M., and Emby, C.. The impact of continuity on concurring partner reviews: An exploratory study[J]. *Accounting Horizons*, 2005, 19(1).

[10] Francis, J. R., and M. Yu.. Big 4 office size and audit quality [J]. *The Accounting Review*, 2009, 84(5).

[11] Francis, J. R., and Michas, P. N.. The contagion effect of low-quality audits[J]. *The Accounting Review*, 2013, 88(2).

[12] Hun-Tong Tan, and Premila Gowri Shankar. Audit reviewers' evaluation of subordinates' work quality [J]. *Auditing: A Journal of Practice & Theory*, 2010, 29(1).

[13] Jennifer M. Niece, and Gregory M. Trompeter. The demise of Arthur Andersen's one-firm concept: A case study in corporate governance[J]. *Business and Society Review*, 2004, 109(2).

[14] Krishnan, G. V.. Did Houston clients of Arthur Andersen recognize publicly available news in a timely fashion? [J]. *Contemporary Accounting Research*, 2005, 22(1).

[15] Kin-Yew Low, and Hun-Tong Tan.. Does time constraint lead to poorer audit performance? Effects of forewarning of impending time constraint and instructions [J]. *Auditing: A*

Journal of Practice & Theory, 2011, 30(4).
[16] Reynolds, J. K., and Francis, J. R.. Does size matter? The influence of large clients on office level auditor reporting decisions[J]. *Journal of Accounting and Economics*, 2000, 30(3).

Microcosmic Trends of Independent Audit Research: Theoretical Advances and Their Practical Implications

Yu Yumiao
(Economics and Management School of Wuhan University, Wuhan 430072)

Abstract: During the past decade, microcosmic trends of the theoretical research on independent audit has been very apparent. Researches on accounting firm office-level's audit quality and individual auditor's actions receive serious attention. Reviews on the theoretical advances and their practical significances on improving audit supervision and quality control system of audit firms, are helpful to deepen theoretical research on independent audit and promoting audit quality in our country.

Key words: Independent audit research; Microcosmic trend; Accounting firm office; Individual auditors; Practical implication

长江经济带可持续发展能力评价*

● 吴传清[1]　董　旭[2]
(1, 2 武汉大学经济与管理学院　武汉　430072)

【摘　要】本文采取主成分分析法，测度长江经济带可持续发展能力。研究结果显示：2000年以来，长江经济带可持续发展能力总体上不断提高，但整体水平依然一般；可持续发展能力的地区差异较小，但随时间呈现波动起伏特征；就长期而言，这种差异将持续存在，并呈扩大趋势。建议从实施主体功能区制度、加强制度创新和技术创新等层面，不断提高长江经济带可持续发展能力。

【关键词】长江经济带　可持续发展能力　主成分分析　地区差异指数

1. 引　言

1.1 问题的提出

沿长江通道是中国国土空间开发格局中的重要横轴线。2013年9月，国家发改委、交通运输部启动《依托长江建设中国经济新支撑带指导意见》研究起草工作，标志“长江经济带”上升为国家战略。2014年3月，李克强总理所作的政府工作报告明确提出，“依托黄金水道，建设长江经济带”。经济地理意义上的长江经济带涉及云南、贵州、四川、重庆、湖北、湖南、江西、安徽、江苏、浙江、上海等沿江11省市。长江经济带要建设成为促进中国经济转型升级的新支撑带，必须不断提高其可持续发展能力。因此，研究长江经济带可持续发展能力(Sustainable Development Capacity, SDC)，既具有理论价值，也具有现实指导意义。

1.2 相关文献回顾

可持续发展是指“既满足当代人的需要，又不对后代人满足其需要的能力构成危害的发展”(世界环境与发展委员会，1987)，是一种注重长远的综合协调发展模式。纵观国内区域可持续发展能力评价研究文献，评价指标体系设计的维度主要有三维评价体系(张学

* 本文受国家发展和改革委员会地区经济司资助项目“促进长江中游城市群区域产业一体化协同发展的思路和政策研究”(项目批准号：2012-28)专项资助。

文等，2002）、四维评价体系（毛汉英，1996；刘求实等，1997）和六维评价体系（谢洪礼，1998），涉及经济、社会、资源、环境、人口、科技等方面；评价研究的空间尺度包括省域尺度（高志刚，2004；鹿晨昱等，2013；洪开荣等，2013）、城市尺度（周嘉等，2006；张秦，2013）和县域尺度（闵庆文等，2002；赵莹雪，2003）；评价研究的方法包括层次分析法（凌亢等，1999）、主成分分析法（彭念一等，2003）、因子分析法（宋荣兴，2007）、生态足迹分析法（潘一萍，2013）和密切值法（卢秉福，2009）等。总体而言，国内有关区域可持续发展能力评价研究成果已较为丰富，但在评价指标体系的设计上宜强化特殊指标处理，在研究方法上采取客观赋权法更为合适。目前，学术界关于长江经济带可持续发展能力评价的专题研究成果尚处于空白。

2. 评价方法、指标体系选择与数据来源说明

2.1 评价方法

本文采取主成分分析法（Principal Component Analysis，PCA）确定指标权重和计算指标得分。与其他方法相比较，主成分分析具有明显的优点：一是运用降维思想简化了原始指标体系，并能消除原始指标之间的相关影响；二是分析过程属于客观赋权，能够更准确地反映指标与现实之间的关系。其基本原理如下：

将 p 个原始变量 $X=(x_1, x_2, L, x_p)'$ 综合成 p 个新变量 $Y=(y_1, y_2, L, y_p)'$。新变量由原始变量 x_1、x_2、L、x_p 线性表示，即：

$$\begin{cases} y_1 = u_{11}x_1 + u_{12}x_2 + L + u_{1p}x_p \\ y_2 = u_{21}x_1 + u_{22}x_2 + L + u_{2p}x_p \\ \quad\cdots\cdots \\ y_p = u_{p1}x_1 + u_{p2}x_2 + L + u_{pp}x_p \end{cases} \tag{1}$$

并且满足：$u_{k1}^2 + u_{k2}^2 + L + u_{kp}^2 = 1$，$k = 1, 2, L, p$，即：$u_k' u_k = 1$。

系数 u_{ij} 由下列原则确定：(1) y_i 与 y_j $(i \neq j;\ i, j = 1, 2, L, p)$ 互不相关；(2) y_1 方差最大，y_2 方差次大，依此类推。亦即：

y_1 是 x_1, x_2, L, x_p 的一切线性组合中方差最大的；

y_2 是与 y_1 不相关的 x_1, x_2, L, x_p 的一切线性组合中方差最大的；

……

y_p 是与 y_1, y_2, L, y_{p-1} 都不相关的 x_1, x_2, L, x_p 的一切线性组合中方差最大的。

2.2 指标体系

根据“可持续发展”的定义，可持续发展是一个建立在经济、社会、人口、资源与环境协同发展基础上的复合系统，既要达到人类发展的目的，又要保护好资源与环境。因此，区域可持续发展系统应包括经济、社会、人口、资源与环境五个子系统。遵循科学性、层次性、可测性、完备性等原则，本文将资源与环境子系统合并，建立“四层四维”评价指标体系测度长江经济带可持续发展能力（见表1）。

表 1　　**长江经济带可持续发展能力评价指标体系**

主目标层	子目标层	类指标层	指标层	权重
区域可持续发展综合能力 A	经济可持续发展能力 B_1	经济规模 C_1	GDP（亿元）D_1	0.0633
			人均 GDP（元）D_2	0.0665
			经济密度（亿元/km^2）D_3	0.0633
		经济结构 C_2	非农产业比重（%）D_4	0.0928
			二元结构系数 D_5	-0.1090
		经济增长 C_3	GDP 增长率（%）D_6	0.1240
			人均 GDP 增长率（%）D_7	0.1111
		经济质量 C_4	全要素生产率变动（%）D_8	0.0306
	社会可持续发展能力 B_2	生活质量 C_5	城镇居民恩格尔系数（%）D_9	-0.0047
			农村居民恩格尔系数（%）D_{10}	-0.0639
		卫生健康 C_6	万人拥有医生数（人）D_{11}	0.0333
			万人拥有病床数（张）D_{12}	0.0357
		科技教育 C_7	R&D 经费占 GDP 比重（%）D_{13}	0.0685
			万人在校大学生数（人）D_{14}	0.1148
		社会稳定 C_8	城乡收入比 D_{15}	-0.0728
			城镇登记失业率（%）D_{16}	-0.0496
			粗离婚率（‰）D_{17}	-0.1349
			万人刑事案件发生率（起）D_{18}	-0.0833
	人口可持续发展能力 B_3	人口增长 C_9	人口自然增长率（‰）D_{19}	-0.0170
		人口结构 C_{10}	男女性别比 D_{20}	0.0402
			老年抚养比（%）D_{21}	-0.1059
			少年抚养比（%）D_{22}	-0.0815
	资源环境可持续发展能力 B_4	资源利用 C_{11}	人均水资源量（m^3/人）D_{23}	0.0049
			人均耕地面积（公顷）D_{24}	0.0469
			人均能源消费量（吨标准煤）D_{25}	0.0908
		环境保护 C_{12}	工业废气排放量（亿 m^3）D_{26}	-0.0715
			工业废水排放量（亿吨）D_{27}	-0.0756
			环保投入占 GDP 比重（%）D_{28}	0.0003

注：根据主成分分析法计算的指标权重有正有负，正值表明指标对可持续发展具有正效应，负值表明指标具有负效应。

2.3 数据来源

本文研究时段选取 2000—2012 年，所用数据来自长江经济带沿江 11 省市相关年份的统计年鉴、《中国科技统计年鉴》、《中国环境统计年鉴》、中经网数据库以及相关统计公报。由于部分指标数据缺失，本文采取回归递推法对缺失数据进行估计。鉴于缺失值仅占很小比例，不会对后续分析产生实质影响。

3. 测度结果与分析

3.1 长江经济带可持续发展能力测度结果

根据统计数据，利用主成分分析法计算 2000—2012 年长江经济带沿江 11 省市可持续发展能力综合得分，结果如表 2 所示。

表 2　长江经济带 11 省市可持续发展能力得分

年份	上海	江苏	浙江	安徽	江西	湖北	湖南	重庆	四川	贵州	云南	均值
	综合可持续发展能力得分											
2000	-3.9038	-4.5379	-4.8506	-4.5173	-4.1648	-3.3038	-3.5023	-3.9719	-3.2973	-1.6461	-4.5406	-3.8397
2005	0.1481	0.3248	-0.1467	-0.1415	0.2269	-0.2217	-0.0805	-0.1749	1.5651	-2.0737	-0.3455	-0.0836
2010	2.4094	2.2539	2.6090	2.3934	1.8327	2.4204	2.3485	2.7671	2.3800	2.1214	2.0817	2.3289
2011	1.5747	2.2019	2.6197	2.5157	2.4055	2.1892	2.8216	2.9423	2.3864	3.0552	3.3990	2.5556
2012	1.9973	2.7338	2.9262	2.5223	1.7571	2.1081	3.2811	3.3177	2.7970	4.6013	4.1694	2.9283
	经济可持续发展能力得分											
2000	-2.7836	-2.7473	-2.6321	-2.3581	-2.9257	-2.1275	-2.9790	-3.1516	-2.8411	-3.1968	-2.9771	-2.7927
2005	-0.3887	0.0082	-0.4523	-0.6165	-0.0901	-0.8137	-1.0470	-1.3861	-1.1340	-0.0267	-1.1758	-0.6475
2010	1.7955	1.4965	1.6141	1.9059	2.2555	2.4930	2.3133	2.6321	2.4249	1.8026	2.2597	2.0903
2011	2.3764	1.5549	2.2615	2.2389	2.2905	2.7873	2.3498	3.1876	3.0271	3.0310	3.2692	2.5795
2012	2.7939	1.8682	2.6603	2.4628	1.9359	2.6742	2.6176	2.6996	2.6498	2.7498	3.5165	2.6026
	社会可持续发展能力得分											
2000	-2.3827	-3.4738	-3.2742	-3.3537	-3.5676	-3.2015	-2.1704	-1.7524	-1.5018	-2.7466	-3.1490	-2.7794
2005	-0.1997	-0.2377	-0.5533	-0.1991	-0.3122	-0.0671	-0.6580	-1.2821	1.2562	-0.6688	0.0701	-0.2592
2010	1.5410	2.1445	2.6653	1.4886	1.6349	1.7298	1.6636	2.4432	1.3011	1.9100	1.2602	1.7984
2011	1.8307	2.4837	2.7814	1.5322	1.3966	1.7231	2.5575	2.9313	1.8317	2.0823	1.5891	2.0672
2012	2.0593	3.4319	3.5211	2.5813	1.9279	2.0106	3.5673	3.6306	2.2620	3.6525	2.1649	2.8009

续表

年份	人口可持续发展能力得分											
	上海	江苏	浙江	安徽	江西	湖北	湖南	重庆	四川	贵州	云南	均值
2000	-2.0248	2.2685	1.9579	-0.6368	2.0650	-1.6211	-1.7068	1.9609	0.9342	2.6084	3.1229	0.8117
2005	-0.5495	-0.2018	0.4026	2.8029	-1.0515	1.1657	1.0146	0.5675	1.8198	-1.4231	-0.2767	0.3882
2010	1.4060	-0.9027	-0.8452	-0.6190	-0.1789	0.7764	1.0278	-1.5410	-0.9814	-0.8411	-1.6174	-0.3924
2011	2.8059	-0.9585	-1.4219	-1.2957	-0.3607	0.5669	0.9908	-1.6454	-1.2727	-0.6045	-2.5846	-0.5255
2012	2.3319	-1.0720	-2.1317	-1.6117	-0.6270	0.7317	1.0951	-1.6425	-1.3533	-0.2164	-2.9753	-0.6792
	资源环境可持续发展能力得分											
2000	-1.4907	-1.6008	-1.5046	-2.1328	-1.7458	0.3116	-1.4902	-2.2281	-1.5668	-0.9432	-1.8221	-1.4740
2005	0.1616	0.0009	-0.4261	-1.0057	-0.8346	-1.0223	-1.2343	-0.8438	-0.7916	-0.6162	-0.6158	-0.6571
2010	2.0234	0.9407	2.3483	1.6793	2.0197	0.4087	2.2286	1.5015	1.9526	1.6205	1.1041	1.6207
2011	0.4796	1.1684	1.5825	2.2219	1.7102	1.6966	1.4237	1.9787	2.1649	2.1681	2.1484	1.7039
2012	0.4257	1.3912	2.1657	2.3285	2.6112	1.3118	2.1449	2.4741	2.2774	1.7741	3.3575	2.0238

注：囿于篇幅限制，本文仅列示长江经济带近三年和其他主要年份的可持续发展能力得分。

3.2 长江经济带可持续发展能力等级评价

本文采取聚类分析法，将可持续发展能力分为优良(Ⅰ)、较好(Ⅱ)、一般(Ⅲ)和较差(Ⅳ)四个等级，制定长江经济带可持续发展能力等级评价标准，如表3所示。

表3　**长江经济带可持续发展能力等级评价标准**

评价等级	得分数值	定性评价
Ⅰ	>7.50	可持续发展能力优良
Ⅱ	2.50~7.50	可持续发展能力较好
Ⅲ	-2.50~2.50	可持续发展能力一般
Ⅳ	<-2.50	可持续发展能力较差

利用表2数据制作长江经济带可持续发展能力2000年、2005年和2012年的等级分布图(见图1)。21世纪初，长江经济带总体处于等级Ⅳ的水平，可持续发展能力较差，仅贵州稍好，属于等级Ⅲ；到2005年，长江经济带可持续发展能力有所提高，11省市均达到等级Ⅲ的一般水平；进入21世纪第二个十年，长江经济带可持续发展能力进一步提高，大部分省市达到等级Ⅱ的较好水平，上海、江西和湖北还处在等级Ⅲ的水平。

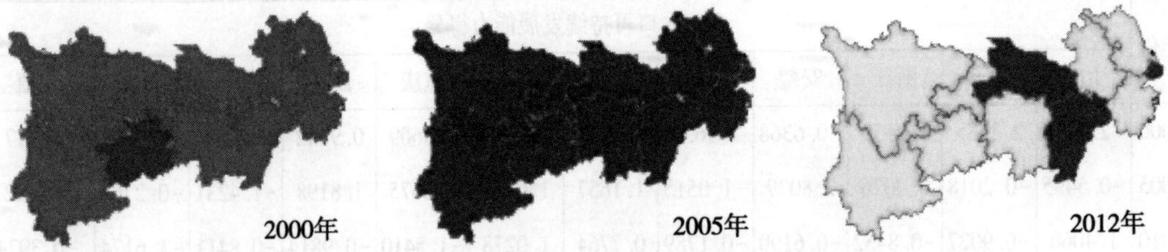

图 1　长江经济带主要年份可持续发展能力等级分布图

3.3　长江经济带可持续发展能力变动趋势

表 2 和图 1 可直观地反映出 2000—2012 年长江经济带可持续发展能力不断提高，但无法体现出可持续发展能力的结构变动趋势。图 2 显示了这一时期长江经济带综合可持续发展能力及其子系统可持续发展能力的变动趋势。

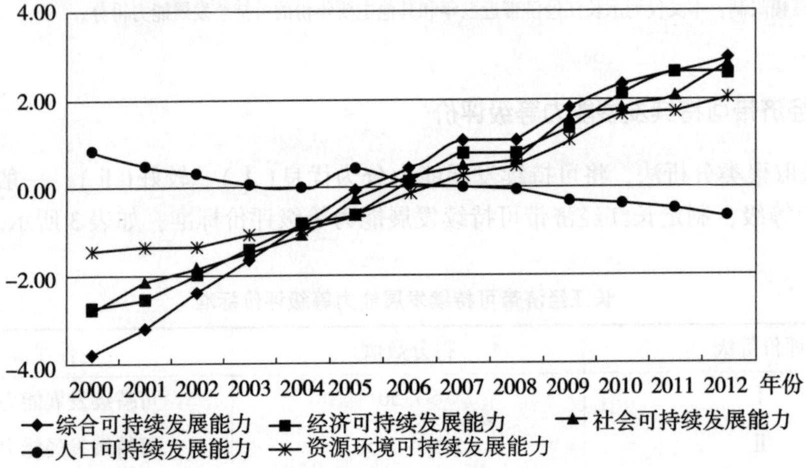

图 2　长江经济带可持续发展能力变动趋势

研究期内长江经济带综合可持续发展能力呈稳步上升趋势，并且升幅最大，由 2000 年的-3.8397 上升为 2012 年的 2.9283；经济、社会和资源环境可持续发展能力也呈平稳上升趋势，不过升幅相对较小；人口可持续发展能力则呈下降趋势。

综合可持续发展能力受经济和社会子系统的影响较大。从图 2 可以看出，长江经济带综合可持续发展能力变动曲线与经济、社会可持续发展能力变动曲线基本一致，呈现出一种“爬坡”态势。综合可持续发展能力曲线变动幅度更大，可以认为是经济与社会子系统可持续发展能力叠加的结果。稍有不同的是，2012 年经济可持续发展能力出现小幅下降。

资源环境可持续发展能力上升趋势缓慢。2000 年，资源环境可持续发展能力仅次于人口子系统，远远优于经济和社会子系统。到2012年，资源环境可持续发展能力在四个子系统中位列倒数第二，提高能力有限。主要原因在于经济发展方式转变缓慢，资源利用效率并没有得到大幅提高，环境质量状况依然令人担忧。

人口可持续发展能力呈小幅下降趋势。2000年，长江经济带人口可持续发展能力得分为0.8117，到2012年下降为-0.6792，降幅并不明显。人口可持续发展能力与其他三个子系统相比不升反降主要是人口老龄化加剧，导致人口抚养压力增大的结果。

3.4 长江经济带可持续发展能力地区差异

由表2中的数据可直观看出，长江经济带沿江11省市可持续发展能力具有明显的差异，同一时期不同省市SDC得分值差别显著。为了能准确反映长江经济带区域可持续发展能力的差异并分析其演变过程，本文提出可持续发展能力的地区差异指数(Regional Disparity Index，RDI)这一指标，从省际和上中下游两大视角分析研究长江经济带区域可持续发展能力的地区差异。RDI指数定义如下：

$$\mathrm{RDI} = \frac{1}{n}\sum_{i=1}^{n}\left|\frac{\mathrm{SDC}_{it} - \mathrm{SDC}_{t}}{\mathrm{SDC}_{t}}\right| \times 10 \tag{2}$$

其中，n代表长江经济带中包含省市的总数，SDC_{it}表示第i个省(市)在第t年的综合可持续发展能力得分，SDC_t表示长江经济带所有省市第t年综合可持续发展能力的均值。RDI的取值范围是0~10，数值越大，表明可持续发展能力地区差异程度越高。

3.4.1 可持续发展能力地区差异的定量测度

借助公式(2)，计算长江经济带可持续发展能力RDI指数，结果如表4所示。

表4 **长江经济带可持续发展能力的地区差异指数**

年份	省际SDC RDI指数	上、中、下游SDC RDI指数
2000	1.71	0.95
2001	1.08	0.55
2002	0.88	0.80
2003	1.86	0.57
2004	5.14	1.36
2005	5.66	5.77
2006	9.44	0.16
2007	4.62	4.61
2008	3.07	2.94
2009	1.27	0.48
2010	0.80	0.26
2011	1.47	1.16
2012	2.27	1.91
均值	3.02	1.66

从表 4 可看出，研究期内长江经济带省际和上、中、下游地区可持续发展能力平均地区差异程度分别为 3.02 和 1.66。就绝对数值而言，可持续发展能力的地区差异并不十分明显；但若考虑时间趋势，可看出可持续发展能力的地区差异具有明显的波动性。因此，有必要分析这种地区差异的变化规律和趋势，以提高协调可持续发展的预见性。

3.4.2　省际可持续发展能力差异的变动趋势

根据表 4，长江经济带省际可持续发展能力 RDI 指数随时间具有明显的波动性，总体上呈现出一种对称的“J”形曲线(见图 3)。

“J”形曲线阶段(2000—2006 年)。这一时期，长江经济带省际可持续发展能力差异先是小幅下降，RDI 指数从 2000 年的 1.71 下降到 2002 年的 0.88，随后大幅攀升，达到 2006 年的顶峰 9.44。

反“J”形曲线阶段(2006—2012 年)。这一时期，长江经济带省际可持续发展能力差异先是持续下降，RDI 指数从顶峰的 9.44 骤降到 2010 年的 0.80，之后差异程度有所反弹，2012 年为 2.27，并有进一步上升的趋势。

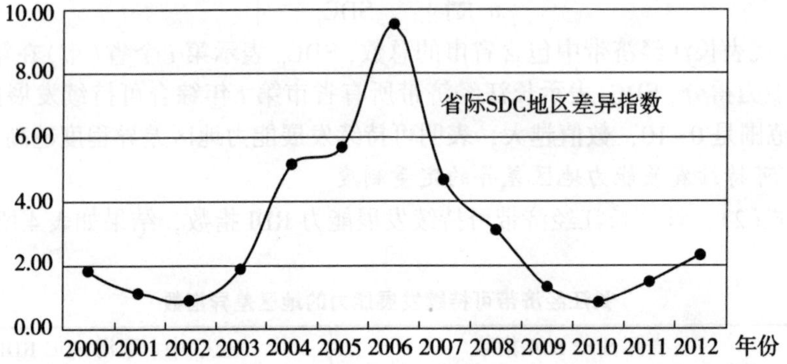

图 3　长江经济带省际可持续发展能力 RDI 指数变化趋势

3.4.3　上、中、下游地区可持续发展能力差异的变动趋势

长江上游地区包括滇黔川渝四省市，中游地区包括皖鄂湘赣四省，下游地区包括苏浙沪三省市。上、中、下游在我国国土空间开发格局中具有不同的功能定位，下游的长三角地区是国家层面优化开发区域，中游、上游地区除部分地区为国家层面重点开发区域外，大部分地区为限制开发区域、禁止开发区域，上、中、下游可持续发展能力必然有所不同。因此，从上、中、下游角度比较分析长江经济带可持续发展能力的地区差异，尤显必要(见图 4)。

由图 4 可见，长江经济带上、中、下游可持续发展能力地区差异相对省际差异总体较小，最高 RDI 指数仅为 5.77，大部分年份 RDI 指数小于 1。但是，上、中、下游可持续发展能力差异的时间变化趋势却比较复杂，基本可以分为三个阶段：

(1)低水平平稳发展阶段(2000—2004 年)。这一时期，长江经济带上、中、下游可持续发展能力差异程度总体维持在 1 以下，有升有降但差异幅度很小。

(2)大幅波动阶段(2004—2010 年)。这一时期，长江经济带上、中、下游可持续发

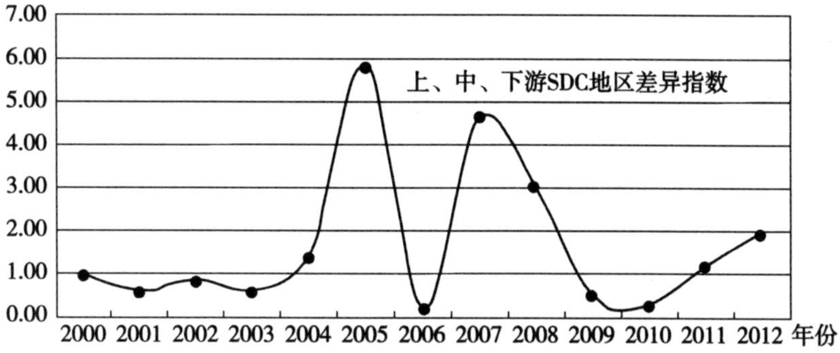

图 4　长江经济带上、中、下游可持续发展能力 RDI 指数变化趋势

展能力差异程度起伏很大。RDI 指数在 2005 年和 2007 年分别形成峰值，2006 年和 2010 年则出现低谷，呈现出类似正弦曲线的波动态势。

(3)平稳上升阶段(2010—2012 年)。这一时期，长江经济带上、中、下游可持续发展能力差异程度逐年攀升，虽然幅度不大，但差异扩大的趋势短期内不可避免。

4. 结论与政策启示

结合前文分析，可得出如下基本结论：

长江经济带可持续发展能力总体在不断提高。其中，经济和社会 SDC 的提高对区域综合可持续发展能力的提高作用显著；资源环境 SDC 受困于经济发展方式转变迟滞而提高有限；人口 SDC 则由于老龄化趋势的加剧而不断下降。

长江经济带可持续发展能力整体水平一般。虽然近十余年来 SDC 呈持续上升趋势，但尚无一个省(市)可持续发展能力达到优良等级，大部分省(市)可持续发展能力一般。

长江经济带可持续发展能力地区差异较小，但具有明显的时间波动性。从绝对值来看，不论省际，还是上中下游，长江经济带可持续发展能力 RDI 指数均较小。但从变动趋势来看，这种地区差异程度波动明显，省际差异演变趋势呈对称“J”形分布，而上中下游差异演变趋势呈现三阶段波动特征。

实证研究结论蕴含以下政策含义：

长江经济带各省市应坚定不移地实施主体功能区制度，将生态文明建设贯穿于经济建设、社会建设的全过程，不断提高资源节约型、环境友好型社会建设水平。

长江经济带各省市应通过制度创新和技术创新，协调省(市)域内经济、社会、人口和资源环境子系统发展，不断提高可持续发展整体水平。

国家有必要从长江经济带协同发展战略的高度创新体制机制，通过权威性的国家制度安排，提高长江经济带省际可持续发展、上中下游可持续发展的联动性。

(作者电子邮箱：wcq501@163.com)

◎ 参考文献

[1] 高志刚．新疆区域可持续发展评价指标体系构建与测度方法研究[J]．新疆社会科学，2004，4.

[2] 洪开荣．中部地区资源、环境、经济、社会协调发展的定量评价与比较分析[J]．经济地理，2013，12.

[3] 凌亢，赵旭，姚雪峰．城市可持续发展评价指标体系与方法研究[J]．中国软科学，1999，12.

[4] 刘求实，沈红．区域可持续发展指标体系与评价方法研究[J]．中国人口·资源与环境，1997，4.

[5] 卢秉福．基于密切值法的我国农村可持续发展水平的测度[J]．安徽农业科学，2009，6.

[6] 鹿晨昱，张琳，薛冰，于晓曼，张黎明，耿勇．省级区域可持续发展指标体系构建及空间测度研究[J]．辽宁大学学报(自然科学版)，2013，1.

[7] 毛汉英．山东省可持续发展指标体系初步研究[J]．地理研究，1996，4.

[8] 闵庆文，李文华．区域可持续发展能力评价及其在山东五莲的应用[J]．生态学报，2002，1.

[9] 潘一萍．可持续发展的度量方法：生态足迹分析[J]．经济问题，2013，6.

[10] 彭念一，吕忠伟．农业可持续发展与生态环境评估指标体系及测算研究[J]．数量经济技术经济研究，2003，12.

[11] 世界环境与发展委员会．我们共同的未来[M]．王之佳，柯金良等译．长春：吉林人民出版社，1997.

[12] 宋荣兴．城市生态系统可持续发展指标体系与实证研究——以青岛市为例[D]．中国海洋大学，2007.

[13] 谢洪礼．关于可持续发展指标体系的述评(三)——中国可持续发展指标体系研究情况简介[J]．统计研究，1999，2.

[14] 张秦．区域可持续发展能力评价研究——以内蒙古鄂尔多斯市为例[J]．内蒙古社会科学(汉文版)，2013，5.

[15] 张学文，叶元煦．区域可持续发展三维系统评价理论初探[J]．数量经济技术经济研究，2002，7.

[16] 赵莹雪．山区县域农业可持续发展综合评价研究——以五华县为例[J]．地理科学，2003，2.

[17] 周嘉，尚金城，谢远云．绥化市可持续发展系统的趋势分析[J]．地理科学，2006，4.

Evaluation of the Sustainable Development Capacity in the Yangtze River Economic Belt

Wu Chuanqing[1] Dong Xu[2]

(1, 2 Economic and Management School of Wuhan University, Wuhan, 430072)

Abstract: We adopt principal component analysis to measure the sustainable development capacity of the Yangtze River economic belt in this paper. The result shows that since 2000, the sustainable development capacity is improving in the Yangtze River economic belt, but its overall level is still general; the regional disparity of sustainable development capacity is small while with fluctuated characteristics over time; in the long run, the disparity will continue to exist, and has a expanding trend. The advice we provide to improve the sustainable development capacity should start with the implementation of main functional regions system, strengthening system and technological innovation level.

Key words: The Yangtze River economic belt; Sustainable development capacity; Principal component analysis; Regional disparity index

长江中游区域鄂湘赣皖四省省会城市产业结构测度与比较

● 孙智君[1] 谢红玲[2] 高 飞[3]
(1, 2, 3 武汉大学经济与管理学院 武汉 430072)

【摘 要】区域产业结构是特定区域内产业与产业之间所构成的比例关系和结合状态。本文综合采用比较劳动生产率、产业结构相似系数、区位商、灰色关联分析及偏离—份额分析等方法，来评价区域内部产业结构变动趋势、区域之间产业结构趋同性和产业结构竞争力，进而分析长江中游区域鄂湘赣皖四省省会城市产业结构内部各行业部门的状态以及产业结构的调整趋势，了解四市之间分工合作的产业基础，为长江中游经济一体化发展的机制与路径奠定理论和现实基础。

【关键词】长江中游区域 产业结构 测度 比较

1. 问题提出

中国特色的“区域”包含多种类型：县(市)域、省(自治区、直辖市)域以及经济圈等。从行政能力的作用力度、规范程度、区域产业经济政策制定实施流程的成熟性等角度看，省(自治区、直辖市)域经济具有相对完整性和独立性；而从区域产业分工协作、互赢共生，并铸就新的经济增长空间的角度来看，“经济圈”则是对整体经济格局起到重要作用的区域范畴。改革开放以来，长三角、珠三角、环渤海等三大经济圈以人口红利为基础、以政策利好为保障、以国际产业转移为支撑，为中国经济高速增长做出了重大的贡献。当前，实现内需型与外向型兼备的经济发展模式的目标使长江流域开发开放以及长江中游区域经济一体化发展成为理论和政策研究的焦点。从学理意义上看，区域经济发展以该区域的产业体系作为基本依托，产业则以所在区域的经济技术条件作为发展的基础，两者之间存在着客观的、内在的联系。由此，长江中游区域经济一体化发展的着眼点在于该区域内各子区域的产业分工合作，其中，四个子区域——湖北、湖南、江西和安徽的省会城市武汉、长沙、南昌、合肥如何基于自身的产业结构现状确定各自的产业地位与未来发展方向尤显重要。

区域产业结构是特定区域内产业与产业之间所构成的比例关系和结合状态。它是从中观层面对区域产业经济运行特征及规律的揭示①。17 世纪中叶至 20 世纪上半叶，以威廉·配第、科林·克拉克、霍夫曼、西蒙·库兹涅茨为代表的各国学者通过对各国经济史进行长期研究，提出了配第—克拉克定理、霍夫曼比例、库兹涅茨法则等理论，使产业结构理论渐成体系；此后，钱纳里的“标准结构”法和联合国工业组织的“相似系数”法因其简单直观和方便操作而广为应用，但是这两种方法的弊端在于其非常简单而无法深入探究一国或区域产业结构的内部层次。20 世纪末以来，国内外学术界以上述产业结构理论体系为基础，初步分析了中国及相关区域的产业结构状况。就理论研究而言，学术界从不同视角构建了产业结构高度指标体系以测度产业结构水平(程如轩，2001；马涛，2004；宋国宇，2005；伦蕊，2005)。这些研究对于完善现有产业结构理论是非常有益的尝试。但是，相关研究也存在一些问题，例如指标取值存在不可得性、指标权重确定的随意性等。就实证研究而言，Simon X. B. Zhao、Christopher S. P. Tong、Jiming Qiao 运用结构指数和偏离—份额方法对中国各省(自治区、直辖市)域的产业结构进行了分析，并指出地理位置和其他比较优势使广东、江苏、上海和北京最具工业竞争力，而政策将推动四川、湖北等内陆省份跨越增长并逐渐改变区域发展不均衡模式②。沿用传统偏离—份额分析法(SSM)以及动态偏离—份额分析法针对中国部分区域的产业结构进行的研究显示，这两种方法采用横向对比与纵向测度研究，是比较全面的产业结构水平测度方法。此外，部分学者设计了一些新的指标和方法如产业结构水平指标 $S_i = \sqrt{\sum_{j=1}^{n} W_j X_{ij}^2}$ (顾六宝等，2008)、标准差系数及修正的 Michacli 系数(申茹等，2009)、比较劳动生产率和产业结构偏离度(魏小文，2012)、区域工业结构高度化评价指标体系和未确知综合评价模型(张玉春，2011)等研究如何衡量区域产业结构水平和效益。上述研究无论从理论深度还是方法运用等方面均较 21 世纪初期前的研究有很大发展。本文拟对分属四个省域范围的长江中游地区四个中心城市武汉、长沙、南昌和合肥的产业结构水平进行测度和比较，综合采用比较劳动生产率、产业结构相似系数、区位商、灰色关联分析、偏离—份额分析等方法，以层层递进地考察不同区域环境下的产业结构运行水平，为探究四市产业分工合作以及长江中游经济一体化发展奠定理论基础。

2. 测度方法及数据来源

2.1 测度方法

2.1.1 比较劳动生产率

比较劳动生产率是指同一产业中产值比重与就业比重的比值，其定义式为：

$$K_i = \left(\frac{Y_i}{Y}\right) \div \left(\frac{L_i}{L}\right) \tag{1}$$

---

① 刘秉镰，杜传忠．区域产业经济概论[M]．北京：经济科学出版社，2010：107.

② Simon X. B. Zhao, Christopher S. P. Tong, and Jiming Qiao. Spatial changes in China's industrial structure geography[J]. *Geographical Association*, 2004, 89(2): 127-139.

式中，K_i 代表 i 产业的比较劳动生产率；Y_i 和 Y 分别代表某地区 i 产业产值和地区总产值；L_i 和 L 分别代表 i 产业的就业人数和地区总就业人数。K_i 越大，表示 i 产业 1%的就业人员创造的产值越高。

2.1.2 产业结构相似系数

产业结构相似度可以用产业结构相似系数来衡量，其计算公式如下：

$$S_{AB} = \frac{\sum_{i=0}^{3}(X_{Ai} \cdot X_{Bi})}{\sqrt{\sum_{i=0}^{3} X_{Ai}^2 \cdot \sum_{i=0}^{3} X_{Bi}^2}}, \quad 0 \leqslant S_{AB} \leqslant 1 \tag{2}$$

式中，A 为被比较区域，B 为参考区域；X_{Ai} 和 X_{Bi} 分别为 A 地区和 B 地区 i 产业的产值比重。相似系数等于 1，说明两个区域的产业结构完全相同；相似系数等于 0，说明两个区域的产业结构完全不同。即若两区域相似系数趋于上升则产业结构趋于相同，否则产业结构趋异。

2.1.3 区位商

K 城市 i 产业区位商的计算公式如下：

$$\mathrm{LQ}_{Ki} = \frac{d_{Ki} \div D_i}{b_K \div B} \tag{3}$$

式中，LQ_{Ki} 代表 K 城市 i 产业的区位商；d_{Ki} 和 D_i 分别代表 K 城市和全国 i 产业部门的就业人数；b_K 和 B 分别代表 K 城市和全国的总就业人数。区位商 $\mathrm{LQ}_{Ki} > 1$，则 K 城市 i 产业部门的集中程度大于全国的平均水平，是 K 城市的专业化部门和产品输出部门。LQ_{Ki} 值越大，K 城市在该产业部门的集中程度就越高。而 $\mathrm{LQ}_{Ki} \leqslant 1$ 表明该产业部门不是 K 城市的专业化部门。所以，可以借助区位商初步判断 K 城市的主导产业部门的分布状况。

2.1.4 灰色关联系数及灰色关联度

灰色关联度分析(grey relational analysis)是依据各因素数列曲线的接近程度进行产业发展态势的分析。灰色关联系数 $\xi_{K,L}(i)$ 的计算公式如下：

$$\xi_{K,L}(i) = \frac{\Delta_{\min} + \zeta\,\Delta_{\max}}{\Delta_{K,L}(i) + \zeta\,\Delta_{\max}} \tag{4}$$

式中，$\Delta_{\min}$ 表示四座城市中所有产业区位商的最小差，$\Delta_{\max}$ 表示最大差；ζ 为分辨系数，$\zeta \in [0, 1]$，令 $\zeta = 0.5$，$\Delta_{K,L}(i)$ 表示城市 K 和城市 L 产业部门中 i 产业区位商差的绝对值；因为比较对象为武汉、长沙、合肥和南昌四个城市，这里 K 和 L 只能取 0，1，2，3。其中“0”代表武汉市，“1”代表长沙市，“2”代表南昌市，“3”代表合肥市。灰色关联度的计算公式如下：

$$R_{K,L} = \frac{1}{n}\sum_{i=1}^{n} \xi_{K,L}(i) \tag{5}$$

灰色关联度值越大，两对比城市产业结构的关联度就越大，产业结构越相似。

2.1.5 偏离—份额分析

偏离—份额分析方法是考察地区产业竞争力的有效方法。此方法将某地区某产业的产值增加额分解为三个部分：第一，区域份额因素，表示某地区某产业按更高一级的区域总产值增长速率所达到的增长额。第二，产业结构偏离因素，反映产业结构因素对区域经济增长的影响。第三，区位偏离因素，显示所考察区域的竞争能力对其经济增长的影响。即：

区域产值增加额=区域份额分量+产业结构偏离分量+区位偏离分量

本分析方法的计算公式如下：

首先，假设 $E_i(T)$ 表示 T 时期"中四角"(令其包括湖北、湖南、安徽和江西四省) i 产业的产值，那么：

$$E_i(T) = \sum_{K=1}^{N} E_{iK}(T) \tag{6}$$

$$E(T) = \sum_{i=1}^{m} E_i(T) \tag{7}$$

式中，$E_{iK}(T)$ 表示 K 地区 i 产业的产值。另外，设 $E(T)$ 表示"中四角"区域的总产值。$T=t$ 表示报告期，$T=t_0$ 表示基期，在本文中，报告期为 2011 年，基期为 2002 年。i 表示产业，K 表示城市。

$$\begin{aligned}\Delta E_{iK} &= E_{iK}(t) - E_{iK}(t_0) \\ &= E_{iK}(t_0)\left[\frac{E(t)}{E(t_0)} - 1\right] + E_{iK}(t_0)\left[\frac{E_i(t)}{E_i(t_0)} - \frac{E(t)}{E(t_0)}\right] + E_{iK}(t_0)\left[\frac{E_{iK}(t)}{E_{iK}(t_0)} - \frac{E_i(t)}{E_i(t_0)}\right] \\ &= A_{iK} + B_{iK} + C_{iK}\end{aligned} \tag{8}$$

将上式两端同除以 $E_{iK}(t_0)$，得到以增长率表示的偏离—份额方程。

式中，A_{iK} 为全区域增长分量，这里代表了 K 城市 i 产业按全区域总产值的增长率而达到的增长量。B_{iK} 为产业结构分量，表示 K 城市 i 产业产值增长偏离值，即全区域的 i 产业产值增长偏离全区域所有产业平均增长的部分，它的增长是由于 K 城市 i 产业相对于全地区总产值的增长差异引起的，反映了 K 城市以全区域为标准产业结构的优劣程度。C_{iK} 为 K 城市 i 产业增长额的剩余部分，即扣除全区域经济增长和产业部门结构变动因素滞后的增长额。其数值的大小和正负反映了该部门在全区域同行业中的相对增长水平，故称为竞争分量。利用竞争分量可以了解 K 城市 i 产业在全区域同行业中所具有的竞争地位，又可以了解在全区域经济增长中各产业部门的相对扩张和收缩发生在哪些地区。$B_{iK} + C_{iK}$ 称为 K 城市 i 产业与全区域的总偏离量。

2.2 数据来源及说明

本文样本数据来自于《中国城市统计年鉴(2012)》以及《武汉统计年鉴》、《长沙统计年鉴》、《合肥统计年鉴》和《南昌统计年鉴》1991—2011 年的数据。需要说明的是，计算产值结构、就业结构、比较劳动生产率和相似系数时，数据来源于武汉、长沙、南昌和合肥四市统计年鉴，计算口径为全社会(包括广大农村地区，武汉除外)；计算以就业人数为基础指标的区位商时，数据来源于《中国城市统计年鉴》，计算口径为全市(仅包括城区、辖县和辖市)。两者统计口径的不同，更有利于区分城镇和农村的产业发展差异。分析的行业包括《国民经济行业分类》(GB/T4754 — 2002)中的三次产业以及中观层次的第一产业(农、林、牧、渔业)，采矿业，制造业，电力、燃气及水的生产和供应业，建筑业，交通运输，仓储及邮政业，信息传输，计算机服务和软件业，批发和零售业，住宿，餐饮业，金融业，房地产业，租赁和商业服务业，科学研究、技术服务和地质勘探业，水利、环境和公共设施管理业，居民服务和其他服务业，教育、卫生、社会保障和社会福利业，文化、体育和娱乐业，公共管理和社会组织。为考察制造业内部各部门的竞争力，根据制造业内部产业部门间的联系程度，将制造业分为17个部门①：食品制造及烟草加工业（C1），纺织业（C2），服装鞋帽皮革羽绒及纤维制品制造业（C3），木材加工及家具制造业（C4），造纸印刷及文教体育用品制造业（C5），石油加工、炼焦及核燃料加工业（C6），化学工业（C7），非金属矿物制品业（C8），金属冶炼及压延加工业（C9），金属制品业（C10），通用、专用设备制造业（C11），交通运输设备制造业（C12），电气机械及器材制造业（C13），通信设备、计算机及其他电子设备制造业（C14），仪器仪表及文化办公用机械制造业（C15），工艺品及其他制造业（C16），废品及废料的回收加工业（C17）。

3. 测度结果分析

3.1 产业结构变动趋势分析

下面将从产值结构、就业结构和比较劳动生产率三个角度考察武汉、长沙、南昌和合肥四市产业结构变动趋势。

3.1.1 产值结构

武汉、长沙、南昌和合肥四市1991—2011年三次产业产值结构变动趋势见图1至图4。

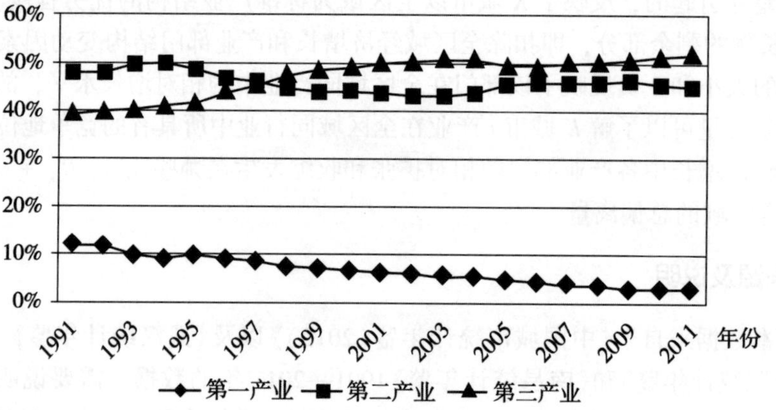

图1 武汉产值结构变动趋势

① 国家统计局国民经济核算司．中国2007年投入产出表[M]．北京：中国统计出版社，2009：444-471.

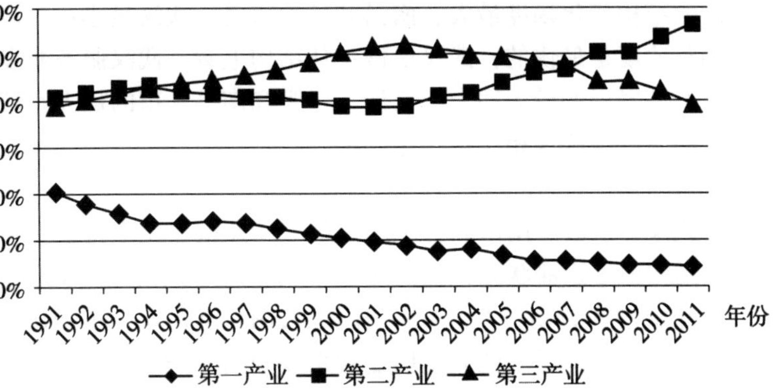

图 2　长沙产值结构变动趋势

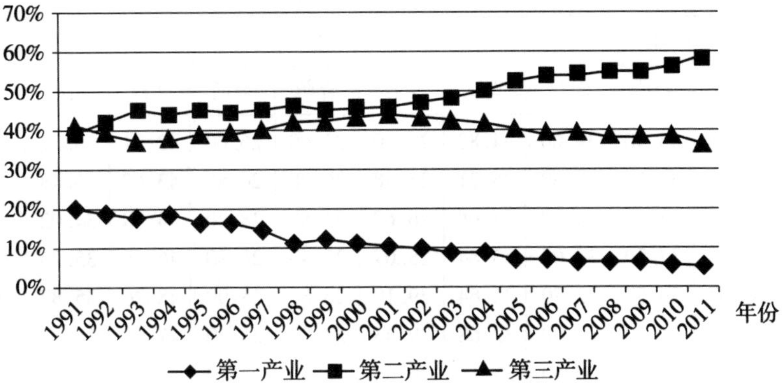

图 3　南昌产值结构变动趋势

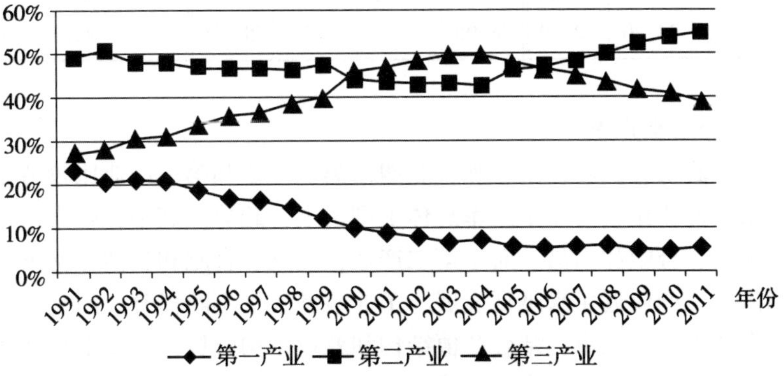

图 4　合肥产值结构变动趋势

从图 1 至图 4 可见，武汉、长沙、南昌和合肥四市三次产业产值结构演进趋势为：第一产业比重持续下降，第二产业比重在波动中稍有上升(武汉除外)，第三产业比重在波动中略微下降(武汉除外)。总体上看，武汉产业结构发展水平最高，长沙和合肥次之，南昌最低；合肥产业结构变化幅度最大，南昌和长沙次之，武汉最小；一定程度上可以说合肥的产业结构调整速度是最快的，武汉最慢；从结构上看，武汉服务业发展稳定，水平最高，已成为武汉经济发展的最大动力；长沙、合肥和南昌三市的最大经济部门为第二产业，产业结构层次和高度与武汉相比有一定差距。

3.1.2　就业结构

由表1可知，武汉、长沙、南昌和合肥四市第一产业就业比重持续下降，但与四市产值结构比较，就业结构处于迟滞状态，仍需通过市场化改革以及政府政策推动加以调整。四市第三产业已经开始发挥劳动力“蓄水池”作用，2011年就业比重均已达到40%以上。此外，武汉、长沙、合肥和南昌的就业结构变动系数分别为18.23、49.62、42.4和31.2，长沙和合肥就业结构变动最明显，进步迅速，三次产业就业结构变动均很大。

表1　**2001—2011年武汉、长沙、合肥和南昌的就业结构(%)**

年份	第一产业				第二产业				第三产业			
	武汉	长沙	合肥	南昌	武汉	长沙	合肥	南昌	武汉	长沙	合肥	南昌
2001	22.26	51.48	45.40	39.00	34.83	23.30	25.60	26.00	42.91	25.22	29.00	35.00
2002	21.12	41.23	44.50	39.50	35.21	25.28	26.90	26.80	43.67	33.48	28.60	33.70
2003	20.17	39.00	45.20	35.20	35.06	26.67	23.50	28.40	44.78	34.02	31.30	34.56
2004	19.60	38.80	37.50	34.00	33.84	28.07	23.40	26.90	46.56	35.26	39.10	39.10
2005	19.10	35.03	36.50	32.70	32.64	29.10	26.80	25.90	48.26	35.87	36.70	41.40
2006	19.40	34.56	31.80	29.90	32.68	29.43	22.70	21.20	47.92	36.01	45.50	48.90
2007	18.76	32.61	25.80	28.50	33.15	30.66	36.40	22.20	48.09	36.73	37.80	49.30
2008	17.45	31.14	24.30	26.90	34.21	30.01	37.50	24.30	48.34	38.85	38.20	48.80
2009	13.62	28.19	23.20	25.40	37.40	31.70	37.00	23.70	48.98	40.11	39.80	50.90
2010	13.15	26.85	23.60	24.40	36.95	32.02	33.50	25.00	49.90	41.13	42.90	50.60
2011	12.27	25.73	24.20	22.89	38.05	32.92	32.90	28.74	49.68	41.35	42.90	48.37

3.1.3　比较劳动生产率

由表2可知，武汉、长沙、南昌和合肥四市第一产业和第三产业比较劳动生产率均处于下降趋势。第二产业比较劳动生产率总体上则呈上升趋势。其中，就第一产业而言，长沙历年均低于武汉、合肥和南昌。对于第二产业，武汉、合肥和长沙变化不大，南昌变化很大，说明南昌第二产业近年来迅猛发展，工业装备水平不断提升。而且，武汉第二产业比较劳动生产率低于其他三市，结合产值结构和就业结构分析，可知十年间武汉二产就业结构基本不变，虽然从四市对比来看，武汉工业化程度较高，但仍以传统制造业为主，劳动力向第三产业部门转换速度很慢，劳动力黏性较大。对于第三产业，南昌、合肥和长沙均有较大下降，说明第三产业发展迅速，第三产业就业人数不断上升。总体上，武汉、长沙、南昌和合肥四市的服务业都还有很大的升级空间。

表 2　**2002—2011 年武汉、长沙、合肥和南昌三次产业的比较劳动生产率**

年份	第一产业				第二产业				第三产业			
	武汉	长沙	合肥	南昌	武汉	长沙	合肥	南昌	武汉	长沙	合肥	南昌
2002	0.29	0.19	0.20	0.26	1.25	1.66	1.70	1.77	1.17	2.08	1.63	1.25
2003	0.29	0.21	0.18	0.24	1.23	1.54	1.60	1.75	1.16	1.56	1.71	1.29
2004	0.29	0.20	0.15	0.24	1.24	1.53	1.84	1.70	1.14	1.52	1.59	1.18
2005	0.28	0.19	0.19	0.24	1.30	1.52	1.83	1.87	1.09	1.43	1.28	1.06
2006	0.26	0.18	0.16	0.22	1.39	1.52	1.73	2.04	1.03	1.38	1.30	0.97
2007	0.23	0.16	0.18	0.22	1.41	1.57	2.09	2.56	1.03	1.34	1.03	0.80
2008	0.22	0.16	0.23	0.22	1.38	1.53	1.34	2.45	1.04	1.31	1.20	0.80
2009	0.21	0.17	0.26	0.23	1.35	1.69	1.34	2.28	1.04	1.14	1.14	0.79
2010	0.23	0.17	0.22	0.24	1.24	1.60	1.42	2.33	1.03	1.11	1.06	0.76
2011	0.24	0.16	0.21	0.23	1.23	1.67	1.61	2.27	1.03	1.02	0.96	0.76

3.2 产业结构趋同性考察

3.2.1 产业结构相似系数

由表 3 可见，武汉、长沙、南昌和合肥四市之间的产业结构存在趋同现象。其中，武汉和南昌之间的相似系数最小，且 2001—2011 年该系数不断减小，表明趋同现象在产业结构调整中逐渐缓和。武汉和长沙之间产业结构趋同状况，2009 年以前虽有波动，但相似度系数一直处于 0.99 附近，2010 年开始下降，至 2011 年降为 0.9711。长沙和南昌之间产业结构趋同系数一直在上升，2011 年达到 0.9980。武汉和合肥之间产业结构相似系数 11 年间具有明显的下降趋势，2011 年相似系数为 0.9713。长沙和合肥、南昌和合肥的产业结构相似系数均很大，近年来一直处于 0.99 以上的高位。

表 3　**2001—2010 年武汉、长沙、合肥和南昌的产业结构相似系数**

	2001 年	2002 年	2003 年	2004 年	2005 年	2006 年	2007 年	2008 年	2009 年	2010 年	2011 年
Ⅰ	0.9959	0.9969	0.9993	0.9989	0.9996	0.9998	0.9993	0.9935	0.9943	0.9834	0.9711
Ⅱ	0.9940	0.992	0.9894	0.9851	0.9833	0.9808	0.9794	0.9752	0.9757	0.9691	0.9542
Ⅲ	0.9868	0.9833	0.9867	0.9829	0.9812	0.9831	0.9857	0.9941	0.9935	0.9977	0.9980
Ⅳ	0.9986	0.9994	0.9998	0.9995	0.9994	0.9989	0.9961	0.9927	0.9883	0.9810	0.9713
Ⅴ	0.9950	0.9965	0.9993	0.9998	0.9990	0.9995	0.9986	0.9998	0.9989	0.9999	0.9998
Ⅵ	0.9979	0.9948	0.9913	0.9850	0.9887	0.9886	0.9931	0.9944	0.9977	0.9985	0.9978

注：“Ⅰ”表示武汉和长沙比较；“Ⅱ”表示武汉和南昌比较；“Ⅲ”表示长沙和南昌比较；“Ⅳ”表示武汉和合肥比较；“Ⅴ”表示长沙和合肥比较；“Ⅵ”表示南昌和合肥比较。

3.2.2 2011 年区位商灰色关联分析

基于统计数据计算出武汉、长沙、南昌和合肥四市 2011 年各产业的区位商，见表 4。根据表 4 的结果画出四市 19 个制造业的区位商雷达图，见图 5。

表 4　**2011 年武汉、长沙、合肥和南昌产业关联系数及各产业的区位商**

	农业	采矿	制造	水电	建筑	物流	信息	批零	食宿	金融	地产	租赁	科技	水利	便民	教育	卫生	文体	公管
X_0	0.21	0.01	0.99	0.49	2.13	1.96	0.88	1.64	1.62	0.87	1.20	0.51	1.47	0.80	0.84	0.83	0.79	1.17	0.54
X_1	0.02	0.26	1.15	0.76	1.89	0.71	1.28	1.70	2.91	1.62	2.72	0.99	1.87	1.15	1.18	1.03	1.32	2.09	0.90
X_2	1.20	—	0.90	1.07	2.06	2.75	0.71	0.53	0.29	0.95	0.39	0.48	1.01	1.50	0.50	0.94	0.98	1.90	0.81
X_3	0.06	—	0.84	0.53	1.98	1.42	0.92	1.48	1.06	0.91	1.30	0.60	1.59	0.88	0.51	0.90	0.94	1.42	0.78
$\|X_0-X_1\|$	0.18	0.25	0.16	0.27	0.24	1.24	0.40	0.06	1.29	0.74	1.73	0.48	0.40	0.34	0.34	0.20	0.54	0.92	0.37
$\|X_0-X_2\|$	0.99	—	0.09	0.57	0.07	0.79	0.17	1.11	1.32	0.07	0.61	0.03	0.46	0.69	0.33	0.12	0.19	0.73	0.27
$\|X_1-X_2\|$	1.17	—	0.25	0.31	0.17	2.04	0.57	1.17	2.61	0.67	2.33	0.51	0.86	0.35	0.67	0.09	0.35	0.20	0.10
$\|X_0-X_3\|$	0.14	—	0.15	0.03	0.15	0.54	0.04	0.16	0.56	0.04	0.30	0.09	0.13	0.07	0.33	0.07	0.15	0.25	0.24
$\|X_1-X_3\|$	0.04	—	0.31	0.23	0.09	0.71	0.36	0.22	1.85	0.70	1.42	0.39	0.27	0.27	0.67	0.13	0.38	0.68	0.13
$\|X_2-X_3\|$	1.14	—	0.06	0.54	0.08	1.33	0.21	0.95	0.76	0.03	0.91	0.12	0.58	0.62	0.01	0.05	0.04	0.48	0.03
$\xi_{0,1}$	0.89	0.85	0.90	0.84	0.85	0.52	0.77	0.96	0.51	0.64	0.43	0.74	0.77	0.80	0.80	0.87	0.71	0.59	0.79
$\xi_{0,2}$	0.57	—	0.94	0.70	0.96	0.63	0.89	0.54	0.50	0.96	0.69	0.98	0.75	0.66	0.80	0.93	0.88	0.65	0.84
$\xi_{1,2}$	0.53	—	0.85	0.82	0.89	0.39	0.70	0.53	0.34	0.67	0.36	0.72	0.61	0.80	0.67	0.95	0.80	0.88	0.94
$\xi_{0,3}$	0.91	—	0.90	0.98	0.91	0.71	0.98	0.90	0.71	0.98	0.82	0.94	0.92	0.96	0.80	0.96	0.90	0.85	0.85
$\xi_{1,3}$	0.98	—	0.81	0.85	0.94	0.65	0.79	0.86	0.42	0.65	0.48	0.78	0.83	0.83	0.67	0.92	0.78	0.66	0.92
$\xi_{2,3}$	0.54	—	0.96	0.71	0.95	0.50	0.87	0.58	0.64	0.98	0.59	0.92	0.70	0.68	1.00	0.97	0.98	0.74	0.98

注：X_0、X_1、X_2和X_3分别代表武汉、长沙、合肥和南昌和合肥的区位商；$\xi_{0,1}$表示武汉和长沙之间的灰色关联系数，$\xi_{0,2}$表示武汉和南昌之间的灰色关联系数，$\xi_{1,2}$表示长沙和南昌之间的灰色关联系数，$\xi_{0,3}$、$\xi_{1,3}$和$\xi_{2,3}$分别表示武汉、长沙和南昌对合肥的灰色关联系数，“—”表示数据缺失。

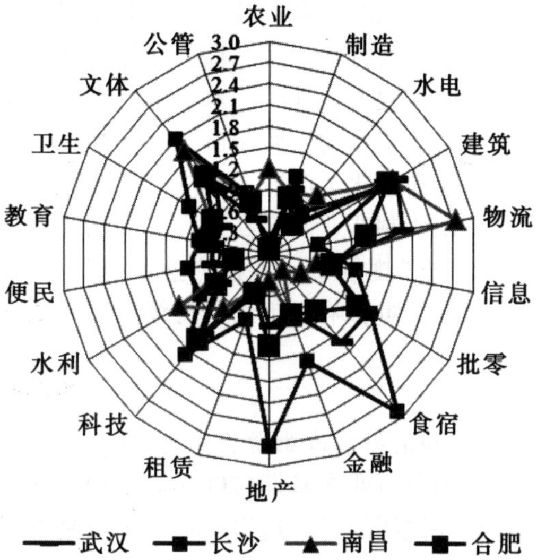

图5　2011年武汉、长沙、南昌、合肥四市各产业部门区位商雷达图

本文采用“整体性灰色关联度”方法，计算灰色关联系数。灰色关联系数 $\xi_{K,L}(i)$ 的计算结果整合列入表5中。根据灰色关联度计算公式 $R_{K,L}=\frac{1}{n}\sum_{i=1}^{n}\xi_{K,L}(i)$，利用表4中区位商数值，计算武汉、长沙、南昌和合肥四市之间的灰色关联度，计算结果如下：

$$R_{0,1}=\frac{1}{19}\sum_{i=1}^{19}\xi_{0,1}(i)=0.75$$

$$R_{0,2}=\frac{1}{18}\sum_{i=1}^{18}\xi_{0,2}(i)=0.77$$

$$R_{1,2}=\frac{1}{18}\sum_{i=1}^{18}\xi_{1,2}(i)=0.69$$

$$R_{0,3}=\frac{1}{18}\sum_{i=1}^{18}\xi_{0,2}(i)=0.79$$

$$R_{1,3}=\frac{1}{18}\sum_{i=1}^{18}\xi_{0,2}(i)=0.77$$

$$R_{2,3}=\frac{1}{18}\sum_{i=1}^{18}\xi_{0,2}(i)=0.79$$

由以上结果可见，武汉、长沙、南昌和合肥四市之间产业结构的灰色关联度均小于0.8，说明虽然四省会城市之间存在一定的结构趋同，但各市的产业结构均有其特色。由表4可以看出：仅南昌农业区位商大于1，说明该市第一产业的就业人数比重高于全国水平，可见其固化了大量的农村劳动力。第二产业方面，仅长沙稍高于1，其他三市略低于1，说明武汉、南昌、合肥三市的制造业与全国水平相当。长沙第三产业内的很多部门区位商都大于1，说明长沙第三产业起到了就业“蓄水池”作用。在建筑业，交通运输、仓储和邮政业，科学研究、技术服务和地质勘探业，文化、体育和娱乐业等行业，武汉优于南昌和合肥。具体到细分行业，四市在制造业，建筑业，信息传输、计算机服务和软件业，电力、燃气及水的生产和供应业，教育，卫生、社会保障和社会福利业，公共管理和社会组织等几个产业部门的关联系数均较大。其中，水、电、煤气供应和教育等与居民生活密切相关的行业部门相关系数很大是正常的。而制造业趋同则直接反映各市制造业同构化现象严重，主要偏向于资源性产业和重化工产业，其中传统产业和高耗能行业比重大，高技术产业和新型产业比重太小，说明制造业依靠高投入、高消耗的发展格局还没有根本性改变。而且，在四市各自的“十二五”规划中，支柱产业的选择具有明显的趋同，这种趋同的惯性一定要迅速制止，否则将严重影响四市的可持续发展能力。

3.3 产业结构竞争力比较

3.3.1 武汉、长沙、合肥和南昌制造业增长速度比较

本文首先考察四市制造业细分行业在基期(2001 年)和考察期(2011 年)的产值以及考察期相对于基期的增长。这里要说明的是，这里所列的产值是以规模以上工业为考察对象的，且都剔除了价格因素的影响①。

由表 5 可见，2001—2011 年 11 年间长江中游地区四个核心城市构成的区域中增长最快的 5 个行业依次是金属制品业(C10)，通用、专用设备制造业(C11)，仪器仪表及文化办公用机械制造业(C15)，非金属矿物制品业(C8)及电气机械及器材制造业(C13)。

表 5　**武汉、长沙、合肥和南昌四市制造业分行业产值及增长速度**　单位：亿元

	2001 年产值 E_{2001}					2011 年产值 E_{2011}					E_{2011}/E_{2001}				
Num.	区域	武汉	长沙	合肥	南昌	区域	武汉	长沙	合肥	南昌	区域	武汉	长沙	合肥	南昌
C1	279.6	109.6	96.6	26.1	47.3	2288	693.7	892.6	284.6	416.9	8.2	6.3	9.2	10.9	8.8
C2	54.4	22.5	7.2	8.3	16.4	310	46.3	38.6	39.1	186.2	5.7	2.1	5.4	4.7	11.4
C3	61.8	43.6	10.2	1.1	6.9	227	54.5	68.7	49.6	53.9	3.7	1.3	6.7	43.9	7.8
C4	16.5	9.2	3.7	2.2	1.4	117	13.7	39.0	34.4	29.6	7.1	1.5	10.5	15.6	21.1
C5	67.9	32.1	13.1	4.6	18.1	425	110.5	109.6	79.5	125.9	6.3	3.4	8.4	17.2	7.0
C6	65.2	63.3	0.5	0.6	0.8	288	268.5	7.0	8.2	4.1	4.4	4.2	14.0	12.8	5.1
C7	244.8	84.4	39.4	61.6	59.4	1682	317.1	591.8	455.0	317.6	6.9	3.8	15.0	7.4	5.3
C8	46.2	21.3	14.2	5.1	5.6	584	143.7	216.4	119.3	104.4	12.6	6.7	15.2	23.6	18.6
C9	253.1	192.0	16.8	14.8	29.5	1508	869.8	249.1	155.3	233.9	6.0	4.5	14.8	10.5	7.9
C10	24.8	14.8	3.9	2.7	3.4	527	186.6	93.1	164.5	83.2	21.3	12.6	23.9	61.5	24.5
C11	128.3	45.2	34.8	32.3	16.0	2410	308.3	1425	539.9	137.4	18.8	6.8	40.9	16.7	8.6
C12	275.3	134.6	19.9	57.8	63.0	2686	1419	276.1	601.6	388.7	9.8	10.5	13.9	10.4	6.2

① 以上年生产总值指数为 100，通过统计年鉴中各年的生产总值指数折算而成。

续表

Num.	2001年产值 E_{2001}					2011年产值 E_{2011}					E_{2011}/E_{2001}				
	区域	武汉	长沙	合肥	南昌	区域	武汉	长沙	合肥	南昌	区域	武汉	长沙	合肥	南昌
C13	172.0	52.8	33.0	73.9	12.3	1781	447.4	218.4	911.5	203.3	10.4	8.5	6.6	12.3	16.5
C14	203.1	125.2	44.1	20.6	13.2	896	592.4	49.6	131.8	122.6	4.4	4.7	1.1	6.4	9.3
C15	20.2	14.7	4.1	1.1	0.3	343	267.1	53.7	19.0	3.0	16.9	18.2	13.1	16.5	10.0
C16	11.4	0.4	8.1	0.2	2.7	61	29.4	12.2	11.4	8.4	5.4	73.5	1.5	74.7	3.1
C17	—	—	—	—	—	—	9.3	1.4	—	4.8	—	—	—	—	—

注："区域"表示由武汉、长沙、合肥和南昌组成的长江中游地区四个核心城市。"——"表示数据缺失。

武汉11年间增长最快的5个行业是工艺品及其他制造业(C16)、仪器仪表及文化办公用机械制造业(C15)、金属制品业(C10)、交通运输设备制造业(C12)、电气机械及器材制造业(C13)，且这五个行业中，前两位行业增速大于区域对应行业；后三位行业的增速小于或近似等于区域对应行业。长沙11年间增长最快的5个行业是通用、专用设备制造业(C11)，金属制品业(C10)，非金属矿物制品业(C8)，化学工业(C7)，金属冶炼及压延加工业(C9)，且这五个行业的增速都大于区域对应行业。其中，通用、专用设备制造业(C11)的增长速度更是达到了区域对应行业增速的两倍多。南昌11年间增长最快的5个行业分别为金属制品业(C10)、木材加工及家具制造业(C4)、非金属矿物制品业(C8)、电气机械及器材制造业(C13)、纺织业(C2)，且其增速高于区域对应产业。合肥11年间增长最快的5个行业分别为工艺品及其他制造业(C16)、金属制品业(C10)、服装鞋帽皮革羽绒及纤维制品制造业(C3)、非金属矿物制品业(C8)、造纸印刷及文教体育用品制造业(C5)，且其增速高于区域对应产业。在有完整数据支持的前16个行业中，武汉有4个行业的增速大于区域整体相应行业。其中，工艺品及其他制造业(C16)是区域整体的近14倍，从表中可以看出该产业从无到有，扩张迅速。长沙有11个行业的增速大于区域整体对应行业，最突出的是通用、专用设备制造业(C11)。南昌也有11个行业的增速大于区域对应行业，最突出的行业是木材加工及家具制造业(C4)。合肥有13个行业的增速大于区域整体对应行业，最突出的行业是金属制品业(C10)。由以上分析可知，武汉制造业的总体增速已远低于长沙、合肥和南昌的制造业增速。

3.3.2 武汉、长沙、合肥和南昌四市的制造业竞争力分析

运用偏离—份额分析法计算四市产值比重排在前十位行业的产业结构分量和竞争力分量，结果见表6。

表6显示，产值占比前四位的行业比重超过60%，分别是交通运输设备制造业(C12)、金属冶炼及压延加工业(C9)、食品制造及烟草加工业(C1)、通信设备、计算机及其他电子设备制造业(C14)；结构偏离分量 $B<0$ 的行业有4个，且负值很大。如占比15.05%的武汉传统优势产业(金属冶炼及压延加工业)的偏离量达到-403.22亿元，表明该行业的增长速度低于全区域制造业增长的平均水平；竞争力分量 $C<0$ 的行业有7个，表明这些行业的增速不及全区域对应行业的增速；武汉结构偏离分量和竞争力分量均为正

表 6　　**2011 年武汉制造业产值比重前十位行业的偏离—份额分析结果**　　单位：亿元

排名	行业	产值占比(%)	产值增量 ΔE	全区域增长分量 A	结构偏离分量 B	竞争力分量 C
1	C12	24.57	1284.08	912.59	242.28	129.22
2	C9	15.05	677.80	1301.83	-403.22	-220.81
3	C1	12.01	583.95	742.82	13.15	-172.01
4	C14	10.25	466.81	848.52	-449.29	67.58
5	C13	7.74	394.87	357.92	57.01	-20.06
6	C7	5.49	232.83	571.96	-91.11	-248.02
7	C11	5.34	262.84	306.73	529.76	-573.64
8	C6	4.65	205.09	429.17	-218.39	-5.70
9	C15	4.62	252.47	99.46	133.94	19.07
10	C10	3.23	171.70	100.62	128.66	-57.58
合计	10 行业	92.95	4532.45	5671.61	-57.20	-1081.95

且正值较大的行业是交通运输设备制造业(C12)和仪器仪表及文化办公用机械制造业(C15)，显示出相关行业良好的发展势头和极强竞争力；总体来看，十大行业产值比重占制造业比重的92.95%，但结构偏离分量和竞争力分量都为负，说明武汉制造业产业结构有一定的比较优势，但整体行业缺乏竞争力。

表7显示，作为长沙支柱产业的通用、专用设备制造业(C11)占制造业比重的32.81%，且 $B+C$ 的总偏离量占10个行业合计总偏离量的近60%；长沙该行业的11年间产值增量几乎全由 $B+C$ 的总偏离量得来，占83%。其次，2011年食品制造及烟草加工业(C1)、化学工业(C7)产值比重分别为20.56%和13.63%，与通用、专用设备制造业(C11)加总后占比超过65%。长沙结构偏离分量为负的行业为4个，但与武汉相比负值小得多。除电气机械及器材制造业(C13)的竞争力分量为负外，其他行业的竞争力分量均为正，表明长沙十大行业的增速普遍大于区域整体对应行业的增速，竞争力较强。由十大行业总偏离量可见，长沙制造业整体发展势头和竞争力均较强劲。

由表8与表6、表7与表9比较可见，南昌的产业结构状况、结构偏离分量和城市产业竞争力在四个城市中均处于中等位置。其中，南昌产值占比最大的食品制造及烟草加工业(C1)和产值占比第三位的化学工业(C7)是2011年长沙十大行业中产值占比的第二位和第三位；产值占比最大的食品制造及烟草加工业(C1)是2011年武汉产值占比的第三位；产值占比第二位的交通运输设备制造业(C12)是武汉2011年产值占比最大的行业。从结构偏离分量来看，南昌有5个行业的结构偏离分量 B 值为负，与武汉和长沙相比，这五个行业的 B 值占各自行业产值增量的18%~43%，处于适中位置。竞争力分量 $C<0$ 的行业有3个，为交通运输设备制造业(C12)、化学工业(C7)、通用、专用设备制造业(C11)。这三个行业恰巧是武汉和长沙的最大行业及最具竞争力的行业。其中，交通运输设备制造业(C12)，通用、专用设备制造业(C11)的负的竞争力分量都很大，表明虽然这两个行业在南昌制造业中的比重很大，但在整个中四角中心城市区域整体来看，并不具备

竞争力，制造业效益不佳。

表 7　　2011 年长沙制造业产值比重前十位行业的偏离—份额分析结果　　单位：亿元

排名	行业	产值占比(%)	产值增量 ΔE	全区域增长分量 A	结构偏离分量 B	竞争力分量 C
1	C11	32.81	1390.26	235.94	407.51	746.81
2	C1	20.56	796.07	655.02	11.59	129.46
3	C7	13.63	552.55	267.40	-42.60	327.75
4	C12	6.36	256.25	134.79	35.78	85.68
5	C9	5.74	232.25	114.11	-35.34	153.49
6	C13	5.03	185.35	224.01	35.68	-74.34
7	C8	4.98	202.21	96.28	48.56	57.37
8	C5	2.52	96.49	88.89	-30.42	38.02
9	C10	2.14	89.20	26.17	33.47	29.57
10	C3	1.58	58.50	69.22	-49.62	38.90
合计	10 行业	95.35	3859.15	1911.82	414.62	1532.70

表 8　　2011 年南昌制造业产值比重前十位行业的偏离—份额分析结果　　单位：亿元

排名	行业	产值占比(%)	产值增量 ΔE	全区域增长分量 A	结构偏离分量 B	竞争力分量 C
1	C1	17.20	369.73	320.56	5.67	43.50
2	C12	16.04	325.50	426.87	113.33	-214.69
3	C7	13.10	258.17	402.39	-64.10	-80.12
4	C9	9.65	204.28	200.15	-61.99	66.12
5	C13	8.39	191.10	83.06	13.23	94.82
6	C2	7.68	169.74	111.19	-31.00	89.54
7	C11	5.67	121.46	108.21	186.89	-173.64
8	C5	5.19	107.82	122.65	-41.97	27.14
9	C14	5.06	109.49	89.22	-47.24	67.51
10	C8	4.31	98.85	37.63	18.98	42.24
合计	10 行业	92.29	1956.13	1901.93	91.80	-37.60

最后，从总偏离份额来看，南昌制造业工业结构总体上有一定的优势，但制造业总体的竞争力不强。另外，2001—2011 年，南昌十大行业中位列前九位的行业除了排名次序上有些变动，11 年间它们产值比中最大的 9 个行业的地位并没有变化。

由表 9 可知，合肥制造业中产值比重前四位分别为电气机械及器材制造业(C13)、交通运输设备制造业(C12)、通用、专用设备制造业(C11)和化学工业(C7)。结构偏离分量 *B* 为正的行业仅通用、专用设备制造业(C11)、金属制品业(C10)和非金属矿物制品业(C8)，说明合肥产业结构状况在整个区域内是比较差的，有很大的升级空间。竞争力分量除通用、专用设备制造业(C11)之外其余全为正，这表明在区域内，合肥的产业结构层次虽然比较低，但是这些产业的竞争力高于其他三市对应行业。最后，由十大行业汇总的偏离量可以看出，合肥产业结构的高度比较低，但这些较低层次的产业区域内的竞争力却很强，从另一个侧面表现出区域内合肥产业结构具有自身的特色，四市产业之间的协作有很好的基础，各市在产业结构优化升级的过程中，更需要加大力气发展本身就具有竞争优势的产业，合理优化产业结构。

表 9　**2011 年合肥制造业产值比重前 10 位行业的偏离—份额分析结果**　单位：亿元

排名	行业	产值占比(%)	产值增量 ΔE	全区域增长分量 *A*	结构偏离分量 *B*	竞争力分量 *C*
1	C13	25.29	837.66	776.99	-85.96	146.63
2	C12	16.69	543.86	607.71	-101.78	37.93
3	C11	14.98	507.62	339.31	234.73	-66.42
4	C7	12.62	393.38	648.15	-286.52	31.75
5	C1	7.90	258.52	274.75	-87.14	70.90
6	C10	4.56	161.81	28.11	26.12	107.58
7	C9	4.31	140.52	155.45	-82.16	67.23
8	C14	3.66	111.18	216.33	-146.11	40.96
9	C8	3.31	114.20	53.19	5.71	55.30
10	C5	2.20	74.85	48.56	-24.25	50.54
合计	10 行业	95.51	3143.59	3148.55	-547.36	542.40

3.3.3　综合分析

整体上看，武汉、长沙、合肥和南昌制造业内部产业结构趋同现象是比较严重的，在十大行业中，武汉和长沙有 7 个行业相同；武汉和南昌有 7 个行业相同；南昌和长沙有 8 个行业相同；合肥与武汉、长沙和南昌相同的产业分别有 8 个、8 个和 9 个。4 个城市有 6 个行业是相同的，分别是食品制造及烟草加工业(C1)、化学工业(C7)、金属冶炼及压延加工业(C9)、通用、专用设备制造业(C11)、交通运输设备制造业(C12)、电气机械及器材制造业(C13)。其上述 6 个行业大部分属于劳动、资本密集型、高耗能和对环境影响比较大的产业。考察 11 年间的变化，由于消费结构的变化和技术的升级，产业结构具有向技术密集型转化的趋势。另一方面，虽然四市产业结构趋同是不争的事实，但四市的产品结构却有差异，而且如果进一步细分行业的话，四市在制造业上还是有各自的特色的。例如，在食品制造及烟草加工业内部，长沙的烟草加工业产值比重最大，而南昌农副食品加工业产值比重最大。化学工业方面，长沙的主要产品是化学原料和化学制品，南昌的化学工业的主要产品是医药产品，武汉的化学原料及制品业和医药制造业产值比重在化学工业中比重最高。这里不得不提的是四市的塑料制品业在化学工业中的产值比重都不低。另外，武汉在黑色金属冶炼及压延加工业产业比重大，有优势；而长沙在有色金属冶炼及压延加工业和专用设备制造业上有优势；合肥在金属制品业和非金属矿物制品业上具有竞争优势。

从上面的分析中，可以清楚地看到：凡是竞争力较大的产业，其结构优势一般也较大；而竞争力较小的产业，结构优势一般也较低，即产业的竞争力与产业结构的优化是正相关的。在一定程度上，产业竞争力取决于产业结构的优化。因此，四市必须致力于调整制造业发展战略和内部的行业结构。

4. 结论与政策建议

本文的主要结论为：从产值比重变化来看，合肥产值比重变化最大，南昌次之，长沙第三，武汉最小。从就业结构来看，四市第一产业就业比重呈下降趋势，第二产业和第三产业就业比重不断上升；对比可知，长沙就业结构变动最明显，进步迅速，三次产业的变动都很大，合肥次之，南昌排第三，武汉最低。从比较劳动生产率来看，第一产业中，长沙就业比重最高，致使长沙第一产业比较劳动生产率最低；第二产业的比较劳动生产率方面，南昌>长沙>合肥>武汉，武汉、合肥和长沙变化不大，南昌变化很大；第三产业方面，南昌、合肥和长沙的比较劳动生产率均有较大下降。根据产业结构相似系数、区位商及灰色关联分析，我们从总体上判定四市的产业结构虽然各有特色，但是呈现出比较严重的趋同现象。偏离—份额分析反映出产业的竞争力与产业结构的优化是正相关的。

由上述分析可知，近年来虽然长江中游四省省会城市在产业结构方面有一定的发展，但还是存在一定的不足。下面，将结合本文分析的结果、四市产业结构和经济发展的实际情况以及 2013 年 2 月 23 日的“武汉共识”提出政策建议：

政府部门要清醒地认识到城市产业结构的现状及其城市经济发展所处的工业化中期阶段，利用“中部崛起”的政策优势，立足各市比较优势，逐步形成合理的产业分工和布局，密切产业联系，提升产业结构、发展生产性服务业及高知识密度的现代服务业；降低融资门槛，提供融资担保和全方位的融资服务；完善和简化中小微贷款的程序，大力发展中小微型服务企业；注重技术的转化、知识产权的保护。

要利用构建“中四角”的契机，秉承“平等协商，协调互动；优势互补，扬长避短；市场主导，政府推动；整体推进，重点突破”的合作原则，全力推进产业大对接、交通大联网、市场大统一、创新大驱动、生态大保护、公共资源大共享、城镇化改革大试验。

要拓展合作渠道，本着循序渐进，先易后难的原则，从障碍最小、最容易见效的领域做起，再逐步往宽领域、多元化方向发展；完善合作机制，全面落实长江中游城市群四省会城市达成的“武汉共识”，建立四市间不同层面定期或不定期的会商制度，构建合作信息交互平台；完善基础设施，实现交通基础设施同构化、市场一体化、投资便利化、政府服务优质化；发挥比较优势，做到“加快合作、务实合作、精诚合作、长期合作”，努力实现区域经济一体化，携手冲刺中国经济增长第四极。

（作者电子邮箱：727273854@ qq. com；954187639@ qq. com）

◎ 参考文献

[1]程如轩，卢二坡．产业结构优化升级统计指标体系初探[J]．中国统计，2001，7.

[2]顾六宝，郝海岗．河北省产业结构水平和效益的动态分析[J]．河北学刊，2008，5.

[3]国家统计局国民经济核算司．中国2007年投入产出表[M]．北京：中国统计出版社，2009.

[4]刘秉镰，杜传忠．区域产业经济概论[M]．北京：经济科学出版社，2010.

[5]伦蕊．工业产业结构高度化水平的基本测评[J]．江苏社会科学，2005，2.

[6]马涛，李鹏雁，马文东．新型工业化的区域产业结构优化升级测度指标体系研究[J]．燕山大学学报，2004，3.

[7]申茹，赵春艳．我国省际产业结构演进的特征：速度、水平及随机趋势[J]．经济问题，2009，11.

[8]宋国宇，刘文东．产业结构优化的经济学分析及测度指标体系研究[J]．科技和产业，2005，7.

[9]田秉涛等．基于SSM的云南省产业结构水平测评[J]．亚热带资源与环境学报，2013，3.

[10]魏小文．西藏产业结构和效益水平分析[J]．西北民族大学学报(哲学社会科学版)，2012，5.

[11]薛国勇．中国沿海地区产业结构水平的横向对比与纵向测度模型及应用——基于福建省的视角[J]．亚热带资源与环境学报，2011，3.

[12]张可云，周庆．基于动态偏离份额分析方法的湖南省产业结构及竞争力水平分析[J]．湖湘论坛，2012，1.

[13]张玉春，余炳．江苏工业结构高度化水平测评研究[J]．南京航空航天大学学报(社会科学版)，2011，9.

[14]赵儒煜．“后工业化”理论与经济增长：基于产业结构视角的分析[J]．社会科学战线，2013，4.

[15]Simon X. B. Zhao, Christopher S. P. Tong, and Jiming Qiao. Spatial changes in China's industrial structure geography[J]. *Geographical Association*, 2004, 89(2).

The Industrial Structure Measurement and Comparison with the Middle Reaches of the Yangtze River Region of Hubei, Hunan, Jiangxi and Anhui Provincial Capital City

Sun Zhijun [1]　Xie Hongling [2]　Gao Fei [3]

(1, 2, 3 Economics and Management School of Wuhan University, Wuhan, 430072)

Abstract: Regional industrial structure is formed between specific regional industry and industrial proportional relation and bound state. A comprehensive comparative labor productivity, industrial structure similarity coefficient, location quotient, grey correlation analysis and the shift share

analysis method. For internal evaluation of industrial structure, regional trend of regional convergence of industrial structure and industrial structure competitiveness, further analysis of the middle reaches of the Yangtze River region of Hubei, Hunan, Jiangxi and Anhui provincial capital city internal industrial structure of each industry sector and industry structure adjustment. To comprehend industry division of labor between the four city based, lay the theoretical and practical basis for the mechanism and path of the development of the middle reaches of the Yangtze River economic integration.
Key words: The middle reaches of the Yangtze River Region; Industrial structure; Measure; Comparison

中国自然环境风险评价体系研究*

● 邹芸螺[1] 刘 伟[2] 吴一凡[3]

(1, 2, 3 武汉大学经济与管理学院 武汉 430072)

【摘 要】中国幅员辽阔，地理气候条件复杂，自然灾害发生频繁且种类繁多。目前中国正处高速发展时期，资源的大量消耗和粗放经营使得国家的环境问题日益严重。自然环境风险已经成为威胁国家经济、社会发展的重要问题。巨大环境风险事件的发生，往往影响范围广泛且具有严重的灾难性。本文从分析影响一个地区自然环境风险发生频率和危害程度的因素出发，构建评价自然环境风险的指标体系，通过多元统计分析技术中的因子分析方法对我国部分地区的自然环境风险进行评价，旨在提高我国各地区相关职能部门对自然环境风险情况的判断能力，并为政府因地制宜地开展自然环境风险管理提供参考和依据。

【关键词】自然环境风险 因子分析 风险管理

自然风险是指因自然力的不规则变化现象所造成的危害人类生产生活或生命安全的风险，如地震、洪水、风暴、风灾、旱灾等。环境风险则是因人类行为或人类和自然界的共同作用而造成的危害人类的生存发展和自然环境的风险。自然环境风险是重要的基本风险，其风险事件的发生往往会造成严重的人员伤亡或大范围的物质损失，影响范围广、损失程度高。我国地域辽阔、气候条件复杂，是自然灾害频发的国家之一。2008年1月南方九省遭遇雪灾，致使交通严重受阻，基础设施破坏严重；2009—2010年，云南、贵州、四川、重庆、广西、湖南等地出现百年不遇特大干旱，致使湖泊干涸，河道断流，民众生活受到威胁；2008年5月12日我国发生了新中国成立以来有记录的最大地震——汶川大地震，地震受灾面积达10万平方公里，造成的直接经济损失达8451亿元人民币。而伴随着工业化，由于环境污染和资源浪费而造成的环境事件也频频发生，如2005年的松花江水污染事件、2007年太湖蓝藻危机、2012年的雾霾事件等。

自然环境风险事件对我国经济社会造成了巨大的损害，自然环境风险的局部性为其风险管理带来较大的难度。如何对其进行科学的管理已经成为重要的社会课题。从全国乃至全球的范围来看，大量的损害集中在易发生自然环境风险且容易受损的地区，如靠近河流的地区更易受到洪水的威胁。政府或保险业进行风险管理时必须考虑不同地区的自然环境

* 本文获得国家社科基金重大招标题目“我国巨灾保险制度安排与实施路径研究”(项目批准号：11&ZD053)资助。

风险条件以及因之而带来的各地区居民对于风险分担的意愿的不同，弄清各地区的自然环境风险的大小，因地制宜对自然环境风险进行管理。

1. 相关文献综述

1.1 自然风险影响因素及风险管理的主要研究

自然风险事件对全球的危害越来越引起各国政府和社会各界的重视，对影响其发生和造成损失的因素进行风险管理的研究日益增多，主要代表观点有：

阿克斯·德尚在《自然灾害风险管理和气候变化》(2010)一文中提出人口增长、城市发展、资源和材料无节制的利用是引起全球自然风险事件发生和风险加剧的重要原因。他指出75%的自然风险事件都是由气候变化引起的，而城市人口的发展、资源的滥用会造成全球变暖和极端天气现象的出现。同时，城市的集中也会导致难以控制风险的几率加大，从而导致自然风险事件的发生和风险危害的加剧。在对自然灾害的风险管理方面他提出要进行地区风险的预测和评估，有目的地减少温室气体排放量；加强各个国家和地区的交流，共享救灾减灾经验和资源，共同合作应对自然的威胁。

余乘君、刘希林在《自然灾害风险管理中社会因素的探讨》(2010)一文中提出，个体心理因素、群体的主流意识和行为以及灾害风险管理成本是影响自然风险大小和风险管理方向的重要因素。这些因素包括人的灾害观念和心理素质、资源开发、政府和区域政策以及区域人口环境。具体体现在人的灾害观念决定了人对待自然的态度，盲目的资源开发和破坏环境会引起自然风险事件的发生和增多；区域人口增多和密集居住也会带来自然风险的加大和危害加剧；政府和区域的政策引导将有助于对风险的防范和管理。该文提出要提高风险管理水平，政府应当加强居民防灾意识、建立风险管理机制，地方应当从自然风险情况出发实行引导性的经济政策。

林蓉辉在《自然灾害与风险管理》(1991)一文中指出人口增长、人口财产的密度加大和全球变暖是国际范围内自然灾害频度和强度上升的重要原因。该文提出，自然风险事件对保险公司的费率厘定、赔付能力和保险技术提出了挑战，加强风险管理已经势在必行，而要进行风险管理，必须从风险识别、风险测定和风险处理三个方面入手。

此外，谢立宏、陈芳芳在《探究社会化自然风险的形成——以兰州市一个多民族社区的地质灾害为个案》(2012)一文中指出自然因素和人为因素的结合是自然风险形成和加大的重要原因。一方面兰州市本身的地质特点决定了其易发地质灾害，另一方面人口的密集居住导致了危害的加大。张杰飞在《我国农业自然风险与管理对策》(2008)一文中针对具体行业——农业的自然风险管理进行了分析，提出加大农业基础设施建设、注意农业生态环境保护和建立减灾机制是进行农业风险管理的重要方式。

1.2 环境风险影响因素及风险管理的主要研究

环境风险随着全球经济的发展和工业化的进程而产生，环境污染、核风险等对人类生存发展造成了严重威胁，学界纷纷对影响其发生和危害的因素及风险管理的方式进行了研究，主要代表观点有：

牛庆燕在《现代化进程中的环境风险及其防范》(2012)一文中提出GDP主义、工具理性和社会体制的弊端是环境风险出现和加剧的重要原因，具体指人类过度追求经济增长、从利益最大化的角度看待自然且社会缺乏对环境风险责任的监督和处罚机制，导致了人类滥用资源、污染环境、排放温室气体，而这些是影响环境风险大小的直接原因。该文指出要想进行行之有效的环境风险管理就必须构建环境风险的责任伦理体系，将环境纳入经济发展和政府考核的指标，推动环保产业的发展，在全社会范围内普及环境道德。

沈华在《环境风险规制政策选择及其对我国的启示》(2013)一文中指出，环境风险问题具有较强的外部性，不能光靠市场调节，政府必须对其加以规制。具体做法是政府通过法律制度建设改变企业纵容污染发展的不合理现象，健全政府问责制、信息披露制度和公众参与制度。

陈冬梅、夏座蓉在《环境污染风险管理模式比较及环境责任保险的功能定位》(2011)一文中通过对三种环境污染风险管理模式的比较对环境风险管理机制进行了探讨。文章指出环境责任保险、政府支持和完善的民事侵权诉讼制度在风险管理中是相辅相成的，缺一不可。环境责任保险是风险管理的主体，政府支持和民事侵权诉讼制度则为其提供了良好的发展基础和补充。

此外，郭文成等在《环境风险评价与环境风险管理》(2001)一文中提出环境风险管理应当是政府的职责，而政府进行风险管理的方式是制订风险管理计划和风险防范措施。田葳等在《锌冶炼企业环境风险及防范措施》(2008)一文中对高环境风险行业——锌冶炼行业的环境风险管理机制进行了探析，提出该行业环境风险频率高、危害大，应当建立有效的预防和应急措施，以预防为主，积极治理。

2. 自然环境风险评价指标体系的构建

2.1 影响自然环境风险大小的因素

综合前人文献和实践经验，自然环境风险的发生和危害程度主要受以下因素影响：

(1)自然条件。自然条件指一个地域在上千万年的天然因素改造中形成的基本情况，包括地形条件、气候条件、水利资源等。自然风险是由自然的不规则变化而引起，地区的自然条件可能影响该地区发生自然风险事件的概率。如处在地震带的地区受到地震的威胁更大，而靠近海边的地区更容易受到风暴侵袭。我国地域辽阔，自然条件千差万别。不同地区面对的自然风险有较大差别。

(2)资源利用不合理导致环境污染。在过去很长一段时间里，人类都有着GDP主义情结，即认为GDP是衡量一个国家地区的经济社会发展的唯一指标。因此，以盲目利用资源、污染环境为代价追求经济增长的情况屡见不鲜，而这些给人类的生存发展带来了威胁。一个简单的例子就是全球变暖。全球变暖的最直接原因就是人类焚烧化石矿物或砍伐森林而产生的温室气体，全球变暖对世界气候产生了很大的影响，使得气候变化更为剧烈，导致自然灾害频发。工业生产造成的环境污染更是绝大多数环境事件发生的直接原因。因此，资源利用率越低、环境污染情况越严重的地区，面临的环境风险和自然风险越大。

(3)人口和财产的分布。人口和财产分布是影响自然风险危害程度的重要因素。自然灾害和环境事件虽然影响范围广、破坏性强，但是如果受灾地区的居民稀少、财产价值低，造成的损失也不会大；反之，人口财产越密集，受到自然环境风险的威胁越大。随着城市化的进程，人口和财产的密集化趋势越来越强烈，这加大了自然环境风险对人类的威胁。

2.2 自然环境风险的评价指标选取

基于科学性、系统性、可操作性、有效性和可比性原则，根据以上的影响因素，本文选择以下变量作为自然环境风险的评价指标：

(1)自然灾害(除巨灾外)损失情况。一个地区以往的自然灾害的损失情况是评价该地区自然条件和人口财产分布的最好指标，因为以往的数据是反映过去和预测未来走向的最好工具。自然灾害造成的损失越大，则表明该地区越容易发生自然灾害，人口和财产受到的威胁越大，该地区面对的自然环境风险越大。

(2)地震发生的次数和损失情况。巨灾是一种会对人民生命财产造成特别巨大的破坏损失，对区域或国家经济社会产生严重影响的自然灾害事件，主要包括地震、海啸、特大洪水、特大风暴潮等。近年来，巨灾风险越来越受到学界的重视。一个地区常发生巨灾，反映了该地区自然条件恶劣，受到自然环境风险的威胁极大。近年来，我国频频受到地震灾害的侵袭，将地震这种巨灾风险单列入评价体系将有利于加强政府和社会对巨灾危害的重视。

(3)万元产值能耗。万元产值能耗指在一定时期内生产出来的价值1万元的产品所消耗的能源，在我国一般以吨标准煤作为计量单位。万元产值能耗反映了地区工业生产对资源的利用效率，万元产值能耗越高的地区，对资源的利用越不充分，为了经济增长利用的资源更多，造成全球变暖、环境污染的可能性更高。

(4)废水、废气、固体废弃物的排放量。环境污染是由人类直接或间接地向环境排放超过其自净能力的物质或能量引起的，废水、废气、固体废弃物中都含有大量的污染物，是主要的环境污染源。废水会造成水污染，改变水质，危害人体健康，破坏生态环境。废气会造成大气污染，容易使人类患疾病，破坏生态系统。固体废弃物则是土地污染的重要原因。废水、废气、固体废弃物排放越多的地区，受环境风险威胁越大。

(5)突发环境事件发生次数。突发环境事件是指突然发生的，会造成或者可能会造成重大人员伤亡、重大财产损失和对全国或者某一地区的经济社会稳定、政治安定构成重大威胁和损害的环境事件，这类事件一般都有重大社会影响并涉及公共安全。突发环境事件是对社会有重大影响的严重的环境风险事件，一个地区突发环境事件发生次数是这个地区环境污染、全球变暖程度的直观反映，突发环境事件发生的越多，表明这个地区存在的环境风险越大，造成的危害越强烈。

(6)人口和财产密度。由上文分析可知，一个地区人口、财产越密集，自然环境风险后受到的损害就越大。人口密度和财产密度反映了一个地区的人口财产集中程度，密度越高，则该地区发生自然环境风险带来的损失越大。因此，本文将人口和财产密度纳入评价指标。

基于以上的评价指标选取，本文构建了以下评价自然环境风险的体系，见表1：

表1　　**我国自然环境风险评价体系**

总体层	变量层次	单位
自然环境风险	自然灾害(除巨灾外)损失情况	亿元
	地震发生的次数	次
	地震灾害损失情况	万元
	万元产值能耗	吨标准煤/万元
	废水排放量	万吨
	废气中污染物(以氮氧化物为例)排放量	万吨
	一般工业固体废弃物产生量	万吨
	突发环境事件次数	次
	人口密度	人/平方公里
	财产密度	亿元/平方公里

本文拟在因子分析中用这十个指标评价各地区自然环境风险大小。

3. 我国自然环境风险的因子分析

根据上文的评价指标体系，本文将用因子分析对我国部分地区加以分析，具体包括30个省市(基于数据的可得性，本文未包括港澳台和西藏地区)。本文数据来源于《中国统计年鉴》(2012)，具体数据见附录。

3.1　因子分析基本思想

所谓因子分析，是一种研究从变量群中提取出共性因子的统计技术。我们做研究时会发现许多变量都具有一定的相关性，这表明变量之间存在潜在的共性因子，而因子分析的目的就是找到这些代表性因子，从这些因子出发研究问题。因子分析的主要思想是降维，研究者将相关性高的变量放在一组，然后从中提取出具有代表性的但是在现实中不可预测的综合变量作为公共因子。

因子分析的特征是其能在反映原有变量的绝大多数信息的前提下得到数量远远少于变量的因子，且各因子间线性关系不显著，每个因子都具有较强的命名解释性。我们在做研究时为了对问题进行全面、完整的认识往往会尽可能多地收集变量。这样会造成两个严重问题：一是会大大增加计算工作量和变量维度，二是可能会产生高度的多重共线性。因子分析的作用也体现在此。因子分析能够在较全面地反映信息的情况下减少变量的数量，从而降低研究的复杂性和变量对信息反映的重叠。因子分析的应用十分广泛，我们常常用提取出的公共因子对变量和问题进行描述和解释。

3.2　因子分析可行性检验

本文采用巴特勒特球形检验(Bartlett Test of Sphericity) 和 KMO (Kaiser-Meyer-Olkin) 检验来检验所收集数据是否适合做因子分析，检验结果见表2：

表2　**KMO 和 Bartlett 检验结果**

取样足够度的 Kaiser-Meyer-Olkin 度量		0.571
Bartlett 的球形检验	近似卡方	245.727
	df	45
	Sig.	0.000

根据 Kaiser 的标准，KMO 数值大于0.5，Bartlett 球形检验给出相伴概率值小于显著性水平0.05就适合做因子分析，本文检验中 KMO 值是0.571，Bartlett 球形检验结果是0.000。从两个检验可以得出结论：本文数据适合做因子分析。

3.3　因子分析的总方差解释

采用 SPSS 软件和主成分分析法可以得到以下结果，见表3：

表3　**总方差解释结果**

成分	初始特征值			提取平方和载入		
	合计	方差的 %	累积 %	合计	方差的 %	累积 %
1	3.403	34.029	34.029	3.403	34.029	34.029
2	2.132	21.317	55.345	2.132	21.317	55.345
3	1.475	14.749	70.094	1.475	14.749	70.094
4	1.274	12.743	82.837	1.274	12.743	82.837
5	0.808	8.085	90.922			
6	0.441	4.405	95.328			
7	0.270	2.696	98.024			
8	0.118	1.177	99.201			
9	0.076	0.755	99.957			
10	0.004	0.043	100.000			

从结果可以看出，根据特征值超过1的规则，系统提取了四个因子，这四个因子的累

积贡献率达到了82.837%，在因子分析中一般的要求是达到80%~85%，本分析结果达到了该数值，说明这四个因子已经实现了对大多数数据的充分概括，其作为公共因子是合适的，所以本文可以提取这四个因子代替原来的10个变量分析我国自然环境风险。

3.4 公共因子的确定

为了使公共因子的含义更为明显，我们用SPSS软件对因子载荷矩阵进行旋转变换，旋转后的因子载荷矩阵如表4所示。

表4 **旋转后因子载荷矩阵**

	成分			
	1	2	3	4
自然灾害损失情况	-0.316	0.223	0.032	-0.577
地震发生的次数	-0.340	-0.427	0.688	-0.140
地震灾害损失情况	-0.307	-0.336	0.742	-0.291
万元产值能耗	-0.556	-0.313	0.088	0.597
废水排放量	0.264	0.765	0.159	-0.372
氮氧化物排放量	-0.108	0.864	0.341	0.214
一般工业固体废弃物产生量	-0.337	0.569	0.371	0.510
突发环境事件次数	0.888	-0.065	0.278	0.104
人口密度	0.956	-0.068	0.211	0.098
财产密度	0.942	-0.155	0.205	0.127

从表4中可以看出，第一公共因子与指标人口密度、财产密度的相关系数达到了0.956和0.942，相关系数极高，和突发环境事件次数的相关系数也较高。从人口密度和财产密度中可以看出人口和财产的分布，突发环境事件是根据环境事件对人类社会生活财产的巨大危害性而定义的，多发地区表示人口财产密集，也间接反映了人口财产情况，因此可将第一公因子命名为人口财产分布因子。

第二公共因子与指标废水排放量、氮氧化物排放量、一般工业固体废弃物产生量相关性较高，这三个指标反映了环境污染的情况，因此可以将第二因子命名为环境污染因子。

第三公共因子与地震发生的次数和地震灾害损失情况相关系数较高，这两个指标是用来反映地区巨灾风险情况的，因此，第三公共因子可命名为巨灾因子。

第四公共因子与自然灾害损失情况和万元产值能耗相关性较高，前者反映了地区的自然条件，后者反映了地区资源利用情况，因此，第四公共因子可命名为自然和资源因子。

3.5 因子得分及排名分析

用SPSS软件得到如下成分得分系数矩阵，见表5：

表 5　　**因子得分系数矩阵**

	成分			
	1	2	3	4
自然灾害损失情况	-0.093	0.105	0.022	-0.453
地震发生的次数	-0.100	-0.200	0.466	-0.110
地震灾害损失情况	-0.090	-0.158	0.503	-0.229
万元产值能耗	-0.163	-0.147	0.059	0.468
废水排放量	0.077	0.359	0.108	-0.292
氮氧化物排放量	-0.032	0.405	0.231	0.168
一般工业固体废弃物产生量	-0.099	0.267	0.251	0.400
突发环境事件次数	0.261	-0.030	0.188	0.082
人口密度	0.281	-0.032	0.143	0.077
财产密度	0.277	-0.073	0.139	0.100

我们记 F_1、F_2、F_3、F_4 分别是各地区在 4 个因子上的得分，将变量按 X_1、X_2、X_3、X_4、X_5、X_6、X_7、X_8、X_9、X_{10}编号，则：

$$F_1=-0.093X_1-0.1X_2-0.090X_3-0.163X_4+0.077X_5-0.032X_6-0.099X_7+0.261X_8+0.281X_9+0.277X_{10} \quad (1)$$

$$F_2=0.105X_1-0.2X_2-0.158X_3-0.147X_4+0.359X_5+0.405X_6+0.267X_7-0.03X_8-0.032X_9-0.073X_{10} \quad (2)$$

$$F_3=0.022X_1+0.466X_2+0.503X_3+0.059X_4+0.108X_5+0.231X_6+0.251X_7+0.188X_8+0.143X_9+0.139X_{10} \quad (3)$$

$$F_4=-0.453X_1-0.110X_2-0.229X_3+0.468X_4-0.292X_5+0.168X_6+0.4X_7+0.082X_8+0.077X_9+0.1X_{10} \quad (4)$$

其中，X_1，X_2，…，X_{10}为各原始数据经处理后的标准化数据，再以表 3 得到的各因子的贡献率占 4 个公因子的贡献率的比例作为权重，构造综合因子得分，即可得到综合评价得分 F：

$$F=0.34029/0.82837F_1+0.21317/0.82837F_2+0.14749/0.82837F_3+0.12743/0.82837F_4$$
$$=0.41079F_1+0.25733F_2+0.17805F_3+0.15383F_4 \quad (5)$$

根据因子得分计算公式可以由 2011 年数据得到我国部分地区自然环境风险得分表，如表 6 所示：

表6　　　　　　　　　我国部分地区自然环境风险因子得分及综合评分排序表

地　区	人口财产分布因子	排名	环境污染因子	排名	巨灾因子	排名	自然与资源因子	排名	综合评分	综合排名
上　海	4.4033	1	−1.06206	26	1.51145	3	0.9916	7	1.957197	1
河　北	−0.48782	22	1.91617	1	1.04783	4	2.14975	1	0.809972	2
江　苏	0.6475	5	1.58067	4	0.3666	7	−0.57667	22	0.649316	3
广　东	0.66832	4	1.7362	3	0.19721	11	−1.06044	26	0.593313	4
山　东	0.03525	11	1.76388	2	0.49916	6	0.00046	12	0.557337	5
河　南	0.10475	9	1.13383	5	0.63952	5	0.28158	9	0.491988	6
辽　宁	−0.31084	20	0.78151	6	0.11349	12	1.21125	6	0.279956	7
山　西	−0.64598	25	0.54805	9	0.23749	9	1.9285	2	0.214618	8
北　京	1.23651	2	−0.86775	23	−0.57767	20	−0.26088	17	0.141663	9
内蒙古	−0.61925	24	0.68341	7	0.11058	13	1.30225	5	0.141498	10
浙　江	0.45642	6	0.61121	8	−0.26726	15	−1.20577	27	0.11171	11
天　津	0.86823	3	−0.94026	24	−0.67938	24	0.2045	10	0.025197	12
安　徽	−0.09998	13	0.24235	13	0.23915	8	−0.43352	20	−0.00281	13
福　建	0.22999	7	−0.05634	16	−0.74841	26	−0.43082	19	−0.11955	14
广　西	0.11569	8	−0.14706	18	−0.61766	21	−0.28985	18	−0.14488	15
江　西	−0.15907	15	−0.01284	15	−0.24212	14	−0.6245	24	−0.20783	16
湖　北	−0.15922	16	0.29326	12	−0.52684	19	−0.99505	25	−0.23681	17
黑龙江	−0.26912	19	−0.12199	17	−0.69316	25	−0.03071	13	−0.27009	18
湖　南	−0.21322	17	0.35212	11	−0.49599	17	−1.21725	28	−0.27254	19
陕　西	−0.26468	18	0.02388	14	−0.65616	23	−0.45438	21	−0.28931	20
重　庆	0.07685	10	−0.58451	21	−0.82488	27	−0.15829	16	−0.29007	21
吉　林	−0.15487	14	−0.38652	19	−0.8401	28	0.08113	11	−0.30018	22
四　川	−0.45907	21	0.35868	10	0.19981	10	−1.57411	30	−0.30285	23
甘　肃	−0.50928	23	−0.82055	22	−0.51398	18	0.37265	8	−0.45455	24
云　南	−1.22265	30	−1.18525	28	3.13918	1	−1.48675	29	−0.47705	25
宁　夏	−0.64886	27	−1.1767	27	−0.86496	29	1.56186	3	−0.4831	26
新　疆	−1.15324	29	−1.87312	30	2.6153	2	−0.09262	15	−0.50437	27
贵　州	−0.64661	26	−0.4506	20	−0.64686	22	−0.06206	14	−0.5063	28
青　海	−0.7917	28	−1.3451	29	−0.46486	16	1.4826	4	−0.52607	29
海　南	−0.02737	12	−0.99459	25	−1.25647	30	−0.61448	23	−0.58543	30

表中，得分为0是均值。全表按降序排列，得分和排名越高，则表明面对的自然环境风险越大。

4. 结果分析及建议

4.1 结果分析

从因子分析中可以看出我国自然环境风险情况。根据表6，我国自然环境风险综合得分见图1。

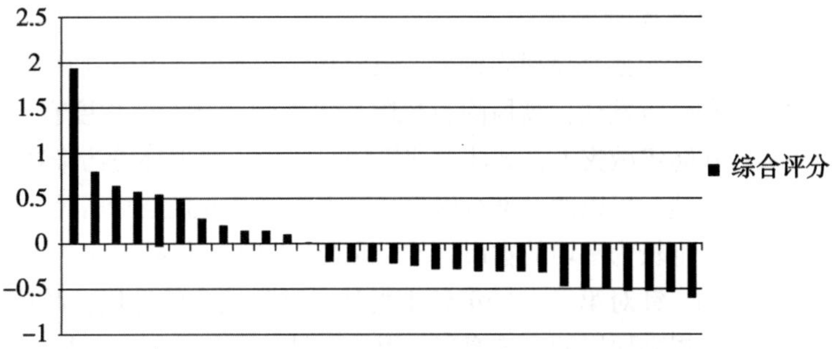

图1　我国自然环境风险综合得分

从表6和图1来看，30个省市中有12个自然环境风险较高，综合评分在均值以上，可见我国自然环境风险分布范围广，但又相对集中。其中，上海市以其人口和财产的高度密集排在第一位，自然环境风险最大，而海南省面临的风险则最少。

从各公共因子来看，人口财产分布因子是因子分析中的主因子，贡献率达到34.029%，在影响地区自然环境风险的大小中起主要作用。就表6中人口财产分布因子的排序可以看出，12个风险较大的省市中，人口财产分布居于平均水平之上的就有8个，特别是上海市以4.4033的高分遥遥领先。从环境污染因子的排序来看，综合排名在平均水平之上的省市中有9个污染水平在平均线以上。从巨灾因子来看，同样有9个平均水平以上的省市跻身综合排名前12。自然和资源环境因子的排序中这个数字则是8个。可见在我国，各因子在决定自然环境风险的大小中共同作用，主次关系并不十分明显。

根据综合得分和各因子得分，我们可以将这30个省市分为三大类。

第一类综合得分在1以上，面临的自然环境风险极强。这一类的省市只有上海市。这一类的特征是经济发达，财产和人口高度集中，因此，同等的自然灾害和环境事件对其造成的损害远大于其他省市。对这一类省市的风险管理要更注重防灾减损。

第二类综合得分在0~1，面临的自然环境风险较强。这一类省市包括河北、江苏、广东等11个省市。这一类的特点是财产人口分布、自然灾害条件、环境污染、资源利用、巨灾各影响因素至少有1项排名在平均水平上，大部分有2~3项超过平均水平。这类省市各方面较为平均，对自然环境风险管理有一定需求，因此，风险管理也应从多方面入手，综合管理。

第三类综合得分在 0 以下，面临的自然环境风险较弱，包括其他 18 个省市。这一类的特征是至多有 2 个因子在平均水平上，经济发展水平和集中度较低，只有 3 个城市超过平均水平。该地居民对和高风险地区共担自然环境风险的意愿不强。

从因子分析结果中，我们可以看出，我国各地区的自然环境风险大小有很大差别，因此政府和社会应当针对不同地区采取适当的风险管理方式。

4.2 建　议

考虑到自然环境风险对我国的社会、经济的影响，基于上述因子分析结果，对政府各相关职能部门提出如下建议。

4.2.1 因地制宜进行风险管理

针对我国各地区不同的自然环境风险情况，政府和保险业应当因地制宜采取不同风险管理方式。如针对上海市这种经济发达，高风险且风险危害性同经济发展程度有紧密联系的地区，政府应当将重点更多放在防灾减灾上，如注意建筑物的质量、减少环境污染物排放等，同时因为上海经济和金融市场发达，可以通过推行保险和巨灾债券等方式鼓励居民进行风险转移。针对第二类各影响因子得分都较为平均的省市，政府应当从防灾、保险等多方面入手，根据具体地区情况调整其中的比例。针对第三类经济较不发达，风险较小的地区，政府应以防灾为主，一方面政府可以通过宣传提高居民的灾难意识，引导居民学习防灾知识；另一方面可以加强对工业的治理，努力提高资源利用率，切实降低风险事件发生的概率。

4.2.2 发挥市场和政府作用，建立市场和政府结合的自然环境风险管理体系

保险是社会对自然环境风险进行转移的重要方式，然而自然环境风险有着影响范围广、造成损失大的特点，风险事件的发生往往会对社会产生较强的外部性，影响社会稳定，而保险公司也往往面临保费难以厘定、赔付能力不足等问题。因此，要对自然环境风险加以管理，仅靠市场是不够的，必须有公共部门的介入。市场和政府作用的结合是进行有效风险管理的保障。

在市场方面，近年来，我国资本市场和保险市场通过不断创新金融衍生品和保险产品的方式来增强应对自然环境风险的能力，政府应当逐步放宽对资本和保险市场的限制，鼓励产品创新，进一步发挥市场的作用。在行政方面，政府可以通过制订灾难规划、颁布土地使用限制和建筑法规等方式来达到减损的目的，还可以通过建立政府风险基金，为救灾减损提供援助，缓解保险市场的压力。此外政府还应当积极推动自然环境相关法律体系、监管体系的建立，从法律上为风险管理提供支持。政府应当通过对市场发展、法律制定的支持和对行政政策的实施形成市场和政府有机结合的风险管理体系，使两者相互协作，发挥出一加一大于二的作用。

4.2.3 搭建公众环保参与平台，提高公众的环保意识

人类对环境的破坏是造成自然条件恶化、自然灾害和环境污染加剧的重要原因。要减小自然环境风险的威胁，最终应当落脚到社会每一个成员身上。政府应当加强环境保护的宣传和教育，搭建公众的环保参与平台，让公众参与到环境问题的治理、决策和监督中来，使公众明确环境保护的重要意义，增强公民对环境保护的责任感，引导全社会共同努

力应对自然环境风险。

4.2.4 完善信息收集，提高自然风险管理水平

对风险进行识别和评估是进行风险管理的第一步。我国复杂的自然条件决定了我国各地区面临的自然环境风险千差万别，而在自然自身的变化力和人类对自然开发利用的共同作用下，自然环境风险是随着时间不断变化的，因此，风险的识别和评估结论随地域、时间的不同而差异明显。政府要进行有效的风险管理就应当积极收集信息，实时调整和完善自然风险评价指标体系，做好风险管理的第一步。

对风险信息的搜集和整理需要大量的人力物力投入，绝非一人之力可以完成，需要政府从总体上进行统筹规划。政府应当活用其行政能力为应对自然环境风险提供支持：大力提倡和支持对自然环境风险的调查研究，提高检测技术和水平，在各地区建立不同地区、不同时段的数据库，在全国建立良好的信息交流平台，对各地区的数据进行汇总、整理、分析，完善纵、横向的动态跟踪和系统评价。有了这些信息的支持我国的自然风险管理水平才能不断提高，自然环境风险管理才能迅速有效地开展起来。

（作者电子邮箱：13317131121@qq.com）

◎ 参考文献

[1] 阿克斯·德尚．自然灾害风险管理和气候变化[J]．行政管理改革，2010，8.

[2] 陈冬梅，夏座蓉．环境污染风险管理模式比较及环境责任保险的功能定位[J]．复旦学报(社会科学版)，2011，4.

[3] 郭文成等．环境风险评价与环境风险管理[J]．云南环境科学，2001，1.

[4] 牛庆燕．现代化进程中的环境风险及其防范[J]．浙江社会科学，2012，10.

[5] 沈华．环境风险规制政策选择及其对我国的启示[J]．生态经济，2012，6.

[6] 田葳等．锌冶炼企业环境风险及防范措施[J]．环境保护与循环经济，2008，9.

[7] 谢立宏，陈芳芳．探究社会化自然风险的形成——以兰州市一个多民族社区的地质灾害为个案[J]．甘肃社会科学，2012，3.

[8] 林蓉辉．自然灾害与风险管理[J]．灾害学，1991，2.

[9] 余乘君，刘希林．自然灾害风险管理中社会因素的探讨[J]．灾害学，2010，4.

[10] 张杰飞．我国农业自然风险与管理对策[J]．华商，2008，12.

[11] Gamper, C. D., and Turcanu, C.. Can public participation help managing risks from natural hazards? [J]. *Safety Science*, 2009, 47.

[12] Ronald, R. B.. Geographers and the Tennessee Valley Authority[J]. *Geographical Review*, 2004, 1.

[13] Contini, S., and Servida, A.. Risk analysis in environmental impact studies [J]. *Environmental Impact Assessment*, 1992, 10.

[14] Stokes, J. R.. A derivatives security approach to setting crop revenue coverage insurance [J]. *Premiums Journal of Agricultural and Resource Economics*, 2000, 3.

[15] Kerry Smith, V., and William H. Desvousges. Risk perception, learning, and individual

behavior[J]. *American Journal of Agricultural Economics*, 1988, 12.

Research on Evaluation System of Natural and Environmental Risks in China

Zou Yunluo[1] Liu Wei[2] Wu Yifan[3]

(1, 2, 3 Economics and Management School of Wuhan University, Wuhan, 430072)

Abstract: China has vast territory, complicated geography and climate conditions, so a wide range of natural disasters happen frequently. And our country is in a period of rapid development. High consumption of resources and extensive management make the country's environmental problems becoming more and more serious. Natural and environmental risks have become important threats for national economic and social development. Huge environmental events tend to affect a wide range and cause serious disaster. Starting from the factors affecting the occurrence frequency and harm degree of natural and environmental risks in an area, the evaluation index system of risk is constructed. In this paper, through the factor analysis of multivariate statistical analysis, natural and environmental risks in some parts of our country are evaluated. It aims at improving the diagnostic ability of the relevant functional departments in every area on the natural and environment risks, and providing reference and basis for the government to adjust measures to local conditions to carry out risk management.

Key words: Natural and environmental risks; Factor analysis; Risk management

附录

因子分析中所用数据

地区	自然灾害(除巨灾外)损失情况(亿元)	地震发生的次数(次)	地震灾害损失情况(万元)	万元产值能耗(吨标准煤/万元)	废水排放量(万吨)	废气中污染物(以氮氧化物为例)排放量(万吨)	一般固体废弃物产生量(万吨)	突发环境事件次数(次)	人口密度(人/平方公里)	财产密度(亿元/平方公里)
北京	14.7	0	0	0.46	145469	18.83	1125.59	36	1201.55	0.97
天津	0.9	0	0	0.71	67147	35.89	1752.22	1	1199.12	1
河北	69.2	0	0	1.3	278551	180.11	45128.51	16	385.75	0.13
山西	74.2	0	0	1.76	116132	128.6	27555.9	11	229.88	0.07
内蒙古	103.1	0	0	1.41	100389	142.19	23584.11	14	20.98	0.01
辽宁	36.6	0	0	1.1	232247	106.28	28269.61	2	300.41	0.15
吉林	41.4	0	0	0.92	116162	60.47	5378.59	2	146.71	0.06
黑龙江	90.3	0	0	1.04	150661	78.38	6016.68	5	84.3	0.03

续表

地区	自然灾害(除巨灾外)损失情况(亿元)	地震发生的次数(次)	地震灾害损失情况(万元)	万元产值能耗(吨标准煤/万元)	废水排放量(万吨)	废气中污染物(以氮氧化物为例)排放量(万吨)	一般固体废弃物产生量(万吨)	突发环境事件次数(次)	人口密度(人/平方公里)	财产密度(亿元/平方公里)
上 海	3.6	0	0	0.62	214155	43.54	2442.2	197	3726.13	3.05
江 苏	90.5	0	0	0.6	592774	153.57	10475.5	27	769.86	0.48
浙 江	163.9	0	0	0.59	420134	85.91	4445.75	31	535.59	0.32
安 徽	115.2	1	232351	0.75	243265	95.91	11473.25	12	427.2	0.11
福 建	15.1	0	0	0.64	316178	49.45	4414.89	8	306.68	0.14
江 西	135.7	1	5380	0.65	194432	61.23	11372.43	8	268.77	0.07
山 东	147.5	0	0	0.86	443331	179.03	19532.59	8	626.59	0.29
河 南	62	1	1895	0.9	378785	166.54	14573.83	25	562.16	0.16
湖 北	216.2	0	0	0.91	293064	66.96	7595.79	7	309.71	0.11
湖 南	266.9	0	0	0.89	278811	66.64	8486.74	9	311.41	0.09
广 东	57.3	0	0	0.56	785587	138.82	5848.91	26	583.6	0.3
广 西	76.5	0	0	0.8	222439	49.4	7438.11	31	196.82	0.05
海 南	85.8	0	0	0.69	35725	9.54	420.76	1	258.04	0.07
重 庆	71.9	0	0	0.95	131450	40.26	3299.18	18	354.68	0.12
四 川	360.4	1	178580	1	279852	67.49	12684.47	25	167.22	0.04
贵 州	249.2	0	0	1.71	77927	55.32	7598.24	7	197.09	0.03
云 南	191.2	3	2813100	1.16	147523	54.85	17335.3	1	120.81	0.02
陕 西	156.3	0	0	0.85	121815	83.17	7117.63	2	182.03	0.06
甘 肃	79	1	2696	1.4	59232	48.09	6523.79	4	56.43	0.01
青 海	21.5	1	65028	2.08	21292	12.41	12017.17	1	7.87	0
宁 夏	16.4	0	0	2.28	39432	45.82	3344.12	1	96.3	0.03
新 疆	36.5	7	1050593	1.63	83329	75.51	5219.09	6	13.31	0

资料来源：《中国统计年鉴》(2012)。

捆绑销售问题的优化模型与仿真分析研究*

● 范如国[1]　张应青[2]　艾　振[3]
(1, 2, 3 武汉大学经济与管理学院　武汉　430072)

【摘　要】产品的数量折扣促销和捆绑销售是市场中最为常见的现象之一，适当、有效的销售方式和相对优化的定价策略势必会为企业或销售商带来更多的利益。本文在讨论现有文献的假设条件及其局限性，给出新的、更加符合实际情况的假设条件的基础上，从以利益最大化为目标的销售商或经营者的立场出发，研究了当他们面对一群对捆绑产品拥有服从某一连续分布的评价，且追求自身消费者剩余最大化时的最优销售策略和定价问题。通过模型分析和仿真结果证明，混合捆绑销售始终是最优的销售方式。研究具有良好的理论价值和实际意义。

【关键词】捆绑销售　定价　仿真　模型

1. 引　　言

在日常生活中，由于消费者对某种特定商品或服务的多需求，卖方常常向消费者提供一定的价格折扣或者数量折扣。例如：在超市，一次性买整箱牛奶的价格往往比单买便宜很多；经常乘坐公交车的乘客可以通过购买月票的方式来获得一定的票价优惠等。在这种情况下，合理、正确、优化的定价方案，势必会在企业品牌的发展、利益的谋取等方面起到不可替代的作用。因此，对于销售商而言，如何选择合适的销售模式和定价策略，就成了一个重要课题。“捆绑销售”(bundling)这一新型的共生营销模式也由此应运而生，其捆绑形式多样，既可实现跨品牌捆绑，也可实现跨行业、跨价格的捆绑。如近几年来联通运营商与苹果公司产品 iPhone 系列手机的捆绑销售策略已经在手机消费市场上取得了巨大的成功。然而并非所有的捆绑销售模式都能获得成功，选择何种捆绑销售模式，才能引起消费者购买意愿，达到捆绑销售利润最大化？本文就此问题进行了深入的研究和探讨。

2. 文献综述

对捆绑销售的研究实际上已经有很长的历史，并取得了较多的成果。Stigler(1968)发

* 本文研究受国家自然科学基金“基于异质性主体行为的产业集群低碳演化模型及其仿真研究”(项目批准号：71271159)的资助。

现，如果两个消费者对两种商品的保留价值是负相关的，那么，捆绑销售就会为卖方带来更多的收益。在同样的假设条件下 Adams 和 Yellen(1976)对该问题进行了更深入的分析，发现混合捆绑销售，即卖方对两种产品同时采用捆绑销售和单独销售的模式是最优的销售方式。随后，Lewbel(1985)将该问题扩展到补足品和替代品的绑定销售上，他发现，根据该两种产品的补足性或替代性程度的强弱，垄断销售商应该采取不同的策略。Schmalensee(1984)和 Salinger(1995)进一步指出：捆绑销售可能带来更多利润的原因，是捆绑销售降低了不同消费者对两种商品的不同评价，进而可以更多地侵占消费者剩余。Bakos 和 Brynjolfsson(2000)将该类问题的研究从两种商品的情况扩展到多种产品的捆绑销售上。Jedidi(2002)等在有多种产品进行销售的时候，如果不同的消费者对不同产品或不同绑定产品的评价差别很大，那么，统一地提高单个产品或绑定产品的价格是最优的策略；而如果该差距不明显，混合捆绑销售策略是最优的。Geng(2005)等指出，如果消费者对某些低成本的信息产品的边际评价递减，且减幅不大的话，捆绑销售是近似最优的；而减幅很大的话，捆绑销售就不再占优。Hitt 和 Chen(2005)将两种类型的消费者扩展到多种类型，并且允许消费者从 N 件拥有低边际成本中间自行选取 M 件($M<N$)。他们得出结论：当消费者对产品的评价差异较大时，这种销售模式要比单独销售或完全捆绑销售带来的利益要多。随后，Wu 等(2008)运用非线性混合整数规划的方法将 Hitt 和 Chen 的研究扩展到了更为一般的情形。

以上的文献是将消费者划分为两种或多种对产品拥有不同评价的消费者，且这些评价是负相关的。Venkatesh 和 Kamakura(2003)将所有消费者看做一个整体，并假设消费者对 2 种产品的评价都服从[0，1]上的均匀分布，分析了对替代品或补足品的捆绑销售问题，并指出商家需要根据产品替代程度或补足程度的不同确定哪种销售方案最优。2 年后，他们又将该问题扩展到了 3 种不同产品的情形。Hubbard(2007)等用同样的假设条件，研究指出，将两种评价不相关的产品进行纯捆绑销售始终要比单独销售占优。Banciu(2010)进一步探讨了当产品数量有限时，最优捆绑策略的选择依赖于两种产品的相对和绝对可获得性以及产品质量的可加性。

目前，该领域也逐渐受到国内学者们的关注和研究。在相关理论方面，曹洪对捆绑销售的内涵及形式，实质及实施条件和捆绑销售的利弊分析作了描述性的阐述①并对捆绑销售的社会福利进行了分析②。邓勇(2001)则对不同企业产品的捆绑销售的优势、条件等做了阐述。洪明章(2002)简明地解析了数字产品的营销中捆绑销售的机理。余嘉明、刘洁利(2004)用心理账户理论讨论了捆绑组合定价时的不同标价方式、折扣分配等。叶泽、喻苗(2005)通过一个两阶段博弈模型论述了垄断企业通过捆绑销售以阻止进入的策略效应。张圣亮等(2011)通过调查问卷的方式对捆绑销售的有效性进行了实证分析，发现具有高购买意愿的捆绑销售形式具有价格优惠、产品相关、资源捆绑等特性。在对不同产品的细分研究上，彭赓(2004)和杨剑侠(2004)等分析了信息商品的捆绑销售，他们的研究指出捆绑销售能够给供应商带来更大的利润，但同时降低了消费者剩余，减少了社会总福

① 曹洪．捆绑销售的经济学层面思考[J]．安徽大学学报，2004，2：91-94.

② 曹洪．捆绑销售的社会福利分析[J]．学术研究，2004，2：40-43.

利，当消费者对商品估价相互独立，并且服从同一分布时，可以降低消费者的对商品估价的差异性，从而最大限度地降低消费者剩余。唐磊和赵林度(2006)建立了基于货架期的易腐食品捆绑销售价格模型。他们假设有两种消费者，一种对于易腐食品的货架期要求高，另一种要求不很高，并各占一定比例。他们对新鲜和非新鲜的商品都有一定的估价。结论指出，捆绑销售是能带来更多利益的销售模式。魏航(2012)进一步对时效性的产品进行了捆绑销售研究，分析了时效性同质性产品捆绑销售中价格、数量与时间之间的关系。王琦(2013)则在定制情景下，通过消费者行为学及行为经济学理论，情景模拟了混合业务捆绑模式对消费者的决策影响，得出混合业务捆绑模式中的显著性因素(如折扣效应、对比效应)能吸引更多消费者的选择。程岩(2011)注意到在电子商务零售中的延迟购买行为将会影响易逝品零售商的收益水平，通过建立动态捆绑策略可以有效地解决这一问题。

本文在讨论现有文献的假设条件及其局限性，给出新的、更加符合实际情况的假设条件的基础上，建立了几种销售模式下卖方的最优化模型，并通过计算机仿真对该模型的结果进行直观的分析，认为混合捆绑销售始终是最优的销售方式。

3. 模型的假设条件及其改进

3.1 现有文献中模型的假设条件及其局限性

在现有关于两种商品的捆绑销售模型研究中，大多数研究者采用如下的假设条件：

第一，有两类不同的消费者甲和乙。

第二，单个消费者对两种产品的保留价格是不相关的，且可以严格累加。例如，如果消费者甲对产品 A 的保留价格是100元(即他愿意在100元以内购买产品 A)，对产品 B 的保留价格是200元(即他愿意在200元以内购买产品 B)，那么，他对同时购买产品 A 和 B 的保留价格将是100+200=300(元)(即他愿意在300元以内同时购买产品 A 和 B)。

第三，两类不同的消费者对两种不同商品的评价即保留价格是负相关的。具体来说就是：较之消费者乙，消费者甲对产品 A 的评价较高(低)，而对产品 B 的评价较低(高)。

上述假设条件为分析捆绑销售问题提供了巨大的方便。不过，如果稍加分析，我们就可以发现这些假设条件存在很大的局限性。

首先，在现实市场上，消费者的类型(从保留价格方面而言)很难区分，只简单地划分为高、低两类并不能如实反映真实的市场情景。例如，10个消费者，对同一品牌同一型号的照相机可能有10种不同的估价。

其次，由于消费者财力的有限性或产品的替代性，假设消费者对两种产品的评价具有严格累加性是不合理的。例如，产品 A 和 B 的定价分别是90元和150元，而消费者甲的对它们的评价分别是100元和200元，但是，如果消费者当时只有200元的购买能力，那么，消费者当然不会以300元的价钱同时购买两件产品，而只会购买他认为最划算的其中一件产品(在这里，消费者甲会购买产品 B，因为，购买产品 B 会为他带来50元的消费者剩余，而购买产品 A 则只能为他带来10元的消费者剩余)。再如，消费者对一袋某品牌洗衣粉的评价是 5 元，对 1 块某品牌肥皂的评价是 3 元，由于洗衣粉与肥皂之间有一定的替代性，假设消费者愿意花 8 元钱同时购买一袋该品牌洗衣粉和肥皂就明显有些牵强。

最后，不同消费者对两种产品评级呈负相关性的假设在现实中也有很大的局限性。例如，某消费者可能对两种产品都有很高的评价，而另一消费者可能对该两种商品都有较低的评价。

3.2 假设条件的改进及其优越性

在本文中，我们假设消费者对产品 A 和 B 的保留价格 R_A和 R_B分别服从某个连续的分布，且 R_A和 R_B是相对独立的。我们还假设，同一消费者对同时购买产品 A 和 B 的保留价格为 $\theta(R_A + R_B)$，且：

$$\mathrm{Max}\left(\frac{R_A}{R_A + R_B}, \frac{R_B}{R_A + R_B}\right) \leqslant \theta \leqslant 1$$

在这里，为了计算上的简便和可操作性，我们不妨取：

$$\mathrm{Max}\left(\frac{E(R_A)}{E(R_A) + E(R_B)}, \frac{E(R_B)}{E(R_A) + E(R_B)}\right) \leqslant \theta \leqslant 1$$

其中，$E(R_i)$是 R_i的期望值。我们可以观察到：

$$\mathrm{Max}\left(\frac{E(R_A)}{E(R_A) + E(R_B)}, \frac{E(R_B)}{E(R_A) + E(R_B)}\right) \geqslant 0.5$$

对分析的假设条件进行改进是必要的，而且具有一定的优越性。假设消费者的保留价格是服从连续分布的，我们就考虑了从低评价的消费者到高评价的消费者的所有的消费者类型。这种假设全面、合理且有较强的可操作性。同时，由于假设 R_A和 R_B是连续分布且独立的，这就克服了不同消费者对不同商品的评价呈负相关性的局限。另外，消费者对两种商品有着 $\theta(R_A + R_B)$ 的评价是对“严格累加性”一个有效的补充。而关于 θ 取值范围的假设，克服了原假设，尤其是纯捆绑销售策略下的这样一个缺陷：当 $\theta(R_A + R_B) < P_{1b}$ 时，消费者总是不购买捆绑产品。而事实上，即使有 $\theta(R_A + R_B) < P_{1b}$，当有 $R_i \geqslant P_{1b}$ 时，消费者仍然会有购买的激励。另外，从直观上讲，对 θ 一定程度上的界定，会避免一些多余的工作，比如当 θ 较小时，混合捆绑策略与单独销售策略几乎无区别的。总之，改进的假设条件是对传统假设的一个补充和延伸，更加全面、更符合实际，且可操作性强，因此更加合理。

此外，根据现实的情况，不失一般性，我们还给出以下几个假设条件：

第一，捆绑销售中的商品是两种垄断商品，或是完全竞争商品——它只占整个市场的一个微小部分，它的任何改变对整个市场并不会产生影响。

第二，该商品有一群固定的潜在消费者，我们不妨将其标准化为 1。并且，我们假设每个消费者都是理性的并都以追求最大消费者剩余为目的。

第三，每个消费者最多想购买 1 件不同的商品。

第四，该企业不知道每个消费者的保留价格，但知道他们关注保留价格的分布。

由此，我们从卖方的立场出发，通过分析，找出可以使其期望收益最大化的销售策略。

在随后的模型分析中，我们将用到以下的符号：

c_i：产品 $i(i=A,\ B$，以下同)的单位可变成本。

R_i：消费者对产品 i 的保留价格。

$f_i(x)$：消费者对产品 i 的保留价格的密度函数。

$F_i(x)$：消费者对产品 i 的保留价格的累积分布函数。

P_{ki}：策略 $k(k=0,\ 2)$下产品 i 的定价。

P_{kb}：策略 $k(k=1,\ 2)$下捆绑产品 A 和 B 的共同捆绑定价。

$P_k(j)$：策略 $k(k=0,\ 1,\ 2)$下，消费者选择产品 $j(j=0$，不买任何一种产品；$j=b$，同时购买产品 A 和 $B)$的概率。

$P_k(i)$：策略 $k(k=0,\ 2)$下，消费者单独购买产品 i 的概率。

4. 不同销售模式下销售商期望利益最大化优化模型

一般而言，捆绑销售可分为纯捆绑(pure bundling)和混合捆绑(mixed bundling)两种①。

纯捆绑销售是指捆绑组合中的各种产品只能捆绑在一起用一个整体的价格统一出售，而消费者只能选择不购买任何产品或同时购买这些捆绑在一起的所有产品。

混合捆绑销售是指捆绑组合中的各种产品，可以单独的价格各自销售，也可以捆绑在一起用统一的价格整体销售。消费者可以选择不购买任何产品，也可以单独的购买其认为合适的某一种或几种产品，同时还可以用卖方提供的整体价格来打包购买所有的产品。

与之相对应，纯单独销售是指两种产品之间不采取任何相关联的定价措施。消费者可以根据自己的需求状况独立的选择不购买任何产品、用价格 P_A 购买产品 A、用价格 P_B 购买产品 B 或用价格 P_A+P_B 购买产品 A 和 B。

接下来，我们将对 3 种不同的销售模式分别建立模型，以比较三者之间对销售商期望利益的影响。

4.1 纯单独销售策略

在纯单独销售模式下，消费者有 4 种可能的选择：不购买任何产品、选择产品 A、选择产品 B，或者同时选择 A 和 B。在这四种选择的条件下，该消费者的消费者剩余分别为：0、R_A-P_{0A}、R_B-P_{0B}、$\theta(R_A+R_B)-P_{0A}-P_{0B}$。因此，对于追求最大消费者剩余的消费者来说，其做出不同选择的概率分别为：

$$P_0(0)=P(0\geqslant R_A-P_{0A}\cap 0\geqslant R_B-P_{0B}\cap 0\geqslant \theta(R_A+R_B)-P_{0A}-P_{0B}) \quad (1)$$

$$P_0(A)=P(R_A-P_{0A}\geqslant 0\cap R_A-P_{0A}\geqslant R_B-P_{0B}\cap R_A-P_{0A}\geqslant \theta(R_A+R_B)-P_{0A}-P_{0B}) \quad (2)$$

① 洪明章．解读捆绑销售：数字产品的营销新策略[J]．管理世界，2002，9：152-153.

$$P_0(B)=P(R_B-P_{0B}\geqslant 0\cap R_B-P_{0B}\geqslant R_A-P_{0A}\cap R_B-P_{0B}\geqslant\theta(R_A+R_B)-P_{0A}-P_{0B})\tag{3}$$

$$P_0(b)=P_b(\theta(R_A+R_B)-P_{0A}-P_{0B}\geqslant 0\cap\theta(R_A+R_B)-P_{0A}-P_{0B}\geqslant R_A-P_{0A}$$
$$I\theta(R_A+R_B)-P_{0A}-P_{0B}\geqslant R_B-P_{0B})\tag{4}$$

这里，稍加分析我们就可以得到：当$0\geqslant R_A-P_{0A}$、$0\geqslant R_B-P_{0B}$都成立时，$0\geqslant\theta(R_A+R_B)-P_{0A}-P_{0B}$必然成立。即：

$$\begin{aligned}P_0(0)&=P(0\geqslant R_A-P_{0A}\cap 0\geqslant R_B-P_{0B})\\&=\int_0^{P_{0A}}f_A(x)\int_0^{P_{0B}}f_B(y)\,\mathrm{d}y\mathrm{d}x\\&=F_A(P_{0A})F_B(P_{0B})\end{aligned}\tag{5}$$

由于在$\theta>0.5$时，$R_A-P_{0A}=R_B-P_{0B}$与$R_i-P_{0i}=\theta(R_A+R_B)-P_{0A}-P_{0B}$交于点$\left(\frac{\theta P_{0A}+(1-\theta)P_{0B}}{2\theta-1},\ \frac{\theta P_{0B}+(1-\theta)P_{0A}}{2\theta-1}\right)$。所以，由式(2)到式(4)，我们进一步得到：

$$\begin{aligned}P_0(A)&=\int_{P_{0A}}^{\frac{\theta P_{0A}+(1-\theta)P_{0B}}{2\theta-1}}\int_0^{x-P_{0A}+P_{0B}}f(x,\ y)\,\mathrm{d}y\mathrm{d}x+\int_{\frac{\theta P_{0A}+(1-\theta)P_{0B}}{2\theta-1}}^{\infty}\int_0^{\frac{(1-\theta)x+P_{0B}}{\theta}}f(x,\ y)\,\mathrm{d}y\mathrm{d}x\\&=\int_{P_{0A}}^{\frac{\theta P_{0A}+(1-\theta)P_{0B}}{2\theta-1}}f_A(x)\int_0^{x-P_{0A}+P_{0B}}f_B(y)\,\mathrm{d}y\mathrm{d}x+\int_{\frac{\theta P_{0A}+(1-\theta)P_{0B}}{2\theta-1}}^{\infty}f_A(x)\int_0^{\frac{(1-\theta)x+P_{0B}}{\theta}}f_B(y)\,\mathrm{d}y\mathrm{d}x\end{aligned}\tag{6}$$

$$\begin{aligned}P_0(B)&=\int_{P_{0B}}^{\frac{\theta P_{0B}+(1-\theta)P_{0A}}{2\theta-1}}\int_0^{y-P_{0B}+P_{0A}}f(x,\ y)\,\mathrm{d}x\mathrm{d}y+\int_{\frac{\theta P_{0B}+(1-\theta)P_{0A}}{2\theta-1}}^{\infty}\int_0^{\frac{(1-\theta)y+P_{0A}}{\theta}}f(x,\ y)\,\mathrm{d}x\mathrm{d}y\\&=\int_{P_{0B}}^{\frac{\theta P_{0B}+(1-\theta)P_{0A}}{2\theta-1}}f_B(y)\int_0^{y-P_{0B}+P_{0A}}f_A(x)\,\mathrm{d}x\mathrm{d}y+\int_{\frac{\theta P_{0B}+(1-\theta)P_{0A}}{2\theta-1}}^{\infty}f_B(y)\int_0^{\frac{(1-\theta)y+P_{0A}}{\theta}}f_A(x)\,\mathrm{d}x\mathrm{d}y\end{aligned}\tag{7}$$

同时有：

$$P_0(b)=1-P_0(0)-P_0(A)-P_0(B)\tag{8}$$

这样，通过消费者的选择，卖方期望收益的最大化问题就可描述为：

$$\text{Max}\ \pi_0=(P_{0A}-c_A)[P_0(A)+P_0(b)]+(P_{0B}-c_B)[P_0(B)+P_0(b)]\tag{9}$$

实际问题中，我们可以通过在式(9)中对P_{0i}分别求偏导并使其为0得到最优的定价$P_{0i}{}^*$。

4.2 纯捆绑销售策略

在纯捆绑销售策略下，消费者将仅面临两种可能的选择：什么都不买或同时购买产品A和B。其对应的消费者剩余分别为：0，$\theta(R_A+R_B)-P_{1b}$。

在该问题中，消费者不购买任何产品以及购买捆绑产品的概率分别为：

$$P_1(0)=P(\theta(R_A+R_B)-P_{1b}\leqslant 0\cap R_A-P_{1b}\leqslant 0\cap R_B-P_{1b}\leqslant 0)\tag{10}$$

$$P_1(b)=1-P_0(0)$$

由于$\theta(R_A+R_B)-P_{1b}=0$与$R_A-P_{1b}=0$以及$R_B-P_{1b}=0$分别交于点

$\left(\frac{1-\theta}{\theta}P_{1b},\ 0\right)$ 以及 $\left(0,\ \frac{1-\theta}{\theta}P_{1b}\right)$，进一步，我们得到：

$$P_1(0) = \int_0^{P_{1b}} f_A(x) \int_0^{P_{1b}} f_B(y)\,\mathrm{d}y\mathrm{d}x - \int_{\frac{1-\theta}{\theta}P_{1b}}^{P_{1b}} f_A(x) \int_{\frac{P_{1b}}{\theta}-x}^{P_{1b}} f_B(y)\,\mathrm{d}y\mathrm{d}x \tag{11}$$

$$P_1(b) = 1 - P_0(0) \tag{12}$$

同理，类似于上一节的分析，通过消费者的选择，卖方期望收益的最大化问题可描述为：

$$\mathrm{Max}\quad \pi_1 = (P_{1b} - c_A - c_B)P_1(b) \tag{13}$$

实际问题中，可以通过在式(13)中对 P_{1b} 求偏导并使其为0得到最优的定价 P_{1b}^*。

4.3 混合捆绑销售策略

混合捆绑策略下，消费者有4种可能的选择，它们是：不购买任何产品、选择产品 A、选择产品 B 或者同时选择 A 和 B。在这四种选择的条件下，消费者的消费者剩余分别为：0、R_A-P_{2A}、R_B-P_{2B}、$\theta(R_A+R_B)-P_{2b}$。因此，对于追求最大消费者剩余的消费者来说，其做出不同选择的概率分别为：

$$P_2(0) = P(0 \geqslant R_A - P_{2A} \cap 0 \geqslant R_B - P_{2B} \cap 0 \geqslant \theta(R_A + R_B) - P_{2b}) \tag{14}$$

$$P_2(A) = P(R_A - P_{2A} \geqslant 0 \cap R_A - P_{2A} \geqslant R_B - P_{2B} \cap R_A - P_{2A} \geqslant \theta(R_A + R_B) - P_{2b}) \tag{15}$$

$$P_2(B) = P(R_B - P_{2B} \geqslant 0 \cap R_B - P_{2B} \geqslant R_A - P_{2A} \cap R_B - P_{2B} \geqslant \theta(R_A + R_B) - P_{2b}) \tag{16}$$

$$\begin{aligned} P_2(b) = P_2(&\theta(R_A + R_B) - P_{2b} \geqslant 0 \cap \theta(R_A + R_B) - P_{2b} \geqslant R_A - P_{2A} \\ &\cap \theta(R_A + R_B) - P_{2b} \geqslant R_B - P_{2B}) \end{aligned} \tag{17}$$

注意到，当 $\theta \leqslant \frac{P_{2b}}{P_A + P_B}$ 时，必有：

$$\begin{aligned} &(0 \geqslant R_A - P_{2A} \cap 0 \geqslant R_B - P_{2B} \cap 0 \geqslant \theta(R_A + R_B) - P_{2b}) \\ &= (0 \geqslant R_A - P_{2A} \cap 0 \geqslant R_B - P_{2B}) \end{aligned} \tag{18}$$

而且有，$R_A - P_{2A} = R_B - P_{2B}$ 与 $R_A - P_{2i} = \theta(R_A + R_B) - P_{2b}$ 交于点 $\left(\frac{P_{2b} - (1-\theta)P_{2A} - \theta P_{2B}}{2\theta - 1},\ \frac{P_{2b} - (1-\theta)P_{2B} - \theta P_{2A}}{2\theta - 1}\right)$。于是，我们进一步得到：

$$\begin{aligned} P_2(0) &= P(0 \geqslant R_A - P_{2A} \cap 0 \geqslant R_B - P_{2B}) \\ &= \int_0^{P_{2A}} f_A(x) \int_0^{P_{2B}} f_B(y)\,\mathrm{d}y\mathrm{d}x \\ &= F_A(P_{2A})F_B(P_{2B}) \end{aligned} \tag{19}$$

$$\begin{aligned} P_2(A) &= \int_{P_{2A}}^{\frac{\theta P_{0A}+(1-\theta)P_{0B}}{2\theta-1}} \int_0^{x-P_{2A}+P_{2B}} f(x,\ y)\,\mathrm{d}y\mathrm{d}x + \int_{\frac{P_{2b}-(1-\theta)P_{2A}-\theta P_{2B}}{2\theta-1}}^{\infty} \int_0^{\frac{(1-\theta)x+P_{2b}-P_{2A}}{\theta}} f(x,\ y)\,\mathrm{d}y\mathrm{d}x \\ &= \int_{P_{2A}}^{\frac{P_{2b}-(1-\theta)P_{2A}-\theta P_{2B}}{2\theta-1}} f_A(x) \int_0^{x-P_{2A}+P_{2B}} f_B(y)\,\mathrm{d}y\mathrm{d}x + \int_{\frac{P_{2b}-(1-\theta)P_{2A}-\theta P_{2B}}{2\theta-1}}^{\infty} f_A(x) \int_0^{\frac{(1-\theta)x+P_{2b}-P_{2A}}{\theta}} f_B(y)\,\mathrm{d}y\mathrm{d}x \end{aligned} \tag{20}$$

$$P_2(B)=\int_{P_{2B}}^{\frac{P_{2b}-(1-\theta)P_{2B}-\theta P_{2A}}{2\theta-1}}\int_0^{y-P_{2B}+P_{2A}}f(x,\ y)\mathrm{d}x\mathrm{d}y+\int_{\frac{P_{2b}-(1-\theta)P_{2B}-\theta P_{2A}}{2\theta-1}}^{\infty}\int_0^{\frac{(1-\theta)y+P_{2b}-P_{2B}}{\theta}}f(x,\ y)\mathrm{d}x\mathrm{d}y$$

$$=\int_{P_{2A}}^{\frac{P_{2b}-(1-\theta)P_{2B}-\theta P_{2A}}{2\theta-1}}f_B(y)\int_0^{y-P_{2B}+P_{2A}}f_A(x)\mathrm{d}x\mathrm{d}y+\int_{\frac{P_{2b}-(1-\theta)P_{2B}-\theta P_{2A}}{2\theta-1}}^{\infty}f_B(y)\int_0^{\frac{(1-\theta)y+P_{2b}-P_{2B}}{\theta}}f_A(x)\mathrm{d}x\mathrm{d}y$$

(21)

当然，我们还有：

$$P_2(b)=1-P_2(0)-P_2(A)-P_2(B) \tag{22}$$

当 $\theta>\frac{P_{2b}}{P_A+P_B}$ 时，$R_A-P_{2i}=\theta(R_A+R_B)-P_{2b}$、$\theta(R_A+R_B)-P_{2b}=0$ 以及 $R_A=P_{2A}$ 三者交于 $(P_{2A},\ \frac{P_{2b}}{\theta}-P_{2A})$；而 $R_A-P_{2i}=\theta(R_A+R_B)-P_{2b}$、$\theta(R_A+R_B)-P_{2b}=0$ 以及 $R_B=P_{2B}$ 三者交于 $(\frac{P_{2b}}{\theta}-P_{2B},\ P_{2B})$；同时，$R_A-P_{2i}=\theta(R_A+R_B)-P_{2b}$ 与 $R_A-P_{2A}=R_B-P_{2B}$ 无交点。于是，更进一步，我们得到：

$$P_2(0)=\int_0^{P_{2A}}f_A(x)\int_0^{P_{2B}}f_B(y)\mathrm{d}y\mathrm{d}x-\int_{\frac{P_{2b}}{\theta}-P_{2B}}^{P_{2A}}f_A(x)\int_{\frac{P_{2b}}{\theta}-x}^{P_{2B}}f_B(y)\mathrm{d}y\mathrm{d}x \tag{23}$$

$$P_2(A)=\int_{P_{2A}}^{\infty}f_A(x)\int_0^{\frac{(1-\theta)x+P_{2b}-P_{2A}}{\theta}}f_B(y)\mathrm{d}y\mathrm{d}x \tag{24}$$

$$P_2(B)=\int_{P_{2B}}^{\infty}f_B(y)\int_0^{\frac{(1-\theta)y+P_{2b}-P_{2A}}{\theta}}f_A(x)\mathrm{d}x\mathrm{d}y \tag{25}$$

显然，我们还有：

$$P_2(b)=1-P_2(0)-P_2(A)-P_2(B) \tag{26}$$

这样，类似于前面的分析，卖方期望收益的最大化问题可描述为：

$$\mathrm{Max}\quad \pi_2=(P_{2A}-c_A)P_2(A)+(P_{2B}-c_B)P_2(B)+(P_{2b}-c_A-c_B)P_2(b) \tag{27}$$

在实际问题中，我们可以通过在式(26)中分别对 P_{2i} 以及 P_{2b} 求偏导并使其为 0，得到最优的定价 P_{2i}^* 以及 P_{2b}^*。

至此，两种不同产品的捆绑销售问题已经被我们抽象为数学模型，但是，鉴于模型条件的复杂性与计算的繁琐性，直接求解理论上的最优解仍然是很困难的，下面通过计算机仿真，给出该问题的数值最优解。

5. 仿真分析与相关结论

本文基于 Venkatesh 和 Kamakura 的研究①，假设消费者对产品 A、B 的保留价格 R_A 与

① Venkatesh, R., and Kamakura, W.. Optimal bundling and pricing under a monopoly: Contrasting complements and substitutes from independently valued products [J]. *The Journal of Business*, 2003, 76(2): 211-231.

R_B都服从[0, 1]上的均匀分布，并分别取 $c_A=c_B=0.2$ 或 $c_A=c_B=0.4$，通过 MATLAB 的仿真，得到如图 1 所示的仿真结果，且两组实验结果的结论一致。其中，虚线、折线与点线分别代表纯单独销售、纯捆绑销售和混合捆绑销售。在最优定价的输出结果中，上方的虚线代表两种产品价格的和，下方的虚线代表产品的单位定价。在这里，由于产品 A 和 B 具有相同的最优定价，故实际上，下方虚线是 2 条虚线的重合。点线具有类似的含义，不同的是，上方的点线不是两个单独定价的简单加总，而是两种产品的捆绑价格。通过分析图 1 的仿真结果，我们可以发现：

第一，混合捆绑销售始终是 3 种策略中最优的一种方式，这与 Venkatesh 和 Kamakura (2003) 的结果有所区别。

第二，同等条件下，混合捆绑策略下卖方的最优价格会比其他策略下的最优价格有明显的调高。

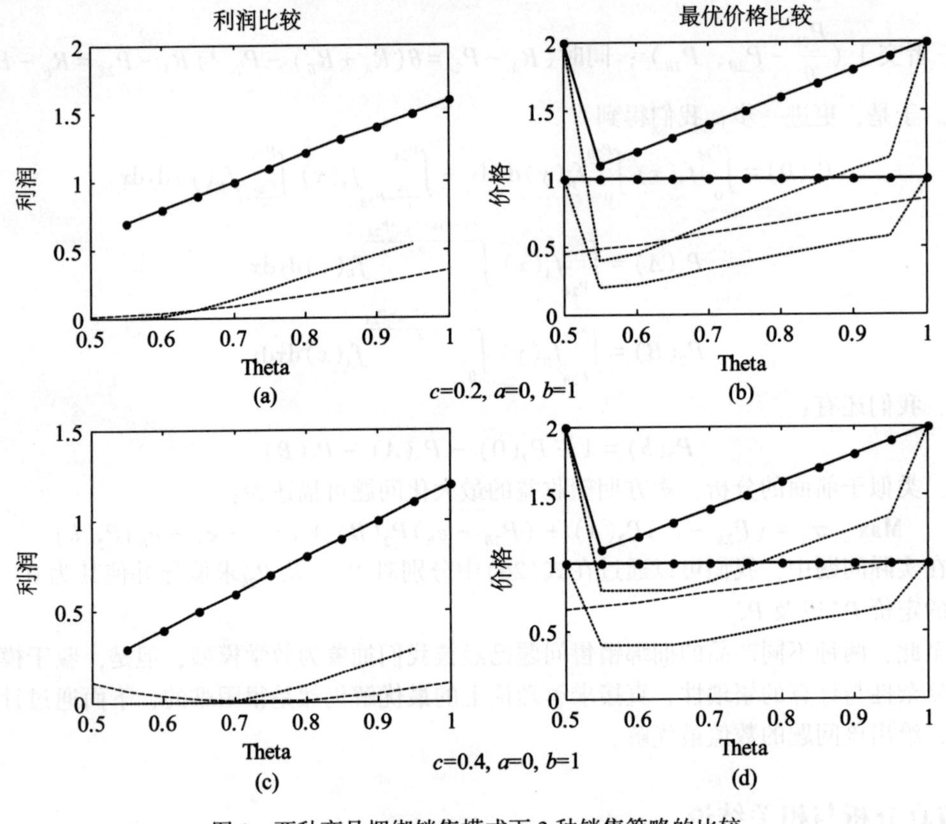

图 1　两种商品捆绑销售模式下 3 种销售策略的比较

6. 结论与研究展望

本文在讨论现有文献的假设条件及其局限性，给出新的、更加符合实际情况的假设条件的基础上，从以利益最大化为目标的销售商或经营者的立场出发，研究了当他们面对一群对捆绑产品拥有服从某一连续价格分布的评价，且追求自身消费者剩余最大化时的最优销售策略和定价问题。通过模型分析和仿真结果证明，我们得到了一些有价值的结论，认为混合捆绑销售始终是最优的销售方式。这一研究结论为销售商或经营者关于销售策略的制定提供了一些新的管理理念和策略方法：

第一，挖掘销售数据，寻找捆绑产品。通过长期以及大量销售数据的相关性分析，挖掘适合捆绑销售的产品，制定多种混合捆绑的产品结构，为消费者提供更多的自主选择性，在降低消费者搜寻成本和交易成本的同时也提高了销售商的利润和规模报酬。

第二，制定多种捆绑价格。本文对两种产品的混合捆绑销售策略的定价，可以引申到多种产品的混合捆绑销售策略的定价，根据消费者的产品选择不同，制定阶梯式的捆绑价格。

第三，注重消费宣传，引领消费习惯。在制定好销售策略的同时，恰当地运用营销手段，如消费者心理账户理论，能起到事半功倍的效果。

本文的分析主要是针对至多两种产品的捆绑销售问题，分析是基于垄断环境下的捆绑销售，而实际上，考虑两个或者多个商家之间有竞争条件下的销售定价问题会更加切合实际。这些将构成后续进一步的研究内容。

（作者电子邮箱：rgfan@ whu. edu. cn）

◎ 参考文献

[1] 程岩．电子商务中面向延迟购买行为的易逝品动态捆绑策略[J]．系统工程理论与实践，2011，10.

[2] 邓勇．捆绑销售风起云涌[J]．企业活力，2001，2.

[3] 洪明章．解读捆绑销售：数字产品的营销新策略[J]．管理世界，2002，9.

[4] 施芳凝，王湘红，程华．信息产品捆绑销售的模型分析[J]．南通大学学报(自然科学版)，2011，3.

[5] 唐磊，赵林度．基于货架期的易腐食品捆绑销售价格模型分析 [J]．东南大学学报(自然科学版)，2006，7.

[6] 王琦，张兴萍，王琳，张晓航．定制情景下混合捆绑模式对消费者购买决策的影响[J]．北京邮电大学学报（社会科学版），2013，4.

[7] 魏航．同质时鲜产品捆绑销售的最优策略[J]．管理科学学报，2012，6.

[8] 杨剑侠，司有和，孙兴征．网络信息商品的定制化捆绑定价策略[J]．经济学(季刊)，2004，7.

[9] 叶泽，喻苗．垄断企业捆绑销售的策略效应[J]．长沙理工大学学报(社会科学版)，2005，2.

[10] 余嘉明，刘洁．捆绑销售中的价格策略研究——心理账户理论的运用[J]．管理前沿，2004，5.

[11] 张圣亮，徐盼．捆绑销售策略有效性实施实证研究[J]．现代管理科学，2011，4.

[12] 彭赓，寇纪，李敏强．信息商品捆绑销售与歧视定价分析[J]．系统工程学报，2001，1.

[13] Adams, W. J., and Yellen, J. L.. Commodity bundling and the burden of monopoly[J]. *The Quarterly Journal of Economics*, 1976, 90(8).

[14] Banciu, M., Gal-Or, E., and Mirchandani, P.. Bundling strategies when products are vertically differentiated and capacities are limited[J]. *Management Science*, 2010, 56(12).

[15] Geng, X. J., Stinchcombe, M. B., and Whinston, A. B.. Bundling information goods of decreasing value[J]. *Management Science*, 2005, 11.

[16] Glenn Hubbard R., Saha, A., and Lee, J.. To bundle or not to bundle: Firms' choices under pure bundling[J]. *International Journal of the Economics of Business*, 2007, 14(1).

[17] Hitt, L. M., and Chen, P. Y.. Bundling with customer self-selection: A simple approach to bundling low-marginal-cost goods[J]. *Management Science*, 2005, 2.

[18] Jedidi, Kamel, and John Zhang. Augmenting conjoint analysis to estimate consumer reservation prices[J]. *Management Science*, 2002, 7.

[19] Lewbel, A.. Bundling of substitutes or complements[J]. *International Journal of Industrial Organization*, 1985, 3(1).

[20] Salinger, M. A.. A graphical analysis of bundling[J]. *The Journal of Business*, 1995, 68(1).

[21] Schmalensee, Richard. Gaussian demand and commodity bundling[J]. *The Journal of Business*, 1984, 41(2).

[22] Venkatesh, R., and Chatterjee, R.. Bundling, unbundling, and pricing of multiform products: The case of magazine content[J]. *Journal of Interactive Marketing*, 2006, 20(2).

[23] Venkatesh, R., and Kamakura, W.. Optimal bundling and pricing under a monopoly: Contrasting complements and substitutes from independently valued products[J]. *The Journal of Business*, 2003, 76(2).

[24] Wu, S. Y., Hitt, L. M., and Chen, P. Y., and Anandalingam, G.. Customized bundle pricing for information goods: A nonlinear mixed-integer programming approach[J]. *Management Science*, 2008, 3.

Research on Optimal Model of Bundling Sale Problem and Simulation

Fan Ruguo[1] Zhang Yingqing[2] Ai Zhen[3]

(1, 2, 3 Economics and Management School of Wuhan University, Wuhan, 430072)

Abstract: Sale promotion and bundling has become one of the most widespread phenomenon under the market environment. Proper and effective sale policies and the corresponding pricing strategies must bring more profits for the enterprises or the retailers. The research on the optimal

bundling problems is of great value in both theory and practice. Based on a general review of the research harvested of the home and abroad, the paper studies the optimal bundling problems from the seller's perspective under assuming all the potential consumers are surplus maximizers and rational enough, while the seller's object is to get the most expected profit, and the consumers' reservation price follows a certain general distribution. By model analysis and computer simulation, it comes to the conclusion that the mixed bundling policy is the optimal choice for the sellers.
Key words: Bundling; Price; Simulation; Model

网上评论量的持续性研究
——基于京东网的手机数据

● 高宝俊[1] 王寒凝[2] 陈晓玲[3]
(1, 2, 3 武汉大学经济与管理学院 武汉 430072)

【摘 要】基于京东网每日的评论量数据，我们发现，评论的时间间隔不服从指数分布的假设，同时每天评论量服从幂律分布的假设也不成立。这表明产品的评论有可能是相关的，而并非独立。时间序列之间的关联性定义为自相关，在对每日评论量作图后我们发现一部分产品之间具有强烈的自相关性，然而剩余的产品只显示出中等程度的自相关性甚至是随机的。我们使用超出显著性水平的自相关系数之和作为因变量，发现评论总量和价格变化的百分比对于每日评论量的持久度有正面的影响。与此同时，我们也发现价格变化的百分比对于每日评论量的影响受到品牌因素的调节作用。对于品牌领导者苹果和三星来说，价格变化所产生的持续性效果比跟随品牌低。

【关键词】自相关 持续性 价格变化 品牌

1. 引 言

人类的行为驱动着潮升汐落、风起云涌的社会、经济发展，构建了五色斑斓、趣味丛生的人间百态。追根溯源，对人类行为模式规律的探索古已有之。举例来说，现代心理学和经济学热衷于群体压力和从众行为的研究，早在北宋蔡松年的诗中就有“槽床过竹春泉句，他日人云吾亦云”这样的语句，从中也可觅得些许踪影；而近年传播学关于面对谣言和恐慌情绪时人类非理性行为的报道，亦可视作三人成虎、曾子杀人这些典故的科学注脚。对人类行为进行科学而系统的研究，或始于华生的行为主义流派——如此算来，也不过百年历史。尽管这一百年里，对人类行为的理解和诠释一直是社会学、心理学和经济学共同关注的焦点，但人类自身的复杂性和多样性，对一切科学的尝试来说是巨大的挑战。事实上，到目前为止，绝大多数研究报道是基于临床个体资料或者实验室数据，绝大多数命题和结论是定性描述。因此，至少有两个问题是亟待解决的：这些实验室结论是否能很好地描述我们在真实生活中表现出来的行为特性？能不能建立定量化的人类行为理论？

Barabasi 在 2005 年发表于《自然》的一篇论文为解决这两个问题提供了一个可能的起

点：从记录人类活动历史的数据库中挖掘出人类行为的统计规律。① 这一突破首先体现在对于人类行为产生的时间统计特性上。

事实上，在早期对人类行为的研究中，一个基本的假设是人类的行为发出从总体上看是随机和稳态的。据此，人类行为可以用泊松过程来描述，人类发出相续行为的时间间隔是较为均匀的，短时间内大量事件的爆发和长时间的停止发生都应该是很难被观测到的。Barabasi 等人的实证研究和理论分析却暗示大量由人类活动驱动的系统具有明显偏离泊松统计的性质：我们常常在短时间内密集从事某事，而后又在很长的时间里将其弃之脑后，这就使得这些事的执行不是泊松过程，更可能是幂律分布。

京东网上商城于 2004 年初正式涉足电子商务领域，以在线销售家电、数码通信、电脑为主。京东商城自运营以来，一直保持着高速成长，如今已拥有遍及全国超过 1 亿注册用户，近万家供应商，网站交易额连续七年增长率均超过 200%，因而我们抓取了京东商城的手机在线评论数据来作为研究对象，我们首先计算了相邻两个评论之间的间隔时间分布以及不同产品之间每日评论量的分布。结果显示评论间隔分布并不服从指数分布，而每天的评论量也不服从泊松分布。

这样的结果说明了在线商品评论量也许不是独立的，而是一定程度上相关的。Wendy W. Moe、Michael Trusov 的相关研究表明，顾客的网上购买行为同时反映了顾客对于产品使用的感受以及其他顾客的评论对他的影响②。当我们在网上购物时，我们首先会阅读其他顾客对于产品的评论和描述。然后我们会综合考虑所有我们能够收集到的信息，之后再决定我们是否应该购买这个产品。如果我们购买了这个产品并且在使用一段时间之后，我们可以得出自己对于产品的心得体会和感受，然后上传至网上，这会对其他顾客的购买决策产生影响。

2. 因变量的设定

自相关定义为时间序列中前后两个数列之间的相关性。自相关有时候也可以称为“滞后相关”或者“序列相关”，它指的是一个序列中按照时间来排列的两个数值之间的相关性。给定一组在时间 X_1，X_2，…，X_N的数值 Y_1，Y_2，…，Y_N，对它的 k 阶自相关函数的定义为：

$$\gamma_k = \frac{\sum_{i=1}^{N-k}(Y_i - \overline{Y})(Y_{i+k} - \overline{Y})}{\sum_{i=1}^{N}(Y_i - \overline{Y})^2}$$

我们在这里使用自相关函数有以下两个目的：一是判断该时间序列是否随机或者测量

① Albert-La′szlo′ Baraba si.. The origin of bursts and heavy tails in human dynamics [J]. *Letters to Nature*, 2005, 5: 207-211.

② Wendy W. Moe, and Michael Trusov. Measuring the value of social dynamics in online product ratings forums[J]. *Journal of Marketing Research*, 2011, 48 (3): 444-456.

数据自相关的程度；二是如果判定该时间序列不是随机的，则用来确定一个适合该时间序列的模型。

自相关作图是常用的检验数据随机性的工具，如果一个时间序列是随机的，它会很快地降低到显著性水平之下；如果该时间序列不是随机的，则会缓慢地下降到显著性水平之下。在此，我们简单地介绍一下自相关函数的性质。

图 1 (a)至图 1(c)是三个典型的自相关图形，分别是随机时间序列、中度相关的时间序列以及高度相关的时间序列。

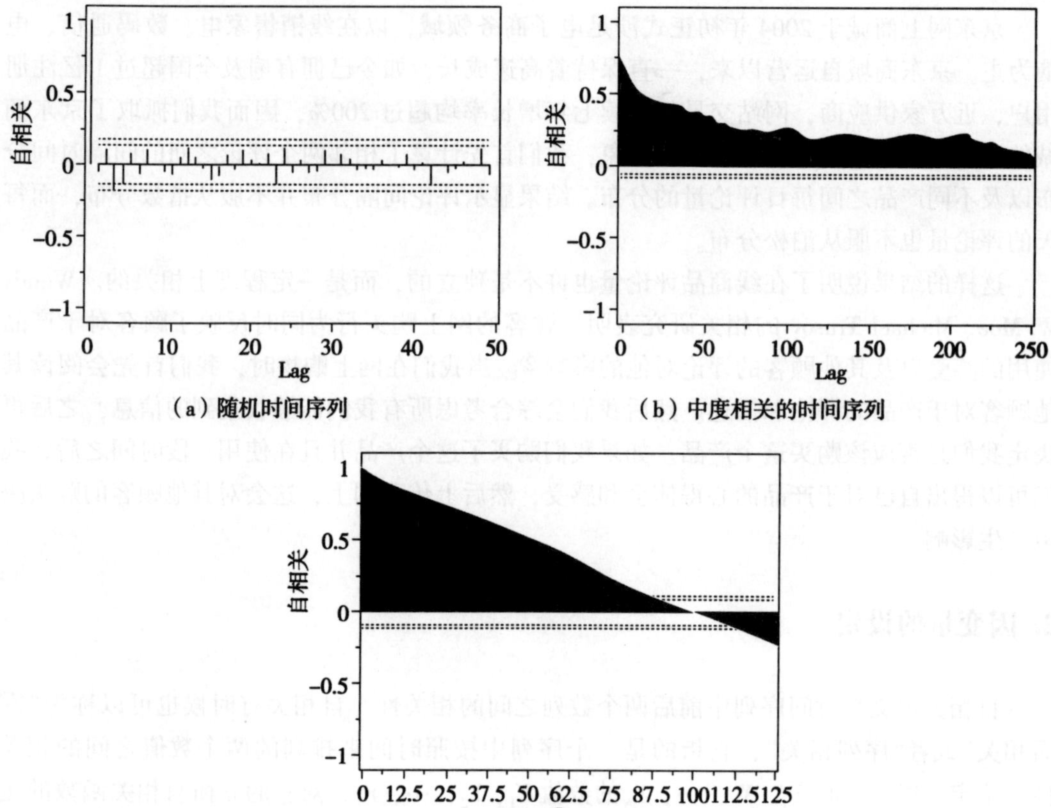

（a）随机时间序列

（b）中度相关的时间序列

（c）高度相关的时间序列

图 1　三种典型自相关图形

自相关函数不但在金融和经济领域得到了广泛的应用，在气候预测上也得以实践。David M. Meko① 认为自相关也可以被诠释为持续性的一种形式，抑或一个系统保持现有

① David M. Meko. Assessing the risk of persistent drought using climate model simulations and paleoclimate data[J]. *Journal of Climates*, 2014, 3: 292-297.

状态的一种趋势性。Ding、Granger 和 Engle 发现 S&P 500 收益的自相关函数下降的非常缓慢①，这一现象被大多数人认为是波动的持续性。John Taylor 使用自相关函数系数的总和来表示美国通胀率的持续性，调查了货币政策对于通胀率持续性的影响②。他发现通货膨胀对于其自身的持续性有显著的相关性，这也说明了低通胀本身是引发通胀低增长的原因。

由于大部分产品的每日评论量是高度自相关的而其他的则有一些是近似于随机的数据，所以我们研究的问题如下：为什么有些产品的每日评论量之间具有高度相关性或持续性而其他的没有？是什么因素决定了相关性的强弱和持续性的程度？

因此，基于 John B. Taylor 的研究，我们把显著性水平高于 0.1 的自相关系数相加，从而得到了一个用以测度产品每日评论量之间的相关度和持续性的变量，我们将这个变量命名为 acfcoesum。

3. 模型假设

因变量设定之后，我们提出如图 2 所示的概念模型，包含以下三个假设：

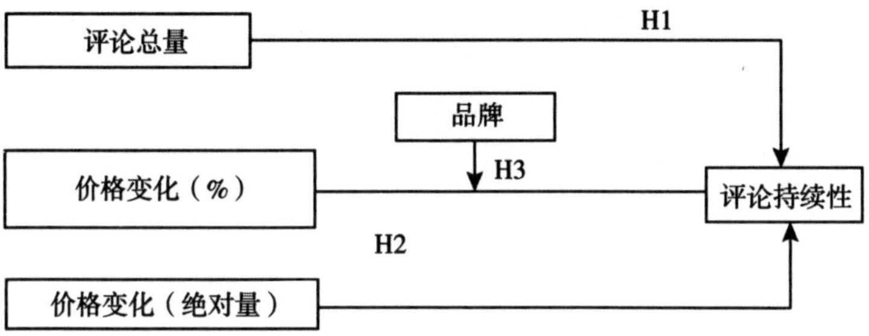

图 2　概念模型

从每日评论量的图中我们可以发现，在一开始每天的评论量数值都是相对较小的，根据相关函数的定义，我们可以知道，一个产品的总评论量越高，说明该产品的每日评论量之间的持续性较强的可能性较高。所以我们有假设一：

H1：评论总量对于每日评论量的持续性有一个正相关作用。

毫无疑问，打折对于顾客的购买倾向会有很大的影响。当价格下降的时候，需求会保持一段时间的上涨，直至到达另一个均衡点。随着需求的上涨，每日的评论量也会在将来的一段时间保持一个上涨的态势。在一段时间内，某一天一个突然的评论量上升会导致在将来的一段时间内保有一个较高的评论量，这也能使得该产品每日评论量的持续性得以上升。

---

① Ding, Z., C. W. J. Granger, and Engle, R. F.. A long memory property of stock market returns and a new model[J]. *Journal of Empirical Finance*, 1993, 1: 83-106.

② Taylor, John. Low inflation, pass-through, and the pricing power of firms[J]. *European Economic Review*, 2000, 44: 1389-1408.

然而，哪一种形式的价格下降能够更多地提高产品每日评论量之间的持续性呢？是价格的绝对下降量还是折扣百分比呢？我们可以举一个很简单的例子，有两个产品，一个600元，另一个5000元，如果商家提供一个300元的折扣，对于前者来说，这是一个50%的折扣率，而对于后者来说只是6%的折扣率。对于大多数消费者来说，50%的折扣率能对消费者心理造成更大的冲击。因而，我们又假设：

H2：价格的降价百分比比价格绝对量的下降更能提高产品每日评论量的持续性。

我们又推测产品的品牌效应会对价格折扣对产品的每日评论量的持续性产生一个调节作用。我们将苹果和三星作为市场领导者，其他的产品作为市场跟随者。因为品牌领导者具有较高的市场份额以及极佳的全球信誉，不需要通过降价这个方式来刺激销售量的上涨和评论量的持续性。

H3：产品的品牌效应会对价格折扣对产品的每日评论量的持续性产生一个调节作用。对于品牌领导者来说，价格折扣对产品的每日评论量产生的持续性要弱于品牌跟随者。

4. 数据统计及结果分析

在抓取京东网上商城手机评论数据之后，我们首先计算了每一种产品的每日评论量。然后，我们画出了每一个产品的自相关的图形。我们发现了上文所述的三个典型图形，随机数据、中度自相关和高度自相关这三种图形都被包含在京东数据中了。这也说明了有一些产品是高度自相关的而其他的产品则有近似于随机的。

图3(a)至图3(c)是所有579种手机产品的自相关图形，在每一张图片中，上半张图片是按照时间排列的每日评论量，左下图是该产品的自相关函数图，右下图则是产品的累积评论量。

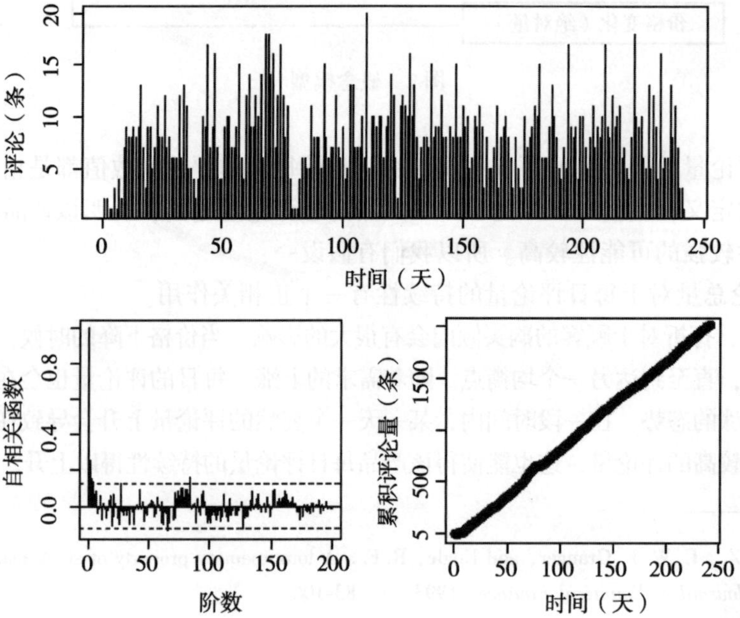

(a)

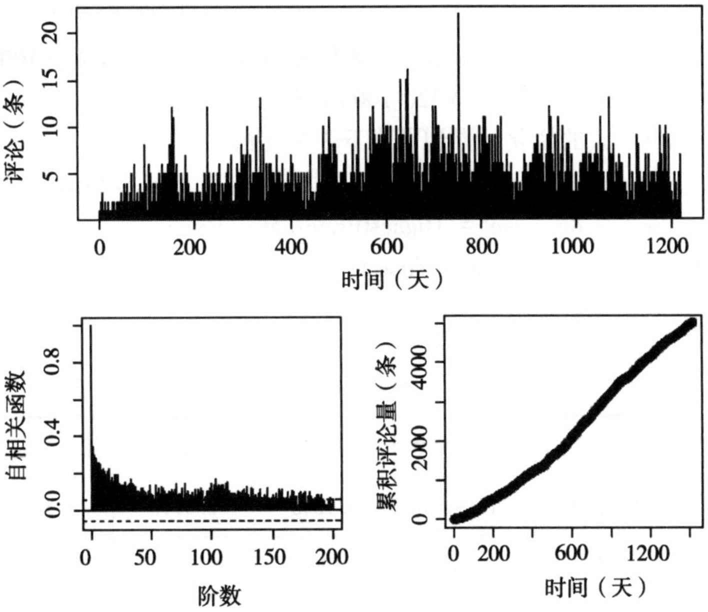

（b）

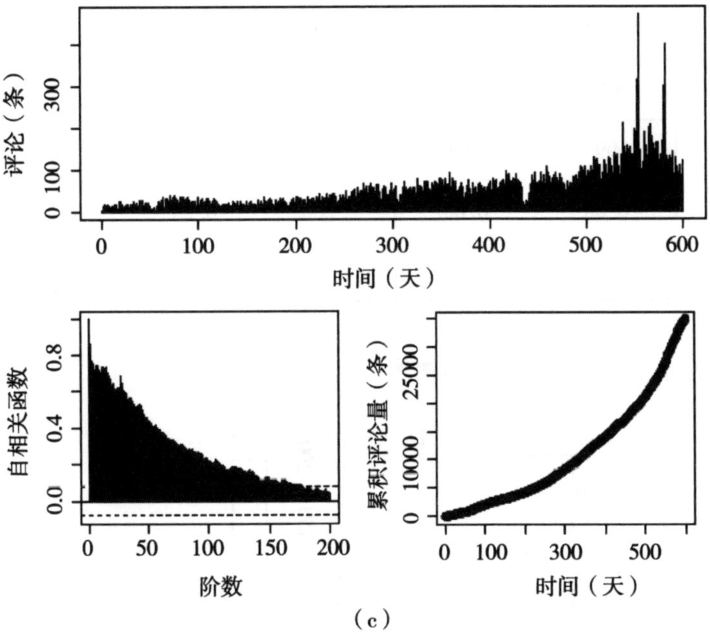

（c）

图 3　典型的京东每日评论量图形

我们的手机数据是在 JD. com 上面抓取的，这个数据包含产品的 ID、产品的名字、用户的名字、产品的购买日期、打分(1~5)、评论的日期和评论的语句。总数大约 12 万条，包含大致 1500 个产品，文件总容量 600 兆左右。

我们在西贴网(Xitie. net) 上抓取了产品的价格历史数据，该数据包含产品的 ID、每一个历史上的价格数据变动以及价格变动的日期。基于抓取的最高价和最低价，我们可以计算价格的绝对变化量和相对的百分比变化率。因为我们只在西贴网上抓取了 579 种产品的数据，所以就以此 579 种产品作为基础作为研究对象。其中诺基亚（1000 GSM）的评论量最多，有 38070 条评论，而华为(Y320-T00)只有 13 条评论。

我们又做了如下形式的变化，得到了以下 3 个变量：

PriceChange(discount %)=(HighestPrice-LowestPrice)/ HighestPrice

PriceChange(absolute decrease)= HighestPrice-LowestPrice

ReviewNumMean=TotalReviewNum/Time to market

各变量的统计数据如表 1 所示：

表 1　**变量统计表**

变量	最小值	第一分位数	中位数	均值	第三分位数	最大值
自变量	0.1226	1.1910	3.9640	6.9790	9.3130	76.9100
评论总量	13	194	630	1894	1782	38070
上市时间	1	55	138	183.9	258	970
平均评论数	0.1517	2.652	5.964	11.95	13.41	196
最高价格	129	858	1499	2106	2819	19000
最低价格	99	499	899	1423	1999	8599
价格变化(%)	0.00	0.00	0.2605	0.2631	0.5003	0.8485
价格变化(绝对量)	0.0	0.0	140.0	613.7	991.0	11410.0

图 4 至图 13 是上述各变量的分布图形，具体如下：

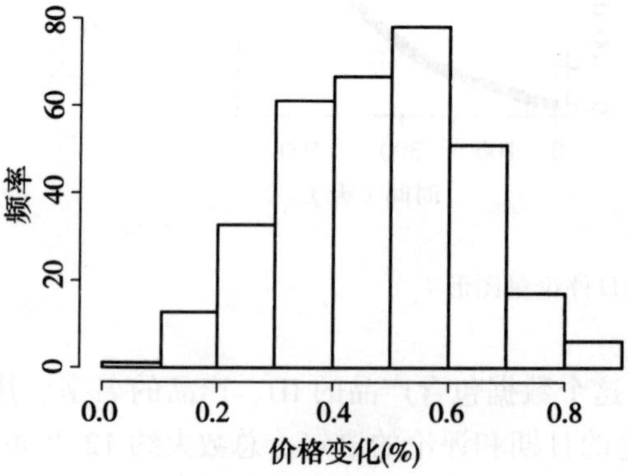

图 4　价格下降相对百分比的分布图

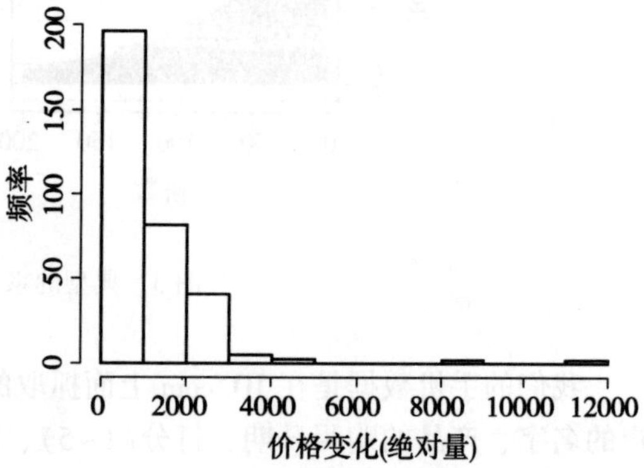

图 5　价格绝对量下降的分布图

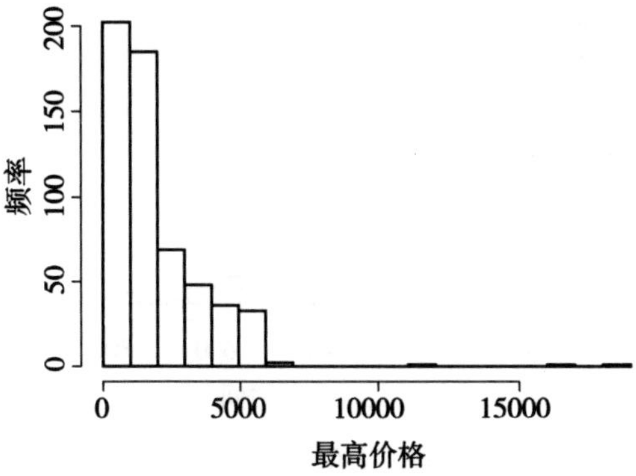

图 6　最高价分布图

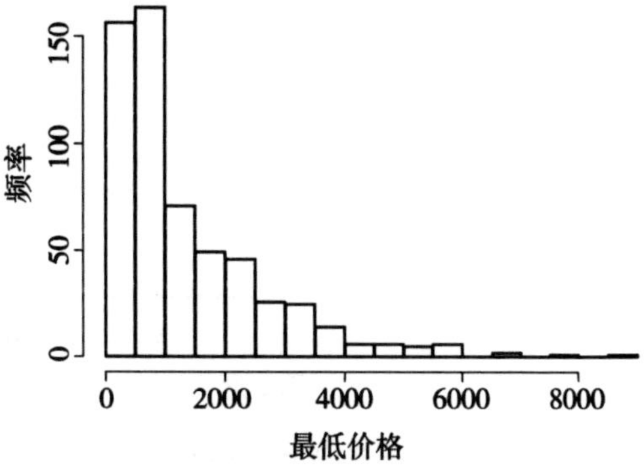

图 7　最低价分布图

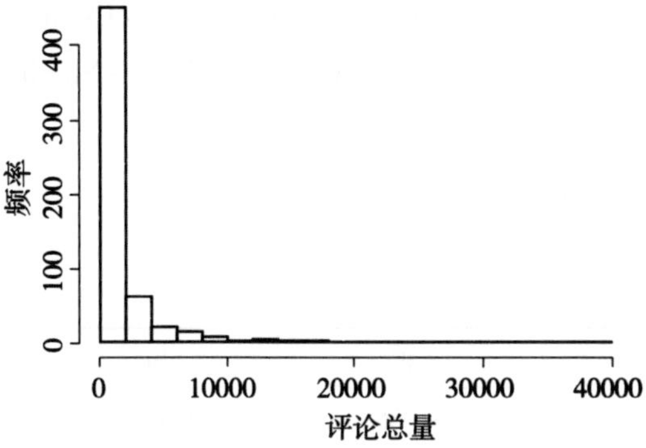

图 8　总评论量的分布图

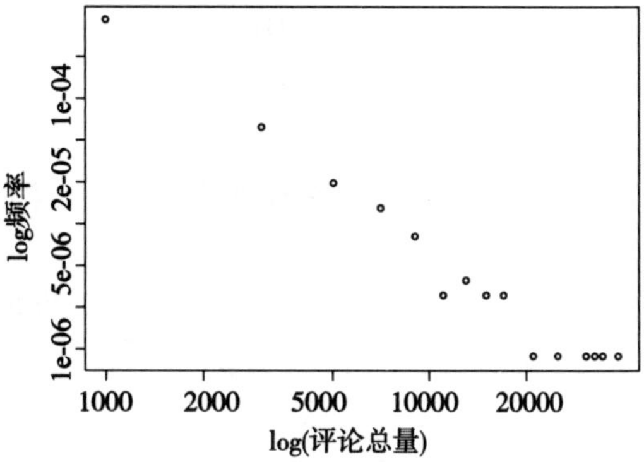

图 9　总评论量对数图

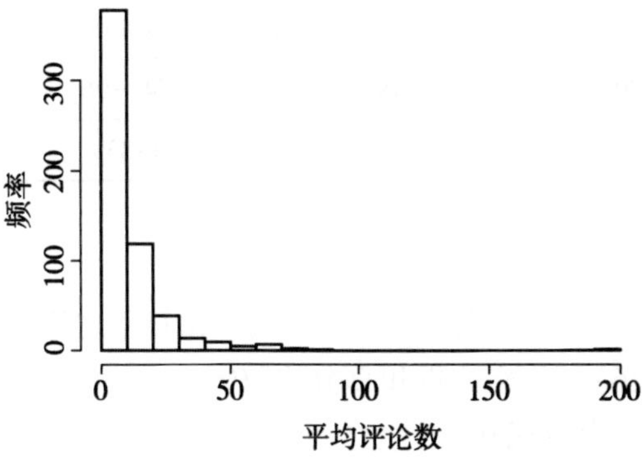

图 10　每日平均评论量分布图

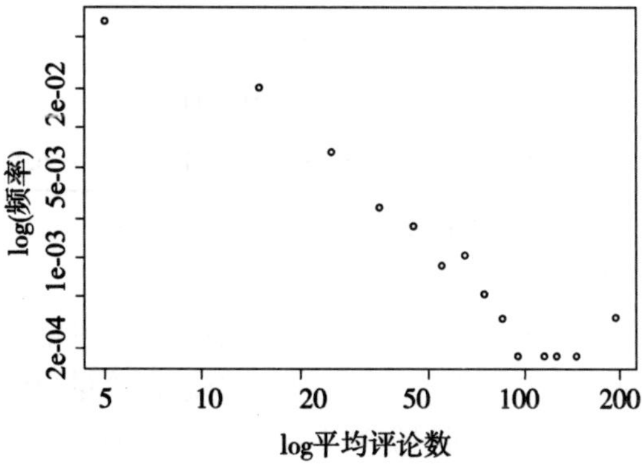

图 11　每日平均评论量的对数图

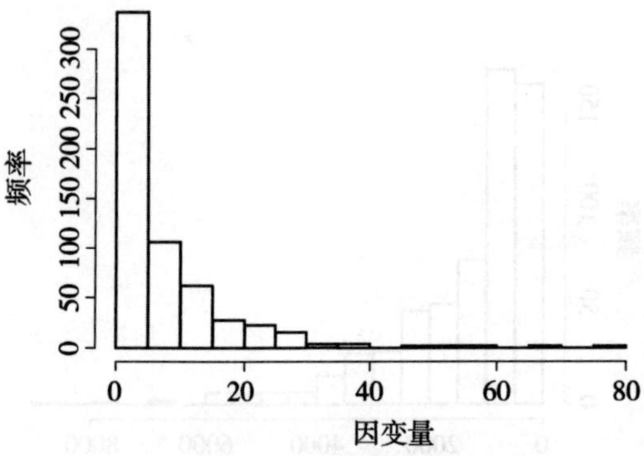

图 12　因变量 acfcoesum 的分布图

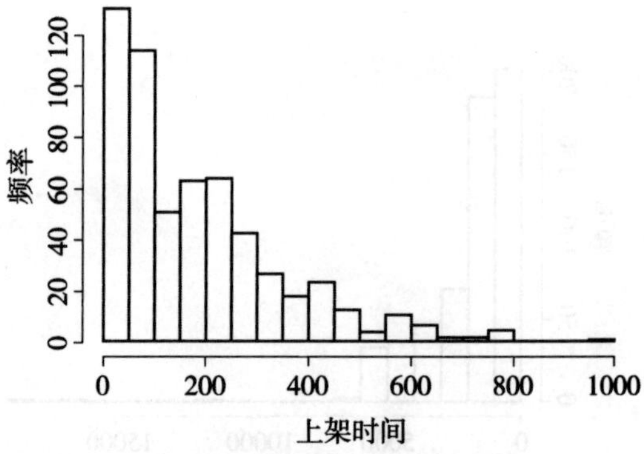

图 13　上架时间的分布图

首先，我们把最高价、价格的折扣百分比、价格的绝对下降量、商品的上架时间、总评论量和每日平均评论量作为自变量，acfcoesum 作为因变量，建立如下的方程式：

$$\text{acfcoesum}=\alpha_0+\alpha_1\text{HighestPrice}+\alpha_2\text{PercentagePriceChange}+\alpha_3\text{AbsolutePriceChange}+\alpha_4\text{TimetoMarket(Days)}+\alpha_5\text{TotalReviewNum}+\alpha_6\text{AverageReviewNumber}$$

我们使用 R 软件来计算该方程，结果如表 2 所示：

表 2　**模型 1 的结果**

变量	系数	标准误差	*t*-值	Sig.
截距项	2. 113e+00	6. 962e-01	3. 035	0. 00252
上市时间	2. 743e-03	2. 791e-03	0. 983	0. 32617
评论总量	1. 011e-03	9. 843e-05	10. 268	< 2e-16
最高价格	-2. 909e-04	2. 750e-04	-1. 058	0. 29060
平均评论数	9. 016e-03	1. 810e-02	0. 498	0. 61865
价格变化(%)	9. 190e+00	2. 033e+00	4. 519	7. 54e-06
价格变化(绝对量)	8. 387e-04	6. 513e-04	1. 288	0. 19839

注：Multiple R-squared：0. 4159，Adjusted R-squared：0. 4097。

从表 2 我们可以发现，最高价、价格的绝对下降量、商品的上架时间和每日平均评论量这几个变量不显著，而只有总评论量($P<2e-16$)和价格的折扣百分比($P=7.54e-06$)是显著的。因而根据这个结果，假设 H1 和假设 H2 得以成立。

然后，我们剔除不显著的那些变量，只保留总评论量和价格的折扣百分比这两个变量，再在模型中加入品牌因素作为调节变量，并将品牌因素和价格的折扣百分比相乘，做出了一个新的交叉项，来检测品牌效应的调节作用。我们建立了模型 2，如下所示：

$$\text{acfcoesum}=\alpha_0+\alpha_1\text{Percentage PriceChange}+\alpha_2\text{Total Review Num}+$$

$$\alpha_3 \text{Brand} + \alpha_4 \text{Brand. Percentage PriceChange}$$

把苹果和三星的产品定为1，而把其他产品定为0，计算结果如表3所示：

表3　**模型2的结果**

变量	系数	标准误差	*t*-值	Sig.
截距项	1.668e+00	4.415e−01	3.778	0.000174
价格变化(%)	1.288e+01	1.191e+00	10.819	< 2e−16
评论总量	1.110e−03	7.517e−05	14.770	14.770
品牌	1.120e+00	1.110e+00	1.009	0.313411
品牌×价格变化(%)	−7.409e+00	3.047e+00	−2.431	0.015348

注：Multiple R-squared：0.4205，Adjusted R-squared：0.4165。

从中可以发现，虽然品牌因素（$P=0.313411$）是不明显的，但是交叉项（$P=0.015348$）是显著的。因为交叉项是显著的，这也就意味着对于品牌领导者来说，价格的折扣百分比对于每日评论量的持续性要弱于品牌跟随者，所以假设H3也是成立的。总结如表4所示：

表4

假设	描述	结果
H1	评论总量对于每日评论量的持续性有一个正相关作用	成立
H2	价格的降价百分比比价格绝对量的下降更能提高产品每日评论量的持续性	成立
H3	产品的品牌效应会对价格折扣对产品的每日评论量的持续性产生一个调节作用。对于品牌领导者来说，价格折扣对产品的每日评论量产生的持续性要弱于品牌跟随者	成立

5. 结　语

这个结果从另一方面告诉我们，品牌领导者不需要通过打价格战来获得销量的增长和人们对于其旗下品牌的关注。因为品牌领导者已经赢得了顾客的偏好并且建立了品牌知名度，获得了全球声誉。

这也说明了品牌领导者比价格因素更有影响力度，而且根据品牌营销的理论，品牌领导者如果想提高销售量或者获取人们的关注，其不需要通过降价这个方式，因为如果其在短时间内降价太多，反而会损害其品牌价值并且减少其客户群体。品牌领导者可以采用拓宽产品生产线和适当地对推出的新产品提价这两个方法，前者是三星已经使用了的，后者则是苹果正在尝试的。

◎ 参考文献

[1] Albert-La′szlo′ Baraba si. The origin of bursts and heavy tails in human dynamics[J]. *Letters to Nature*, 2005, 5.

[2] David M. Meko. Assessing the risk of persistent drought using climate model simulations and paleoclimate data[J]. *Journal of Climates*, 2014, 3.

[3] Ding, Z., C. W. J. Granger, and Engle, R. F.. A long memory property of stock market returns and a new model[J]. *Journal of Empirical Finance*, 1993, 1.

[4] Taylor John. Low inflation, pass-through, and the pricing power of firms[J]. *European Economic Review*, 2000, 44.

[5] Wendy W. Moe, and Michael Trusov. Measuring the value of social dynamics in online product ratings forums[J]. *Journal of Marketing Research*. 2011, 48(3).

What Makes the Online Reviews Persistent?

—A Study on the Autocorrelation of JD Daily Review Number

Gao Baojun[1] Wang Hanning[2] Chen Xiaoling[3]

(1, 2, 3Economics and Management School of Wuhan University, Wuhan, 430072)

Abstract: Based on the JD. com cell phone review data, we find that both the exponential distribution of review time interval and Poisson distribution of daily review number hypotheses are rejected, which indicates online product reviews might not be independent but correlated in certain way. Autocorrelation is defined as complicating the identification of significant covariance or correlation between time series. With the autocorrelation plots, we find the daily review number of some products are strongly autocorrelated, while that of others are only show moderate autocorrelation or even randomness. we find that the total review number and percentage price change of products have positive effects on the persistence of daily review numbers. We also find that effects of percentage price change on the persistence of daily review number are moderated by brand. For market leaders such as Apple and Sumsung, the effect of percentage price change on the persistence is less than that of the followers.

Key words: Autocorrelated; Persistence; Price change; Brand

大数据时代下的产品评价方法探究
——以顾客网上评论的文本数据分析为例

● 雷　蕾[1]　黄敏学[2]
(1, 2 武汉大学经济与管理学院　武汉　430072)

【摘　要】随着大数据时代的到来，UGC数量呈爆炸性增长，为学术研究提供了丰富的原料，也给企业提供了了解消费需求和产品表现的新途径。本文构建了一套产品评价体系，用数据爬虫在网上抓取为期2年的79356条评论。通过切词技术和模糊综合评价法，量化文本数据，得出顾客在不同时点的产品评价，对不同品牌顾客的关注点进行比较。相对以往的评价方法，本评价系统更具化、针对性，在兼顾动态性的同时，能更好地应对大数据时代的数据特点。

【关键词】用户生成内容　产品评价　文本数据　模糊综合评价法　大数据时代

1. 引　言

互联网技术的飞速发展，使人们的生活习惯也随之改变，参与网上购物、网上社区和网上娱乐。随着人们网络化行为的扩展，记载这些行为的数据资料巨量生产：大数据时代已然到来。在科学研究方面，大数据时代给学者们提供了从随机抽样向全样本数据研究转型的契机。但是现有的主流数据处理软件，很难在预期时间内，完成如此大量而全面的数据分析。

用户生成内容(User Generated Content，UGC)是大数据时代的数据产物，不仅给学术研究带来了丰富的数据原料，还给企业带来了巨大的商业价值。网上顾客售后评价，是一种产品针对性较强的用户生成内容，它由顾客购物后直接创造，具有持续性和可跟踪性，直接反映了顾客对产品最真实的评价，也向企业展示了顾客的产品关注点。

以往对产品评价的研究，多基于结构化模式的用户态度调查，获取的都是顾客的事后评论，由于人脑记忆的偏差性，顾客对用户产品评价的测量的准确性还存在着很大的提升空间。在问卷调查中，调查者事先确立一个评估框架，被调查的顾客在一个企业关注点而不是顾客关注点的框架下完成对产品的评价，最后得出的产品评估结果往往缺乏应有的针对性。除此之外，以往产品评估方式数据都是在某一个时点直接获取，测评结果只能反映一时的产品情况，就算调查者定期进行测评，也会花费较大的成本。

基于文本数据进行产品评价，目前还缺乏相应完善的产品评价体系和模型。加之文本数据本身就存在数据庞大、比较难以清理和量化的特点，这使得利用中文文本数据进行产品评价困难重重。本文构建了一套适合中文文本数据的产品评价体系，并通过中文分词技术和模糊归类技术，对文本数据进行清理和量化，开拓出了一种贴近顾客、可连续获得及适用性广的产品评价方法。最后，本研究在天猫商城上，抓取了 2011 年 12 月至 2013 年 11 月期间两大酒类品牌的 79356 条文本数据，结合本文的思路和方法进行了分析，从实证的角度介绍了该方法的创新性。

2. 相关文献研究

2.1 用户生成内容与产品购后评论

用户生成内容(UGC)是指网站采用开发、参与的模式，依赖用户参与、主导、建设来生成新的信息，并引起其他用户的参与，从而将用户自己的观点、创造内容共享到网上平台①。近年来已经有很多学者在这方面做出了很多贡献。Chevalier 和 Mayzlin 在其研究中，通过测量用户生成内容中有关品牌的定位，从而了解用户对品牌的感知情况；同时还指出在存在竞争关系的品牌之间，企业可以从对 UGC 的分析中，了解自身品牌定位和竞争品牌在消费者心中的定位②。随后，又有学者从 UGC 内容本身和创作者的角度，对用户使用 UGC 的满意度和决策行为进行了探究：UGC 的内部特征正向影响消费者对内容的使用和满足；创作者声誉外部特征正向影响消费者对内容的使用与满足；内容的推荐性未对消费者选择产生作用③。以上研究，为后续用户生成内容的营销化应用奠定了基础。

用户购后评论，也属于用户生成内容，消费者在购物时，也会参照网上购后评论④。现有研究多侧重于诊断顾客评论信息的时间序列和量化(比如说评级质量、数量和评论者的识别信息)以及产品方面的品牌知名度与产品价格。基于文本数据的最新研究表明：文本评论的内容和风格元素是消费者决策的前置影响因素。Stephan Ludwig 和 Ko de Ruyter 将 UGC 的语言内容和风格区分开来：从词性的角度来看，语言内容一般为名词、普通动词、形容词和副词；语言风格词汇或者说虚词通常由代词、介词、冠词、连词、辅助动词和其他比较晦涩的词类组成。这些词类不仅显示人们传达的是什么(即句子的意义)，还显示人们是如何对信息进行组合的(句子的风格)。本文试图用词语分割的方式，先理清产品评价的各个维度(产品和品牌)，建立相应的产品评价模型，继而从用户购物评论中

① Jones, Ravid, and Rafaeli. Information overload and the message dynamics of online interaction spaces: A theoretical model and empirical exploration[J]. *Information Systems Research*, 2004, 15(2).

② Chevalier and Mayzlin. The effect of word of mouth on sales: Online book reviews[J]. *Journal of Marketing Research*, 2006, 8.

③ Duan, Gu, and Whinston. Do online reviews matter? An empirical investigation of panel data[J]. *Decision Support Systems*, 2008, 45(4).

④ Forman, Ghose, and Wiesenfeld. Examining the relationship between reviews and sales: The role of reviewer identity disclosure in electronic markets[J]. *Information Systems Research*, 2008, 19(3).

挖掘出顾客对产品的整体性评价和动态性评价。

2.2 产品评价

2.2.1 产品评价属性和维度

对产品而言，售后评论是顾客对产品各项属性及功能还有价值的感知，是衡量产品各方面表现的重要参照指标。根据美国消费者满意度评估指数(ACSI)模型和刘新艳建立的中国顾客满意度模型，本文从产品感知质量和产品感知价值两个角度去建立产品评价的属性和维度。

学术界对产品的分类有多个角度，如有形产品和无形产品、功能型产品和享受型产品。Mittal 的研究指出，产品可以分为两种类型：一种强调功能或绩效，可被称为功能性产品，如电饭煲、计算机等；另一种产品突出个人或自我表现，可被称为享受性产品，如美甲服务、奢侈品等。Dhar、Okada 和 O'Curry 等认为，享受性产品主要或相对地更具有享受性属性，功能性产品主要或相对多的具有功能性属性。从本质上讲，顾客对产品的功能性评价更强调认知，而享受性评价则突出情感。随着后现代消费观的崛起，象征性和符号性消费慢慢深入人心，与之对应的象征性价值(象征性价值是指，消费者主动控制自己的消费行为，作为实现来自他人的积极回应这一他人导向目的的一种外在手段)也成为产品研究的一大重点。本文将从功能性属性、体验性属性、符号性属性对产品进行测量，这些都属于顾客质量感知的范畴。

范秀成等(2006)在服务企业品牌管理中提出，顾客价值就是顾客感知价值，是感知利得与感知利失之间的权衡。感知利失是指顾客在购物时付出的所有成本，感知利得则囊括了物态因素、服务因素以及与产品使用相关的技术支持、购买价格等感知质量要素。用户网上购后评论，反映了用户对产品的认知和感受。在产品评价属性和维度的构建中，本文将产品感知价值细化为产品感知价格(价格比较和产品增值空间)和产品感知成本(时间成本和精力成本)。

顾客在考核产品的各项指标时，附加在产品上面的服务也是不可忽视的一部分。服务营销理论指出，服务具有无形性、不可分离性、异质性和易逝性，这些特性使得服务质量的测量困难重重。Zeithaml，L. L. Berry 和 A. Parasuraman 先后在 *Journal of Marketing* 和 *Journal of Retailing* 上发表文章，阐述了测量服务质量的 SERVQUAL 量表，将服务质量分解为五个维度：可靠性、响应性、保证性、移情性和有形性。范秀成在对服务质量与服务满意的研究中给出了这五个维度的定义：可靠性是指可靠、准确地履行服务承诺的能力；可靠的服务行动是顾客所希望的，它意味着服务以相同方式、无差错、准时完成；响应性是指迅速提供服务，减少顾客等待时间，出现服务失败时，迅速解决问题；保证性是指员工表达出自信和可信的知识、礼节的能力，包括完成服务的能力，对顾客的礼貌和尊敬，与顾客的有效沟通，并将顾客最关心的事放在心上；移情性是指设身处地地为顾客着想和对顾客给予特别的关注；有形性指有形的设施、设备、人员和宣传资料等。在此基础上，笔者通过查阅相关文献，将各个维度进行了扩充：可靠性由服务承诺的可实现性、交易信息准确、服务质量稳定来测量，响应性由提供服务的意愿和提供服务的就绪准备来测量；保证性由员工业务服务水平进行测量；移情性可以从员工服务态度、顾客个性化服务程度和客户关怀进行测量；有形性则从与企业员工配套的设备和企业 logo 来测量。

2.2.2 品牌评价属性和维度

品牌是人们对一个企业及其产品、售后服务、文化价值的一种评价和认知，是一种信任。目前国内与消费者行为相关的品牌研究主要从品牌态度、品牌关系、品牌个性、品牌忠诚和品牌形象等维度为切入点。柴俊武在对品牌信任和品牌关系的研究中，根据 Keller 的品牌态度量表将品牌态度分为认知成分(知名度、知晓度)和情感成分(美誉度)。品牌个性是与品牌有关联的一整套人性化的特征。国内学者黄胜兵和卢宏泰在关于品牌个性本土化的研究中提出了适合中国品牌个性的五个维度——仁、智、勇、乐、雅，这为中国品牌个性的测量奠定了坚实的基础。

从跨学科的角度出发，品牌关系被类比成人际关系是现在学术界研究品牌关系的基本范式。周志民在品牌关系的研究中将品牌关系分为认知、情感和行为三个维度。认知是消费者对品牌的了解和掌握程度；情感是消费者对品牌的感性认识，是一种评价和感觉；行为则是品牌关系的具体体现，包括对品牌的忠诚意向和承诺。除此之外，品牌形象作为品牌研究的重要课题，国内外关于品牌形象的测量文献很多，Biel 于 1993 年在 *Brand Equity and Advertising* 上发表文章，最早且最全面地对品牌形象进行了划分。Biel 认为品牌形象可分为三个维度：(1)生产者形象，也就是企业形象；(2)使用者形象；(3)产品或服务本身的形象。后面不断有学者进行完善，但该体系得到了学术界的广泛认可。在此基础上，本文引入原产地形象，以便测量不同国界的产品形象。

从国内外关于品牌的研究中，本文推导出适合网上用户评论的品牌测量维度：从品牌态度(知名度、美誉度、忠诚度)、品牌个性(仁、智、勇、乐、雅)和品牌形象(企业形象、产品形象、使用者形象和原产地形象)三个角度来测量文本数据中用户对产品的品牌感知。

3. 模型和研究方法

3.1 产品评价体系

在引出本文的研究模型之前，笔者先给出基于网上用户评论文本数据的评价体系，见表 1。在该体系中，评价体系从产品和品牌两个大类进行测量：产品又细分为如下一级构念：产品质量、产品功能、感知价值和产品服务；品牌则细分为如下一级构念：态度、个性和形象。在每个一级构念下面又进一步进行了细化，发展出二级构念(如品质、特征、外观则为产品质量的二级构念)；为了更好地与产品评论相对应，本文在二级构念下面演化出三级构念(如原料、工艺和耐用度就是品质的一级维度)。文本数据中对产品各个维度的描述将会按照模糊归类法，先将文本数据进行预料切分，划出特征词和评分词(多为情感词汇)，再用中文配对方式进行模糊归类，将相似特征值归入三级构念下，然后根据各维度出现的频次赋予权重，并依此方法类推出一级构念和二级构念的权重。具体举例如表 2 所示：

表 1　　　　　　　　　　　　　　　　**产品评价体系**

		一级	二级	三级(括号中为部分特征值)
产品评价体系	产品	产品质量	品质	原料
				工艺
				耐用度
			特征	配方
				品种
			外观	包装
				造型
		产品功能	功能性	安全性(产品认证、线上线下对比)
				适用性(方便性、定制性)
				维护性(易清理、易存储)
				完善性(容量完善、功能完善)
			体验性	视觉体验
				嗅觉体验
				味觉体验
				情绪体验
			符号性	面子(有面子、丢脸)
				定位(适用人群、适用场合、档次)
		感知价值	感知价格	相对于价值的价格
				相对于竞争品的价格
				产品增值感知
			感知成本	时间成本
				精力成本
		产品服务	可靠性	服务承诺的可实现性
				交易信息的准确性
				服务质量稳定性
			响应性	提供服务的意愿
				提供服务的就绪准备
			保证性	员工业务服务水平
			移情性	员工服务态度
				顾客个性化服务
				客户关怀
			有形性	员工配套的设备
				企业统一标志

续表

		一级	二级	三级（括号中为部分特征值）
产品评价体系	品牌	态度	知名度	品牌/产品识别
				品牌/产品提及率
			美誉度	喜爱度
				信任
			忠诚度	重购行为
				重购意向
				价格敏感度
		个性	仁	平和的、环保的、和谐的、仁慈的、家庭的、温馨的、经济的、正直的、忠诚的、务实的、勤奋的
			智	专业的、权威的、可信赖的、专家的、领导者、沉稳的、成熟的、负责任的
			勇	不惧、不避难、勇敢、威严、果断、动感、奔放、强壮、新颖、粗犷
			乐	高兴、乐观、自信的、时尚、欢乐、吉祥、自信、积极的、酷的
			雅	高雅、浪漫、有品位的、体面的、气派的、有魅力的、美丽的
		形象	企业形象	业绩形象
				社会形象
				员工形象（管理者形象、普通员工形象）
			产品形象	视觉形象（造型风格）
				品质形象（产品质量好坏、产品设计功能）
				社会形象（产品社会认知、产品社会地位）
			使用者形象	产品使用者身份及社会地位
			原产地形象	原产国形象
				产品原产地形象

表2　**语料切分示例表**

	语料	评分	特征	三级	二级	一级
包装精美！全5分！老顾客了！^_^	包装精美	5	包装	感官	产品形式	产品属性
	全5分	5	好评	喜爱度	美誉度	品牌态度
	老顾客了	5	忠诚行为	重购率	忠诚度	品牌态度

3.2 文本数据分析流程

整个文本数据研究分析主要分如下几个步骤：

(1)用数据爬虫从中文零售网站上面抓取产品信息。

(2)文本预处理，对文本数据进行去重和过滤掉那些没有实际意义的评论和词。

(3)分词，产品的属性或特征一般是名词或者名词短语，在评论数据中，大部分是一些复杂的长短句，分词是将连续的字序列按照一定的规范重新组合，具体方法可参照中科院发布的分词系统 ICTCLAS。

(4)抽取产品特征词和评分词，找出所有文本评论中的高频名词和名词短语(特征)；并将评分词量化，赋予评分。

(5)用相似性匹配法，将上面找出的名词和名词短语归类入评价体系中，并用递推的方法统计各层级的权重。

(6)根据模糊综合评价法，得出每个特征层面的评分高低、出现次数和权重，计算出一级维度的评分高低和总出现次数，再由三级构念的信息推算出二级构念，由二级构念的相关信息推算出一级构念，最后得出总体的评价结果。

3.3 权重计算模型

(1)单个特征的平均分计算：假设某种产品所有对特征 i 的打分的所有用户(n 个用户)的分数为 x_{i1}，x_{i2}，…，x_{in}，则特征 i 的平均分 $\overline{X_i}$ 为：

$$\overline{X_i} = \frac{\sum_{j=1}^{n} x_{ij}}{n} \tag{1}$$

(2)单个三级构念的平均分计算：假设某个三级构念 k 下所有特征(m 个特征)的平均分分别为 X_{k1}，X_{k2}，…，X_{km}，并且 m 个特征的所提及的次数为分别为 p_{k1}，p_{k2}，…，p_{km}，则三级构念 k 的平均分 $\overline{Y_k}$ 为：

$$\overline{Y_k} = \frac{p_{k1}X_{k1} + p_{k2}X_{k2} + \cdots + p_{km}X_{km}}{p_{k1} + p_{k2} + \cdots + p_{km}} = \frac{\sum_{j=1}^{m} p_{kj}X_{kj}}{\sum_{i=1}^{m} p_{ki}} \tag{2}$$

(3)单个二级构念的平均分计算：假设某个二级构念 r 下所有三级构念(g 个三级构念)的平均分分别为 Y_{r1}，Y_{r2}，…，Y_{rg}，并且 g 个三级构念的次数分别为 q_{r1}，q_{r2}，…，q_{rg}，则二级构念 r 的平均分 $\overline{Z_r}$ 为：

$$\overline{Z_r} = \frac{q_{r1}Y_{r1} + q_{r2}Y_{r2} + \cdots + q_{rg}Y_{rg}}{q_{r1} + q_{r2} + \cdots + q_{rg}} = \frac{\sum_{j=1}^{g} q_{rj}Y_{rj}}{\sum_{i=1}^{g} q_{ri}} \tag{3}$$

其中，$q_{rk} = p_{k1} + p_{k2} + p_{km}$，在这里 k 是指三级构念 k。如果特征与二级构念之间没有三级构念的分类，那么二级构念平均分的计算通过公式(2)来计算。

(4)单个一级构念的平均分计算：假设某个一级构念 s 下所有二级构念(t 个二级构念)的平均分分别为 Z_{s1}，Z_{s2}，…，Z_{st}，并且 t 个二级构念的次数分别为 h_{s1}，h_{s2}，…，h_{st}，则一级构念 s 的平均分 $\overline{C_s}$ 为：

$$\overline{C_s} = \frac{h_{s1}Z_{s1} + h_{s2}Z_{s2} + \cdots + h_{st}Z_{st}}{h_{s1} + h_{s2} + \cdots + h_{st}} = \frac{\sum_{j=1}^{t} h_{sj}Z_{sj}}{\sum_{i=1}^{t} h_{si}} \quad (4)$$

4. 数据分析实证

进行探索的文本数据来自于天猫商城的顾客售后评价，时间为 2011 年 12 月至 2013 年 11 月，中国名酒甲 7713 条评论和名酒乙 71643 条评论。本文中的切词和特征归类，一部分由人工查阅相关文献及参照相应营销字典库进行，另一部分由数据系统自动识别特征词的属性，由计算机特征词归类程序进行。

4.1 数据清理

从天猫和淘宝网站上抓取售后评论后，程序先根据评论内容长短和对产品描述的深入度，淘汰部分评论，被淘汰的评论有如下特点：第一，评论文本太短，信息含量少，无法进行分析。例如："嗯嗯嗯！""OK！"第二，与产品描述无关，如"给大家推荐一款新的睡衣，请点产品链接"。

4.2 分词处理

经过清洗后的文本评论数据以标点为单位进行切割。先将整段评论按标点(多以逗号为切割点)细分为多个短语，再将每个短语中名词、动词和形容词、副词进行分割，若没有动宾关系的短语，不用继续切割。如文本评论："包装很好，正品，下次还来"，可先分为"包装很好"、"正品"、"下次还来"这三个短语，每个短语又可进行再切割。"包装很好"可以切割为"包装"和"很好"；"正品"和"下次还来"则不用继续进行切割。对于大规模的分词，可采用中国科学院的 ICTCLAS 分词工具在计算机上面进行操作。关于大规模文本数据处理，笔者会在后续工作中深入探讨。

4.3 模糊综合评价法

模糊综合评价法针对不能精确确定指标值的问题，把定性评价转化为定量评价，能有效地解决那些模糊的难以量化的问题。本研究中，模糊综合评价方的应用步骤如下：

(1)确定评价项目集 F，$F=(f_1, f_2, f_3, f_4, \cdots, f_n)$，可以构建 $F=$(产品，品牌)，模糊综合评价指标参见表 2。产品评价指标体系对 F 中各个指标进行划分，进行一级模糊综合评价，如 $f_1=(a_1, a_2, a_3, a_4, \cdots, a_n)$，$f_1$ 产品 =(产品质量，产品功能，感知价值，产品服务)，二级指标和三级指标的细分同上。特征词的归类是将分词处理后得出的名词或无动宾关系短语，利用相似度匹配先将语料归结到特征词，再通过营销字典和相关文献对各一级维度的诠释，将特征词归结到一级维度下。为了构建特征词词库，本研究先抓取 500 条酒类评价文本数据，先由分词软件切割后进行人工归类，再由计算机程序对 2000 多文本评价切割后，自动进行特征词比对分类。

(2)确定每个项目的评分尺度。给每一个归结到特征词中的语料，进行评分细化。以五梯度标准为例，E=(很满意，满意，一般，不满意，很不满意)。其中用 5 分代表“很满意”，1 分代表“很不满意”，中间各项依次递减。分数越低，表示满意度越低。在抓取到得产品购后评价中，对特征词的程度形容词可具体分为如下几类：5=(非常好、非常满意、不能再好了、超给力……)，4=(好、喜欢、满意……)，3=(不错、还行……)，2=(过得去、凑合、一般……)，1=(不好、真差、糟透了、不怎么样)。在本文分析中，结合前面提到的模型，X =(5，4，3，2，1)。

(3)计算出各个层级的权重及权重化后的得分。在统计出各特征词下面语料出现的频次后，参照前面模型中的方法，计算出相应的权重和得分，具体情况可参见图 1。

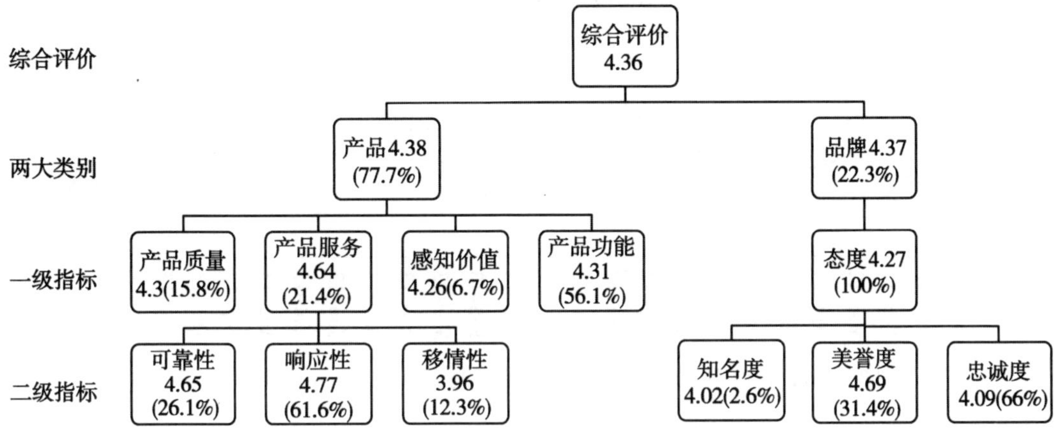

图 1　名酒甲评价分析结果

4.4　数据分析结果

为了充分展示本文产品评价方法的特点，数据分析结果从如下三个层面展示：单个产品的不同层级指标的得分和权重展示，见图 1；不同时间点的产品评价得分展示，见图 2 和图 3；不同品牌顾客对产品的关注点差异展示，见表 3 和表 4。

(1)产品评价体系结果。图 1 由天猫商城 2011 年 12 月至 2013 年 11 月关于中国名酒甲 125ml 的近 2000 多条产品售后评论分析得出。从图 1 分析结果中可知，该产品最后的综合评价得分为 4.36，消费者的评论中多涉及产品本身(77.7%)，品牌相对较少(22.3%)。在产品方面，消费者对产品服务的评价较高(4.64)，但是消费者在评论的时候，更多提到产品的功能(56.1%)。图 1 还展示出，该品牌的知名度和忠诚度相对于美誉度而言并不高。

(2)动态性分析。图 2 显示了 2011 年 12 月至 2013 年 11 月期间，中国名酒甲 125ml 产品的综合评价、产品得分及品牌得分的变化趋势。系统将每个月的评价数据抽取出来，进行分析，得出消费者每个月对中国名酒甲 125ml 的产品评价。

图 3 则是在以上时间段内，所有名酒甲系列产品和所有名酒乙系列产品的综合评价得分趋势图。不难发现，名酒甲的得分明显高于名酒乙，为了探究原因，本文挖掘了两大品牌的顾客关注点。

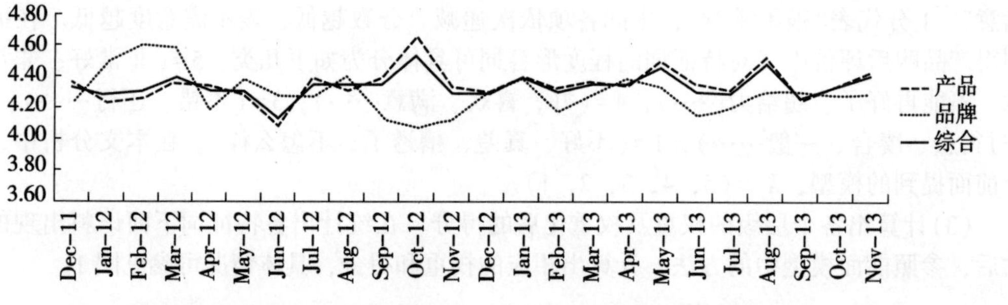

图 2　2011 年 12 月至 2013 年 11 月名酒甲产品评价动态变化图

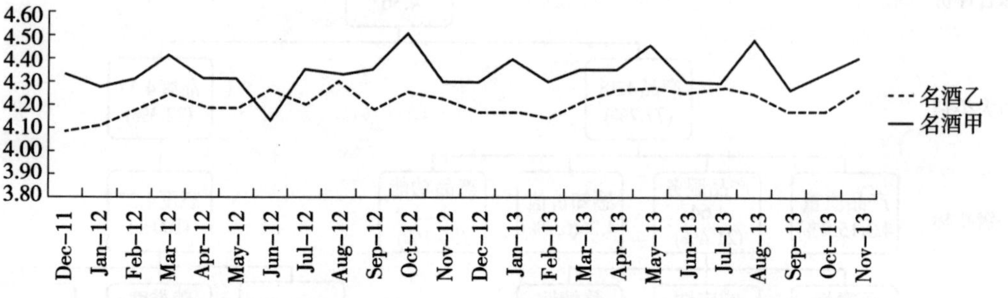

图 3　2011 年 12 月至 2013 年 11 月名酒甲与名酒乙产品评价动态对比图

(3)不同品牌顾客关注点分析。表 3 和表 4 分别由 2011 年 12 月至 2013 年 11 月期间，所有名酒甲系列产品和所有名酒乙系列产品共 79356 条产品评价分析得出。由于提及占比太小，表 3 和表 4 并未列举提及率低于万分之一的二级指标。名酒乙作为酒类行业领军企业，其产品多为高端化定位；名酒甲作为大众消费类酒水，以低端产品为主。顾客在网上的评论显示，名酒甲顾客多关注产品功能(43.54%)和网上客户服务(可靠性、响应性和移情性占比 19.61%)上；名酒乙顾客还涉及对符号性、象征性价值的关注，而且对品牌的关注度较高(美誉度、忠诚度和产品形象等品牌下属二级指标提及占比为 32.18%)。

表 3　名酒甲网上顾客产品关注点

二级指标	品质	功能性	感知价格	可靠性	响应性	移情性	知名度	美誉度	忠诚度
评价均值	4.30	4.31	4.26	4.65	4.77	3.96	4.02	4.69	4.09
提及次数	1114	3956	203	394	1202	185	54	637	1340
提及占比(%)	12.26	43.54	2.24	4.34	13.23	2.04	0.59	7.01	14.75

表 4　　名酒乙网上顾客产品关注点

二级指标	品质	功能性	符号性	感知价格	可靠性	响应性	移情性	美誉度	忠诚度	产品形象
评价均值	4.05	4.02	4.88	4.01	2.00	4.48	3.98	4.73	4.09	4.78
提及次数	13506	19528	9401	8731	19	2937	1226	6487	11167	8578
提及占比（%）	16.55	23.93	11.52	10.70	0.02	3.60	1.50	7.95	13.69	10.54

4.5　与现有研究方法的比较

测量顾客的产品评价，一直以来都是营销实践中意义重大的课题。现有对产品评价的研究大多利用问卷调研、深度访谈和小组讨论的方法。采用以上营销调研的方法，会面临如下三大问题：(1)调研数据的连续性不强，且连续性数据的获取成本较高；(2)产品评价的关注点会受到调研者关注点的影响，从而无法准确获取顾客的产品关注点；(3)传统调研多为顾客事后回忆，容易因记忆偏差导致测量结果失真。为了减少以上问题导致的研究偏差，国内学者在研究中采用了各种精妙的分析和设计，并付出了不少精力和心血。

本文在产品评价研究方法上另寻他径，利用模糊综合评价法，通过对文本数据的语意分析和相似性匹配，来分析零售网站中用户生成内容中蕴含的产品评价信息，可以保证调研数据的连续性、顾客导向性，同时顾客直接对购买产品进行评价，可减小记忆偏差对测量结果的影响。

5. 结论和展望

本研究中，文本数据分析的产品评价方法亮点如下：(1)通过对理论梳理，构建了一套较为完备的产品评价体系；(2)方法的适用性较广，对产品评价体系的不同组合和扩展，可适用用于多种产品的顾客评价；(3)对互联网海量免费数据的利用，探索了如何利用网上文本数据进行产品评价，为大数据时代下营销方法探究抛砖引玉。

当然，本文研究还是存在一定局限性的。采用的切词技术与语义分析的精准性，决定了最终评价结果的准确性。此外，从零售网站搜集到的文本数据，是基于网上购物顾客的产品评价，其样本来源存在一定的局限性，这导致最终评价结果只能显示网上顾客的整体感知，而不是所有顾客。现在国内网上用户的信息安全保障越来越完善，这也为获取网上顾客的人口统计信息进行更具体的数据分析提高了门槛。

（作者电子邮箱：fayneyray@gmail.com；huangminxue@126.com）

◎ 参考文献

[1] Chevalier, and Mayzlin. The effect of word of mouth on sales: Online book reviews [J]. *Journal of Marketing Research*, 2006, 8.

[2] Diermeier, D, Huffaker, D, & Swaab, R. I. The language of coalition formation in online multiparty negotiations [J]. *Journal of Language and Social Psychology*, 2011, 30(1).

[3] Duan, Gu, and Whinston. Do online reviews matter? An empirical investigation of panel data [J]. *Decision Support Systems*, 2008, 45(4).

[4] Echterhoff, G., Higgins, E. T., Kopietz, R., and Groll, S.. How communication goals determine when audience tuning biases memory [J]. *Journal of Experimental Psychology: General*, 2008, 137.

[5] Forman, Ghose, and Wiesenfeld. Examining the relationship between reviews and sales: The role of reviewer identity disclosure in electronic markets [J]. *Information Systems Research*, 2008, 19(3).

[6] Jones, Ravid, and Rafaeli. Information overload and the message dynamics of online interaction spaces: A theoretical model and empirical exploration [J]. *Information Systems Research*, 2004, 15(2).

[7] Keller, K. Conceptualizing, measuring, and managing customer based brand equity [J]. *Journal of Marketing*, 1993, 57(1).

[8] Mano Haim, Richard L. Oliver. Assessing the dimensionality and structure of the consumption experience: evaluation feeling and satisfaction [J]. *Journal of Consumer Research*, 1993, 20 (3).

[9] Malhotra, Naresh K.. Self concept and product choice: An integrated perspective [J]. *Journal of Economic Psychology*, 1988, 9(1).

[10] Mittal Vikas, and Kamakura Wagner A.. Satisfaction, repurchase intent, and repurchase behavior: Investigating the moderating effect of customer characteristics [J]. *Journal of Marketing Research*, 2001, 38(1).

[11] O'Curry Suzanne, Michal Strahilevit. Probability and mode of acquisition effects on choices between hedonic and utilitarian options [J]. *Marketing Letters* , 2001, 12 (1).

[12] Okada Erica Mina. Justification effects on consumer choice of hedonic and utilitarian goods [J]. *Journal of Consumer Research*, 2005, 42 (1).

[13] Stephan Ludwig, and Ko de Ruyter. More than words: The influence of affective content and linguistic style matches in online reviews on conversion rates [J]. *Journal of Marketing*, 2013, 77(1).

[14] 白长虹．西方的顾客价值研究及其实践启示 [J]. 南开管理评论, 2001, 2.

[15] 白长虹, 范秀成, 甘源．基于顾客感知价值的服务企业品牌管理 [J]. 外国经济与管理, 2002, 24(2).

[16] 范秀成, 杜建刚．服务质量五维度对服务满意及服务忠诚的影响——基于转型期间中国服务业的一项实证研究 [J]. 管理世界, 2006, 6.

[17] 范哲, 朱庆华, 赵宇翔．Web2.0 环境下 UGC 研究述评 [J]. 图书情报工作, 2009, 53 (22).

[18] 潘洪涛, 王新新．虚拟社群中的品牌定位——基于用户生成内容点互信息的实证研

究 [J]. 财贸研究, 2011, 4.
[19] 钱洁, 潘洪涛. 用户生成内容使用与满足对品牌态度的影响研究——以音视频类用户生成内容为例 [J]. 财贸研究, 2012, 3.
[20] 周志民. 品牌关系三维结构的实证研究 [J]. 深圳大学学报(人文社会科学版), 2004, 21(5).
[21] 邹德强, 王高, 赵平等. 品牌象征意义对品牌忠诚的影响: 性别差异和感知风险的调节作用 [J]. 营销科学学报, 2006, 2(1).

The Exploration of Product Evaluation in Big Data Time

—An Empirical Study of Text Mini in Online Customer Reviews

Lei Lei[1] Huang Minxue[2]

(1, 2 Economics and Management School of Wuhan University, Wuhan, 430072)

Abstract: The number of user generated content has an explosive growth, due to the rapid development of Internet. This kind of phenomenon provides rich materials for the academic research, also a better way for enterprises to understand consumers' demand and their feelings of product performance. However, there are only a few paper about how to get product evaluation from the user generated content in the domestic. This paper builds a product evaluation system which is suitable for online comments. Then, to verify the feasibility of this method, we collected 79356 online comments, and made an analysis of these data by using word segmentation technology and Fuzzy Comprehensive Evaluation.

Key words: User generated content; Product evaluation; Text data; Fuzzy comprehensive evaluation; Big data time

河南省旅游中心地规模与空间结构演化研究
——基于分形理论

● 张 丹[1] 谢朝武[2]
（1 华侨大学旅游学院 泉州 362021；2 中国旅游研究院旅游安全研究基地 泉州 362021）

【摘 要】文章运用分形理论对河南省18个旅游中心地在2000年、2006年、2012年的旅游规模分布进行了研究，同时引入空间关联维数，分析了交通通达性及关联度。本文研究发现河南省旅游中心地规模空间布局存在分形特征，具有自组织优化演变趋势，从2000年到现在，河南省旅游中心地规模分布由松散到均衡有层次，布局结构逐渐趋向合理。河南省旅游中心地之间的交通发育比较成熟，但还不尽完善，空间关联度较低，建议完善交通，加强经济合作，实现河南大旅游发展模式，同时增强首位旅游中心地的辐射带动作用。

【关键词】分形理论 旅游中心地 关联维数 空间结构

1. 引 言

旅游区域布局结构影响着旅游城市发展的方向和整体效益。旅游中心地作为具有对外的旅游综合服务功能和吸引力的城镇中心，其发展的规模和空间布局是衡量旅游区域布局是否合理的重要指标，影响着区域旅游整体优势的发挥。

近年来，学界对于旅游中心地规模和布局的研究主要体现在等级评价和空间结构优化的应用研究。柴彦威、林涛等人以吉林省旅游发展规划为例探讨了旅游中心地的相关理论在旅游发展规划中的意义和重要性，从而拉开了旅游中心地理论研究的序幕。李玲、黄静波、颜军等人从不同角度构建了湖北、湖南省的旅游空间结构体系，采用因子分析和层次分析法对旅游中心地进行了等级评价，并提出空间优化策略。李晓东等根据通达性指数、网尼克指数、旅游景点、酒店数量四个指标对构建了新疆旅游中心地等级体系。何调霞综合旅游经济实力、旅游发展潜力和旅游支撑力三个指标对长三角旅游中心地进行等级评价。上述研究丰富了旅游中心地理论，并提出了旅游中心地等级评价及空间结构优化的方法。为了更好地揭示旅游中心地发展演变的规律和层次性，本研究基于近年来发展起来的新理论——分形理论，利用其自相似、标度不变性、规律性和层次性等特征来研究旅游中心地规模和空间结构的演变规律。

分形理论在旅游中心地的研究应用最初始于旅游流、景区旅游规模方面的研究。杨国良等(2006)用齐夫定律研究了四川省国内旅游流的位序、规模之间的等级结构分形关系，为研究旅游流的空间分布提供了新的方法；又用齐夫定律判断四川省国内及入境旅游流的标度分段，研究了其旅游流分布的空间演变规律。戈冬梅(2007)用分形理论的 R/S 分析及赫斯特指数研究北京市入境旅游人数的演变规律。田祥利等(2009)通过分维数、信息熵以及旅游地边际效用模型研究了呼伦贝尔旅游区五种类型景区的空间分型效用。贺晓慧等(2011)用分形理论和时间序列法研究了西安市几年的"十一"黄金周旅游流分布演变规律。很少有人将旅游流与空间结构结合起来进行研究，陈建设等(2012)首次创新的使用分形理论研究了湖南省旅游中心地的规模和空间结构，但只是研究一个时点的空间结构，没有从长期的发展过程揭示其动态发展规律。2012 年国务院批复的《中原经济区规划》是覆盖面最大的国家级区域规划，以河南为主体，带动周边，要求"不以牺牲农业和粮食、生态和环境为代价"实现新型城镇化、工业化和农业现代化。规划对旅游业提出了更高的要求，"着力增强旅游发展活力，构建大旅游发展格局"。因此，本文将以河南为研究对象，研究河南省不同年份旅游中心地的分形结构，探索河南省旅游中心地规模和结构的空间演变规律和发展模式，以期为河南省未来的旅游规划和发展提供一些指导性信息，同时也为城市旅游规划提供新的研究方法。

2. 基本概念和相关模型

2.1 齐夫定律

齐夫定律起源于美国语言学专家 George Kingsye Zipf 研究发现的词频—词序号关系规律，后广泛应用于很多领域，也就是现在被广泛应用的位序—规模法则。位序 r_i 和规模 $P(r)_i$ 满足以下关系：

$$r_i \times P(r)_i = k$$

r_i 表示单位旅游规模按照从大到小排序的位序；$P(r)_i$ 表示单位旅游规模；k 是一个常数。

Zipf 改进的关于城市人口规模的位序—规模分布法则的公式如下：

$$P(r)_i = P_1 r_i^{-q}$$

P_1 表示首位城市旅游规模；r_i 表示旅游规模按照从大到小的位序；$P(r)_i$ 表示位序对应城市的人口规模。齐夫定律用于解释位序与规模之间的等级结构关系。

2.2 分形维数

综合前人研究发现，区域内城市各个要素在某种程度上围绕中心城市呈自相似状分布，因此假设旅游中心地的旅游接待规模具有一定的分形特征，可用 Hausdorff 分维类比计算城市分形维数。

分维公式为：

$$N(r) \propto r^{-D}$$

将各个城市的旅游接待规模从大到小进行排序，r 是衡量旅游中心地规模结构的步长

（人数单位），$N(r)$表示旅游人次规模大于 r 的旅游中心地数目。$N(r)$随 r 的改变而改变。D 是揭示旅游中心地规模分布特征的分维。

Zipf 公式具有分形特征，与分维具有一定的关联关系。齐夫定律揭示旅游中心地的等级结构关系，而分形维数揭示其结构内部的自相似特征及演变规律。Zipf 维数与 Hausdorff 维数相互关联，其参数 q 与 D 互为倒数。基本思路是将数据代入齐夫公式，计算出 q 值，然后得到分维 D，从而揭示其结构特征。当 $D<1$ 时，表示旅游流较集中，首位旅游中心地垄断性强，次位旅游中心地规模差异较大，分布较分散。当 $D=1$ 时，表明区域内最大的旅游中心地与最小的旅游中心地的旅游规模之比几乎接近于该区域内的旅游中心地总数，规模等级结构符合 Pareto 分布模式。当 $D>1$ 时，表明旅游中心地规模分布较均衡，首位中心地垄断性较弱，呈现正态分布模式。

2.3 空间关联维数

空间关联维数是通过各个城市之间的相关关系来考察各要素之间的协调程度以及与其他要素结构的配套程度。本文主要研究河南城市系统的分布结构与各地级市交通网络要素之间的匹配程度以及交通通达性，以证实要素空间结构的优化程度。

空间关联维数的计算公式如下：

$$C(r)=\frac{1}{N^2}\sum_{i=1}^{N}\sum_{j=1}^{N}\theta(r-d_{ij})$$

其中，r 表示选取的半径步长，d_{ij} 表示 i 城市到 j 城市的欧式距离。$\theta(r-dij)$ 满足以下条件：

$$\theta(r-d_{ij})=\begin{cases}1, & d_{ij}\leqslant r\\ 0, & d_{ij}>r\end{cases}$$

如果城市空间布局符合分形特征，则应具有标度不变性。

$C(r)$满足以下关系：

$$C(r)\propto r^{D}$$

其中，D 表示空间关联维数。取不同的半径步长 r 得出一系列的 $C(r)$ 值，绘制出 $(r, C(r))$坐标图，最后求出关联维数 D。当 $D\to 2$ 时，表明区域内旅游中心地规模分布较分散，差异小，相互作用力小，关联度不高；当 $D\to 0$ 时，表明区域内旅游中心地规模分布高度集中，联系紧密；D 越小，旅游中心地规模分布越集中，联系越紧密。

2.4 交通通达性

由于交通系统具有空间自相似性，也符合分形特征，可利用分形理论中的空间关联维数中的牛鸦维数比来反映交通通达性。牛鸦维数比是指基于乳牛距离的空间关联维数与基于乌鸦距离（欧式距离）的空间关联维数之比。乳牛距离是指两个城市之间的实际交通里程，乌鸦距离是指两个城市之间的直线距离。上述欧式距离的关联维数是 D，相应地，定义乳牛距离的关联维数为 D'，从而得到交通通达性 ρ ：

$$\rho = D'/D$$

其中，ρ 越接近 1，交通通达性越好，城市交通系统发育就越成熟。

3. 实证研究

3.1 数据来源

2012 年河南省共接待国内外游客 3.63 亿人次，旅游收入达 3364.1 亿元，同比分别增长 18.07%、20.06%，分别高于全国平均增速 8 个百分点和 6 个百分点，旅游发展规模位居全国前列。本文为了落实和响应《中原经济区规划》和《河南省"十二五"旅游产业发展规划》中对旅游业提出的更高层次要求，应对现实挑战，选取作为中原经济区主体的河南省为研究对象，以河南的 18 个地级市的旅游接待总人数，作为旅游中心地规模指标；选取各地级市之间的直线距离与实际里程距离来计算城市之间的空间关联度，交通通达性。为研究旅游中心地规模的动态发展规律，分别选取河南省现代旅游发展起步阶段的 2000 年、河南省"十一五"旅游发展规划的基期 2006 年和 2012 年最新旅游动态数据为研究时间点。数据来源于河南省各地市统计局网站、旅游局网站以及各市的国民经济和社会发展统计公报，具有真实可靠性。

3.2 数据分析

3.2.1 旅游中心地规模的分形研究

根据位序—规模法则将河南省 18 个地级市的旅游总人数按照从大到小的顺序进行排列，同时对城市旅游规模 $P(r)$ 和相应位序 r 分别取对数，分别画出 2000 年、2006 年、2012 年对应 $\ln r$-$\ln pr$ 坐标图如图 1、图 2、图 3 所示：

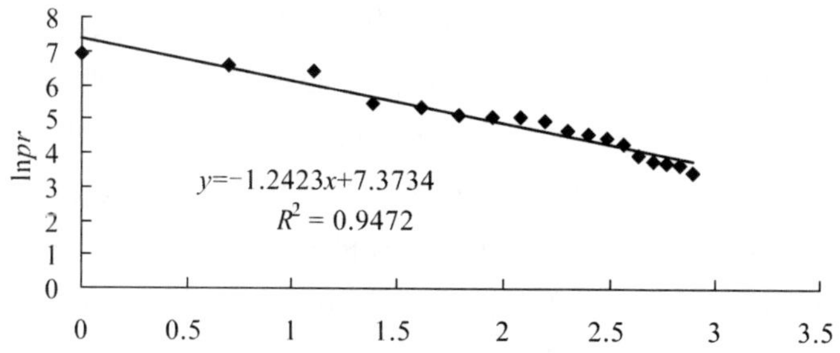

图 1　2000 年河南省旅游中心地规模对数坐标图

由上图模拟结果可知，河南省旅游中心地的位序—规模对数具有线性特征，可以用分形理论来研究。图 1 中 2000 年齐夫参数 $q=1.2423$，分维数 $D=0.8049$，$R^2=0.9472$。分维数 $D<1$，表明洛阳作为首位旅游中心地，垄断性强，河南旅游中心地规模分布高度集中，次位旅游中心地规模差异较大，分布比较分散，总体分布不够合理，首位旅游中心地

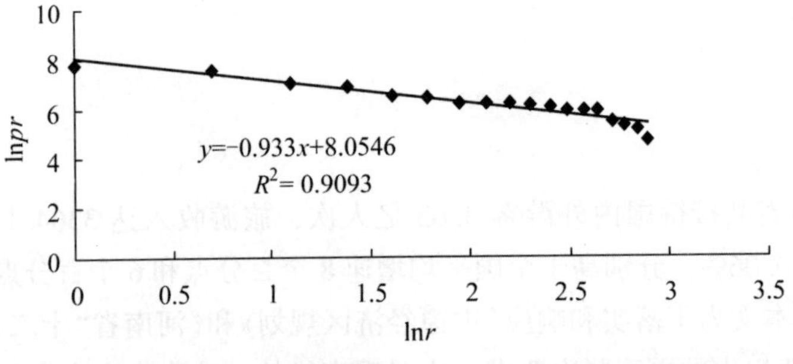

图 2　2006 年河南省旅游中心地规模对数坐标图

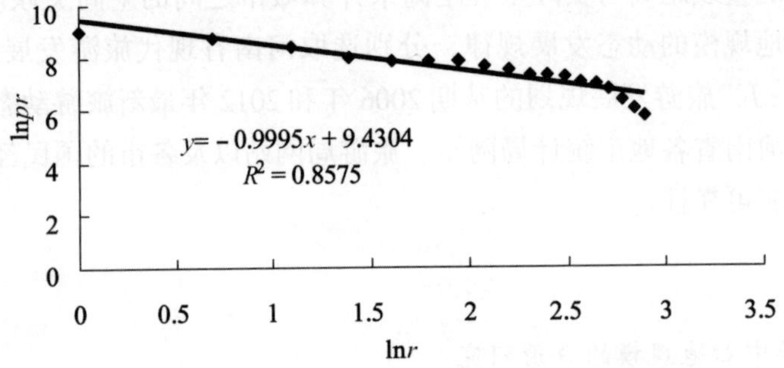

图 3　2012 年河南省旅游中心地规模对数坐标图

的辐射作用较小，各市之间作用力较小。图 2 中 2006 年齐夫参数 $q=0.933$，分维数 $D=1.0718$，$R^2=0.9093$。分维数 $D>1$，分维数表现出稍大于 1，但很接近 1，呈 Pareto 分布模式，表明河南省旅游中心地规模分布趋向于均衡状态，郑州取代洛阳成为首位旅游中心地，其垄断性较强，但仍不足以充分发挥首位中心地对全省的带动辐射作用。图 3 中 2012 年齐夫参数 $q=0.9995$，分维数 $D\approx1$，$R^2=0.8575$，分维数几乎为 1，河南省最大的旅游中心地与最小的旅游中心地的旅游规模之比几乎接近于该区域内的旅游中心地总数，是典型的 Pareto 模式，表明河南省旅游中心地规模分布结构已形成较为合理的层次体系，洛阳再次成为首位旅游中心地，且垄断性强。从 2000 年到现在，河南省的旅游业经过旅游规划的方向指导和各方驱动机制的支持已经得到了长足发展，旅游中心地规模由松散到均衡有层次，发展结构逐渐趋向合理。

3.2.2　旅游中心地空间结构的分形研究

运用关联维数研究河南省旅游中心地之间的空间结构，首先用矢量化的交通图测算出 18 个旅游中心地相互之间的直线距离，即乌鸦距离；然后根据交通地图上的公路里程测算出 18 个旅游中心地之间的实际交通里程距离，即乳牛距离；考虑到数据量大，且二者是对数矩阵，因此本文采取两个距离矩阵合二为一的方法，形成一个方阵，上三角是乳牛距离，下三角是乌鸦距离，如表 1 所示：

表 1 河南省旅游中心地距离矩阵 单位：千米

	郑州	开封	洛阳	平顶山	安阳	鹤壁	新乡	焦作	濮阳	许昌	漯河	三门峡	南阳	商丘	信阳	周口	驻马店	济源
郑州	0	84. 2	137	142	199. 3	156. 8	95. 9	94. 4	221. 3	103. 7	161. 3	250. 2	265. 8	233. 4	333. 9	212. 6	227. 6	152. 9
开封	65. 47	0	192. 6	217. 6	212. 5	170	109. 1	132. 9	149. 3	143. 6	201. 2	305. 8	326. 8	153. 3	375. 8	168. 7	267. 5	187. 4
洛阳	108. 8	175. 3	0	138. 9	299. 6	257. 2	195. 1	124	321. 7	199. 1	225. 4	145. 2	225. 5	335. 5	367. 8	285	299. 8	71. 2
平顶山	113. 2	150	117. 9	0	332. 6	290. 2	229. 3	231	340. 8	107. 3	93. 9	266. 8	150. 1	294. 3	234. 7	152. 9	168. 7	193. 3
安阳	160. 9	145. 1	239	276. 5	0	49	113. 2	188. 9	115	258. 2	315. 8	411. 8	441. 4	347. 4	490. 4	354	382. 2	244. 3
鹤壁	126. 9	108. 4	213. 6	242	40. 46	0	69. 3	145. 1	70. 7	214. 3	271. 9	367. 9	397. 5	303. 6	444. 5	310. 1	338. 2	200
新乡	69. 75	64. 91	156	181. 8	97. 03	59. 48	0	85. 3	136. 1	154. 3	211. 9	308. 2	337. 5	254. 6	386. 6	263. 2	278. 2	140. 7
焦作	71	115. 5	108. 4	172. 6	131. 8	108. 1	65. 96	0	212. 1	179	236. 6	235. 8	331. 5	283. 4	411. 4	288. 1	302. 9	68. 4
濮阳	173. 3	129. 3	272. 6	275. 7	70	62. 8	109. 9	170. 4	0	262. 7	301. 5	434. 3	427. 5	261. 3	474. 1	267. 9	367. 8	266. 9
许昌	83	92. 24	146. 3	65. 8	235. 9	196. 2	144. 6	156. 6	223	0	68	326. 6	193. 6	210. 4	240. 6	119. 3	134. 3	233. 9
漯河	131. 4	133	186. 1	80	278. 6	236. 5	190. 9	205. 1	259. 5	46. 75	0	353. 7	180. 9	215. 8	196. 5	73. 3	88. 1	291. 2
三门峡	221. 2	286. 4	116. 8	221. 2	321. 6	305. 6	260. 3	200	369. 3	262. 4	294. 4	0	353. 5	447. 6	495. 7	412. 9	427. 7	185. 6
南阳	216. 9	259. 3	182. 4	110	385. 7	350. 7	289. 2	266. 9	388. 1	167. 9	156. 4	238. 7	0	374. 2	205. 7	240. 8	213. 9	280. 2
商丘	191. 1	129. 6	298. 6	235. 2	220. 9	195. 2	183. 8	245	162. 2	168. 1	170. 8	412. 8	329. 4	0	362. 6	147. 6	256. 3	334. 8
信阳	290. 9	295. 6	313. 5	197. 9	440. 5	402. 7	351. 5	362. 6	413. 9	206. 7	160	400	175. 4	293. 6	0	229. 8	122. 4	421. 1
周口	155. 5	130. 5	231. 9	128. 4	275. 7	238. 2	200	228. 4	240. 9	81. 7	55. 12	340. 8	210. 7	126. 8	175. 4	0	123	341. 8
驻马店	197. 2	200	228. 3	112. 1	345. 7	304. 7	256	270. 6	320	108. 1	64. 3	328. 7	139. 6	217. 6	96. 76	86. 2	0	357. 8
济源	100	160. 7	50. 7	154. 3	198. 6	175. 2	129. 6	68. 8	238. 4	167. 8	212	129. 2	225. 3	294. 1	355. 5	2461	263. 3	0

最后分别对乌鸦距离和乳牛距离以 $\Delta r=15\text{km}$ 为步长标度，通过变换 r 得出一系列的 $C(r)$ 值，如表 2 所示：

表 2　**河南省旅游中心地距离标度及关联函数值**

乳牛距离	r	500	485	470	455	440	425	410	395	380	365	350	335	320	305	290
	$C(r)$	153	145	144	144	142	140	136	135	133	128	123	118	112	108	100
	r	275	260	245	230	215	200	185	170	155	140	125	110	95	80	65
	$C(r)$	96	87	82	73	66	57	46	44	39	27	22	16	12	7	1
乌鸦距离	r	450	435	420	405	390	375	360	345	330	315	300	285	270	255	240
	$C(r)$	153	150	150	147	145	143	141	138	136	132	129	123	117	110	107
	r	225	210	195	180	165	150	135	120	105	90	75	60	45		
	$C(r)$	96	87	77	71	60	51	46	35	23	19	15	5	1		

然后分别对$(r, C(r))$取对数，做出 $\ln r$-$\ln C(r)$ 散点图，如图 4、图 5 所示：

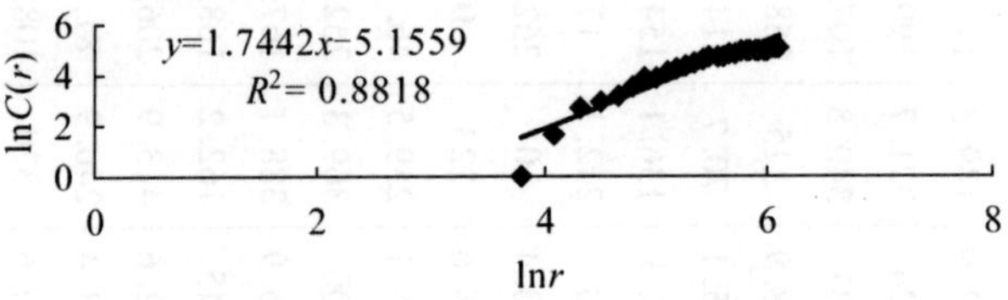

图 4　乌鸦距离的 $\ln r$-$\ln C(r)$ 散点图

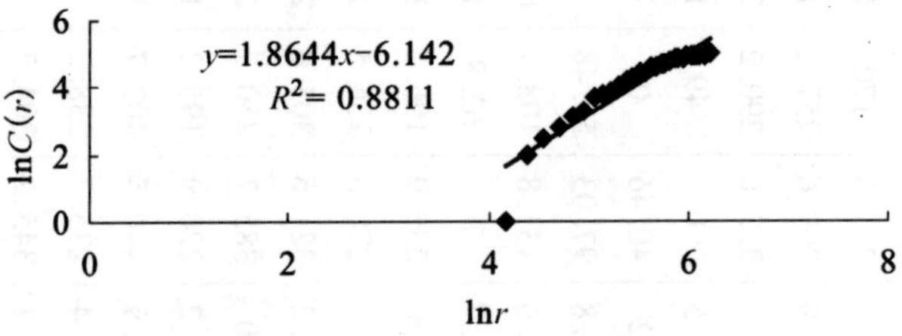

图 5　乳牛距离的 $\ln r$-$\ln C(r)$ 散点图

根据乌鸦距离的 $\ln r$-$\ln C(r)$ 散点图，发现存在明显的无标度区，符合分形特征。分形维数值 $D=1.7442$，$R^2=0.8818$。$D\to 2$，表明河南旅游中心地规模空间分布较分散，具有分形特征，且空间差异较小，旅游中心地规模存在空间结构上的自组织优化趋势，但是河南旅游中心地之间的相互作用力小，空间关联度低，联系不够紧密。

根据乳牛距离的 $\ln r$-$\ln C(r)$ 散点图，可知乳牛距离的分形维数值 $D'=1.8644$，$R^2=0.8811$。

河南省旅游中心地之间的交通通达性$\rho=\frac{D'}{D}=0.9355$，比较接近1，表明河南省旅游中心地之间的交通通达性总体较好，发育比较成熟，但还没有达到绝对通达性的状态，仍需进一步优化。

4. 结论及建议

河南省旅游中心地位序—规模的对数散点图符合线性关系，具有分形特征，说明河南省旅游中心地规模的空间结构具有自组织优化特点，可以采用分形理论来研究河南旅游中心地等级和空间结构，从2000年、2006年到2012年的数据分析可以看出河南省旅游中心地规模的等级结构逐渐趋向合理化，层次越来越分明，首位旅游中心地的带动作用逐渐凸显。河南省旅游中心地规模的空间布局正在逐步优化。首位旅游中心地从洛阳到郑州再到洛阳的变化，说明洛阳市在河南省旅游地一直具有较强的垄断地位。洛阳作为十三朝古都，历史文化底蕴丰厚，四面环山，河洛文化源远流长，人文资源和自然资源十分丰富；同时也离不开郑州的带动作用，郑州作为河南省的省会城市，具有重要的交通枢纽、政治中心、经济中心的优势，同时也是很多旅游线路运转的中心地带，因此对邻近城市洛阳有较强的带动作用，使洛阳旅游业较发达，对周边的辐射带动作用也逐渐增强。

从空间关联数据分析，河南省旅游中心地规模分布较均衡，但比较分散。旅游中心地之间的空间关联度还不够高。从交通通达性看，河南省旅游中心地之间的交通通达性较好，但还有待完善。应该以郑州、洛阳两大旅游中心地为交通枢纽，提高首位旅游中心地与次位旅游中心地之间以及其他旅游中心地之间的交通通达性。

通过以上数据结果的分析，河南省旅游中心地规模的空间布局从2000年到2012年逐步向合理化发展，说明河南省旅游中心地的发展趋势良好，处于上升阶段。但是，在交通通达性较好的前提下，河南旅游中心地之间的关联度却不高，足以说明各个旅游中心地之间缺乏整体开发意识，彼此联系较少，相互作用力不强。因此，首先政府应引导各个旅游中心地合力开发河南大旅游，打造河南形象品牌，形成协同营销模式，提高整体营销水平；其次应该鼓励河南省旅行社之间的协同合作发展，以洛阳和郑州为旅游线路的核心目的地，通过旅游路线的设计带动各个周边旅游中心地的发展；最后应进一步完善交通系统。

（作者电子邮箱：huifeidemudan@163.com）

◎ 参考文献

[1]柴彦威，林涛，刘志林，曹艺民．旅游中心地研究及其规划应用[J]．地理科学，2003，5.

[2]陈建设，朱翔，徐美．基于分形理论的区域旅游中心地规模与空间结构研究——以湖南省为例[J]．旅游学刊，2012，9.

[3]陈彦光，罗静．河南省城市交通网络的分形特征[J]．信阳师范学院学报，1998，11.

[4]戈冬梅．中国主要旅游城市入境旅游发展趋势的分形分析——以北京为例[J]．消费导

刊，2007，9.
[5]黄静波．湖南省旅游中心地空间结构系统的构建与优化[J]．旅游学刊，2003，2.
[6]何调霞．长三角旅游中心地等级体系及其评价[J]．城市问题，2013，4.
[7]贺晓慧，白凯，卫海燕，路春燕．西安特殊时段旅游流规模分形结构特征研究——以“十一”黄金周为例[J]．干旱区地理，2011，5.
[8]刘继生，陈彦光．城镇体系空间结构的分形维数及其测算方法[J]．地理研究，1999，2.
[9]李玲，李娟文．湖北省旅游中心地空间结构系统优化研究[J]．经济地理，2005，5.
[10]李晓东，孟令娟，白洋，李偲．新疆旅游中心地等级体系初构[J]．干旱区地理，2011，2.
[11]田祥利，宋保平，范彬彬．旅游景区(点)空间结构分形效用研究——以呼伦贝尔旅游区为例[J]．统计观察，2009，2.
[12]谈明洪，范存会．Zipf参数和城市规模分布的分维值的关系探讨[J]．地理研究，2004，2.
[13]颜俊．基于AHP优化湖北旅游中心地空间结构系统的研究[J]．技术方法研究，2007，3.
[14]杨国良，张捷，艾南山，刘波．旅游流齐夫结构及空间差异化特征——以四川省为例[J]．地理学报，2006，12.
[15]杨国良，张捷，刘波，李敏，万全友．旅游流流量位序—规模分布变化及其机理——以四川省为例[J]．地理研究，2007，4.

Research on the Tourism Center Scale and the Spatial Structure Evolution in Henan Province

—Based on the Fractal Theory

Zhang Dan[1] Xie Chaowu[2]

(1 College of Tourism HuaQiao University, Quanzhou, 362021; 2 Center for Tourism Safety & Security Reseach of China Tourism Academy, Quanzhou, 362021)

Abstract: The article uses the fractal theory to research the distribution of the scale of tourism of 18 tourist centers in He'nan province in 2000, 2006, 2012, as well as introducing the spatial correlation dimension with the traffic accessibility and correlation are analyzed. Study found the tourist centers scale have fractal characteristics, in a self-organizing evolution trend. Its spatial layout is optimizing by loose to equilibrium level, gradually incline to reasonable layout structure. The traffic system of tourist center in He'nan province is mature, but still not perfect, the spatial correlation degree is low. It is suggested to strengthen economy cooperation, realize the grand tourism development model, at the same time, strengthen the radiating and driving play of the first tourist center.

Key words: Fractal theory; Tourism central place; Correlation dimension; Spatial structure

在校大学生对黄鹤楼景区满意度的调查

● 樊志勇[1] 郭玲敏[2] 胡 月[3]
(1, 2, 3 武汉大学经济与管理学院 武汉 430072)

【摘 要】伴随着旅游市场竞争的日益加剧，游客对景区的满意度受到越来越多的关注。本文以武汉市黄鹤楼景区为研究客体，选择特有的在校大学生群体为研究对象，借鉴已有的游客满意度测评理论模型和测评指标体系，通过对黄鹤楼景区的实地调研和在校大学生游客群的问卷访问，运用统计分析软件 SPSS 和 IPA 分析方法对调查数据进行整理分析，评价了游客满意度及其影响因素，并基于调查和分析结果，对黄鹤楼景区将来的发展和管理提出了几点建议。

【关键词】游客满意度 在校大学生 黄鹤楼景区 IPA

1. 前 言

《2013年中国旅游业发展报告》中城市旅游市场专题部分指出，2012年武汉旅游市场呈现高速增长态势，在春节及“十一” 黄金周的增长尤为引人注目，在这两个黄金周内，全市纳入统计的47个景区共接待游客1188.12万人次，同比增长40.90%；全市实现旅游总收入47.22亿元，同比增长56.28%。而在来汉旅游的人群当中，客源市场主要省份为河南、广东和湖南，并且大学生群体占据武汉游客市场1/3的份额。这与大学生群体有较强烈的旅游需求以及相对丰富和灵活的时间可以安排旅游活动不无关系。除此之外，数据也显示，武汉的“汉味”景点颇受欢迎，黄鹤楼和东湖是三省游客均选择比例较高的景点。而且针对武汉市民进行的调查显示，74.1%的受访者在市内旅游时首选黄鹤楼景区，可以看出，黄鹤楼在武汉旅游中占据极其重要的地位。

作为中国历史文化名楼的黄鹤楼，因其丰富的文化景观、深邃的历史文化底蕴对游客具有较强吸引力，但是黄鹤楼景区存在景区内容单一、游客逗留时间短、没有摆脱以门票创收为主的经营模式等问题。本文借鉴已有的游客满意度测评理论模型和测评指标体系，通过对黄鹤楼景区的实地调研和在校大学生游客群的问卷访问，运用统计分析软件 SPSS 对调查数据进行整理分析，评价了游客满意度及其影响因素，并基于调查和分析结果，对黄鹤楼景区将来的发展和管理提出了几点建议。本文基于以下两点选择武汉在校大学生作为研究对象：第一，在武汉游客市场中，大学生群体占据了1/3的份额，其中48.2%来自湖北省，这与湖北省的地理区位以及以武汉市为首的高校群密切相关；第二，黄鹤楼景区是传统旅游目的地，拥有沉淀千年的文化内涵，当代大学生具有学习和传扬传统文化的责任和义务，在黄鹤楼景区将来的旅游发展中占据十分重要的地位。

2. 文献综述

顾客满意度这一概念是游客满意度概念的根本词源。顾客满意度概念最早是由Cardozo于1965年首次提出并被运用于营销学。他认为顾客满意度是对顾客满意程度的量化描述，是顾客接受产品和服务的实际感受与期望比较的结果程度，满意的感觉越强，满意度就越高①。我国从1999年开始研究探索建立中国顾客满意度指数的工作，许多学者也相继着手研究适合中国的顾客满意度指数体系。

Pizam等认为游客满意度是游客对旅游地的期望和实地旅游体验相比较的结果，若实地旅游体验高于事先的期望值，则游客是满意的②。波德等也强调游客满意是建立在游客期望和实际体验进行比较的正效应基础上的。崔博和施纳斯等进一步指出，满意度是指在游客旅行过程中，旅游体验满足其期望和需求的程度。从以上文献可以看出，游客满意度是游客期望同实地旅游感知相比较的结果，它强调的是游客的心理比较过程及结果。

本文借鉴李智虎在《谈旅游景区游客服务满意度的提升》中提出的概念，认为旅游景区游客满意度(tourist satisfaction)，是指游客对旅游景区的旅游景观、基础设施、娱乐环境和接待服务等方面满足其旅游活动需求程度的综合心理评价。

游客满意度包括总体满意度和单项满意度，其测度涉及指标体系和测度模型，其中指标体系的设定建立在对游客满意影响因素及其特征分析的基础上。国外关于游客满意测度的研究最早是基于Parasuraman等的SERVQUAL模型③。Akama等(2003)运用SERVQUAL模型对肯尼亚Tsavo West国家公园的游客满意度进行测度和服务质量分析，并在服务质量五维度的基础上增加了价格和感知价值两个维度，形成了游客满意度的七要素结构。Maryam Khan在SERVQUAL模型的基础上，建立了ECOSERV(ecotourism service quality)模型④。近年来国外应用最广泛的测评模型是美国顾客满意度指数(ACSI)模型。

近几年国内学者主要从特定旅游景区游客满意度的影响因素以及通过专家访谈构建游客满意度评价指标体系。如董观志、杨凤影提出了景区游客满意度测评指标体系，运用模糊综合评价法建立了测评游客满意度的数学模型；汪侠等则在国内外学者的研究基础上改进并建立旅游景区顾客满意度指数模型(TACSI)及模型图，提出景区形象作为外在因素影响着游客对景区的预期，游客预期影响游客对景区的感知质量，景区形象、游客预期、感

---

① Cardozo, R.. An experimental study of customer effort, expectation and satisfaction[J]. *Journal of Marketing Research*, 1965, 3(2): 244-249.

② Abraham Pizam, Yoram Neunann, and Arie Reiehel. Dimensions of tourism satisfaction with adestination area[J]. *Annual of Tourism Research*, 1978, 9: 314-322.

③ Parasuranman, A., Zeithaml, V, and Berry, L.. SERVQUAL, A multiple item scale for measuring consumer perceptions of service quality [J]. *Journal of Retailing*, 1988, 64(1): 12-40.

④ Maryam Khan. ECOSERV eco-tourists' quality expectations[J]. *Annals of Tourism Research*, 2003, 30: 109-124.

知质量决定着游客对景区的感知价值，游客的感知价值、感知质量、景区形象又直接影响到游客的满意度，而游客抱怨、游客忠诚、对景区印象与总体评价则表现了游客对景区满意的程度。

3. 研 究 方 法

3.1 数据和样本

本次问卷的发放，主要集中在黄鹤楼景区，大学校园的操场、运动场及草坪休闲地。共发放问卷 150 份，回收问卷 121 份，回收率 80.67%；其中有效问卷 100 份，有效率达 82.64%。由于我们的调查样本为游览过黄鹤楼景区的在校大学生，因此在填写问卷之前，我们会向受访者提问："请问你是在校大学生吗?""请问你游览过黄鹤楼景区吗?"当受访者的回答均为肯定时，调查人员才会解释问卷内容、协助游客填写问卷并及时回收。为此，我们获得了较为客观、有效的第一手资料。与此同时，我们充分利用了市场访谈法，与游客进行面对面的沟通交流，让游客尽可能地提出意见和建议，不仅有效地弥补了试调查问卷的不足之处，而且为我们分析了解游客满意度提出了宝贵的建议。

3.2 游客期望与实际感知评价指标体系的构建

以旅游者在旅游景区的感受与体验为基础，形成的旅游者对景区的实际评价，主要是通过旅游者在旅游景区接触到的软环境及旅游活动中的六要素/吃、住、行、游、购、娱而形成的。本文评价指标体系的构建参照了董观志在其研究中建立的模糊综合评价模型。由于本研究以武汉在校大学生为调查对象，因此在设计问卷中剔除了有关住宿的变量。结合研究的目的以及景区特点，本文采用层次分析法设计的在校大学生在黄鹤楼景区的期望与实际感知的测评指标体系有：游览、餐饮、交通、购物、娱乐、基础设施、旅游服务与管理 7 个评价项目，共 16 个评价因子，具体测评指标体系见表 1。

表 1　　**配对样本 t 检验——重要性和满意度比较($n=100$)**

评价项目	评价因子	期望		实际感知		差异
		Mean	SD	Mean	SD	MD
游览	景区完整性	4.52	0.717	3.59	0.842	0.930
	景区真实性	4.58	0.684	3.16	0.982	1.420
	特色建筑	4.43	0.742	3.48	0.772	0.950
	游览环境	4.41	0.653	3.57	0.902	0.840
餐饮	就餐方便性	3.71	0.924	3.06	0.952	0.650
交通	交通便捷性	4.14	0.876	3.60	0.910	0.540

续表

评价项目	评价因子	期望		实际感知		差异
		Mean	SD	Mean	SD	MD
基础设施	公共厕所	4.35	0.730	3.55	0.857	0.800
	引导标志	4.27	0.763	3.78	0.760	0.490
	安全设施	4.55	0.626	3.66	0.781	0.890
购物	商业化程度	3.13	1.244	2.93	0.879	0.200
	纪念品地方特色	3.64	1.010	3.29	0.880	0.350
	纪念品丰富程度	3.50	1.049	3.19	0.775	0.310
娱乐	娱乐项目丰富程度	3.23	1.109	3.02	0.841	0.210
	娱乐项目参与程度	3.23	1.024	3.04	0.737	0.190
旅游服务与管理	景区服务人员态度	4.48	0.717	3.27	1.004	1.210
	当地居民友好程度	4.21	0.832	3.45	0.925	0.760

3.3 调查问卷的设计

根据调查目的地和预调查的结果，最终调查问卷由以下内容构成：

第一，受访者的人口统计学信息：包括性别、年级、生活费、客源地等。

第二，与旅游期望和实际感知相关的其他因子：重游率；获取旅游信息渠道；游伴情况；对景区门票的评价；对纪念品的评价；对景区整体旅游形象的评价；是否会推荐给亲朋好友；是否会重游。

第三，旅游期望与实际感知评价指标(见表1)。旅游期望和实际感知指标的量化方法均采用5级量表法，如旅游期望分别对应分值5(很重要)、4(重要)、3(一般)、2(不重要)、1(很不重要)，实际感知分别对应分值5(非常满意)、4(满意)、3(一般)、2(不满意)、1(很不满意)。

4. 问 卷 分 析

本研究主要运用统计分析软件SPSS 19.0对调查数据进行整理和分析，对缺省数据采用样本均值替代法进行处理。

4.1 问卷信度分析

信度分析是用来衡量问卷反映游客满意度的可靠程度的一种分析方法。信度分析本身与问卷调查结果正确与否无关，其仅能反映出问卷调查方式的稳定性和一致性。信度分析的基本方法是采用不同的信度系数对量表的内在信度或外在信度进行分析研究，信度系数越高，表示问卷调查结果越可信。本研究采用Alpha信度系数法对问卷调查数据进行分析，Cronbach's $\alpha=0.838$（项数为 32），从问卷信度分析可见，整体问卷的可信度较高。

4.2 样本特征分布

样本特征分布是指被调查者（游客）的个体特征和社会属性。通过分析可见，赴黄鹤楼景区旅游的在校大学生中男性占 46%，女性占 54%，女性多于男性，这与我国旅游业中女性多于男性的结论相符。被访问者每月生活费达到800 元以上的占83%，说明去黄鹤楼景区旅游的在校大学生中大多是具有较高的可自由支配收入的。从客源地来看，来自国内其他省市的比例最大，占 61%。而来自武汉本市甚至是湖北省内的在校大学生前往黄鹤楼景区的比例只占较小比例，这与《2013 年中国旅游业发展报告》中的数据相冲突，是研究者可以进行深入研究的一个方面。游客基本情况见表 2。

表 2 **游客基本情况（$n=100$）**

调查因素	样本分类	百分比
性别	男	46
	女	54
年级	大一	15
	大二	25
	大三	17
	大四	13
	研究生	30
每月生活费	500 元以下	1
	500~800 元	16
	800~1000 元	44
	1000 元以上	39
家庭居住地	武汉市	13
	湖北省内其他市县	26
	国内其他省市	61

4.3 数据统计分析

对样本数据进行频率分析得到，通过亲戚朋友介绍而了解黄鹤楼景区的占受访者比例最大（42%），其次是报纸、杂志、书籍（28%），电视广播占 27%，而通过旅行社和景区网站了解黄鹤楼景区的仅占 18%。这说明黄鹤楼景区的旅游促销还停留在较原始的口碑宣传效应这一层次上，促销的手段还比较单一，需要多样化促销。

从旅游目的来看，88%的受访者表示受黄鹤楼悠久的历史文化吸引，少部分游客则青睐黄鹤楼优美的自然环境(23%)和独特的地理位置(15%)。这说明黄鹤楼景区的核心竞争力依然体现在其悠久的历史和独特的文化内涵之上。

在选择游伴方面，高达91%的受访者选择与亲戚朋友(54%)或家人(37%)一起游览黄鹤楼景区。

在重游率方面，赴黄鹤楼景区旅游一次、两次、三次、四次及以上的游客比重分别为71%、15%、9%和5%，呈现出递减的规律，由此我们可以直观地得出这样一个结论：黄鹤楼景区回头客人的数量会随着旅游次数的增多而迅速减少，要培养忠诚顾客还存在难度，旅游的吸引力有待加强。

本研究还对在校大学生能够接受的黄鹤楼景区门票价格以及景区各类纪念品的价格进行了调查，分析发现超过一半的受访者(57%)能够接受的黄鹤楼景区的门票价格在40元以下，普遍能够接受的小型工艺品的价格为5~10元，大型工艺品的价格50~100元，书画纪念品价格10~20元，图书资料价格5~10元，笔者通过实地考察发现，与景区门票和纪念品的实际价格相比，在校大学生能够接受的黄鹤楼景区门票价格稍低，纪念品价格则相对一致。

通过对问卷调查数据的量化处理，可得出在校大学生游客对黄鹤楼旅游景区各观测变量的评价均值和标准差。在校大学生游客对黄鹤楼景区基础设施的满意度分值最高，对商业化程度和娱乐项目指标的满意度分值最低。此外，在校大学生游客对黄鹤楼旅游景区总体上还是比较满意的。但是，仅有7%和31%的受访者表示肯定会或可能会重游黄鹤楼景区，其他游客则表明重游的可能性不大或不可能再重游，这说明黄鹤楼景区对在校大学生的吸引力不是太大，有待提升。问卷数据也表明，游客的推荐意愿较高，66%的受访者可能或肯定会推荐亲戚朋友前来黄鹤楼景区游览，这在一定程度上反映了黄鹤楼景区在在校大学生心目中具有独特的旅游价值，值得推荐。景区整体形象描述统计分析见表3。

表3　**景区整体形象描述统计分析**

	N	极小值	极大值	均值	标准差	方差
您觉得该景区的整体旅游形象	100	2	5	3.56	0.686	0.471

4.4　相关统计数据分析

通过结合受访者的基本信息和消费特性而做的黄鹤楼景区在校大学生游客满意度的进一步分析可知，按性别、年级、每月生活费、家庭居住地、游伴情况五个方面划分的游客群体，其满意度没有显著差异；按游览次数划分的游客群体在总体满意度上具有显著性差异；游客对各评价因子的总体满意度与游客感知的景区整体旅游形象、游客重游的可能性以及推荐他人游览的可能性显著相关。

4.4.1　*游览次数与满意度的相关分析*

通过对游客游览景区的次数与总体满意度进行双变量相关分析得到表4所示数据，我们可以发现在给定的显著性水平 0.05 之上，游客游览景区次数与总体满意度存在显著的负相关关系，即游览景区的次数越多，游客的满意度会越低。

表 4 **游览次数与总满意度的相关性分析**

		到黄鹤楼的次数	总满意度
到黄鹤楼的次数	Pearson 相关性	1	−0.217*
	显著性(双侧)		0.030
	N	100	100
总满意度	Pearson 相关性	−0.217*	1
	显著性(双侧)	0.030	
	N	100	100

注：* 表示在 0.05 水平(双侧)上显著相关。

4.4.2 满意度与游客重游以及推荐意向的相关分析

本研究将游客总体满意度与游客重游和向他人推荐的意愿进行双因素相关分析，得到数据如表 5、表 6 所示，即游客总体满意度与游客重游和向他人推荐的意愿显著正相关，游客越满意，重游和向他人推荐景区的可能性就越高。

表 5 **满意度与景区重游的相关性分析**

		总满意度	您再次到黄鹤楼景区的可能性
总满意度	Pearson 相关性	1	0.278**
	显著性(双侧)		0.005
	N	100	100
您再次到黄鹤楼景区的可能性	Pearson 相关性	0.278**	1
	显著性(双侧)	0.005	
	N	100	100

注：** 表示在 0.01 水平(双侧)上显著相关。

表 6 **满意度与向他人推荐景区可能性的相关性分析**

		总满意度	推荐亲戚朋友到该地的可能性
总满意度	Pearson 相关性	1	0.432**
	显著性(双侧)		0.000
	N	100	100

续表

		总满意度	推荐亲戚朋友到该地的可能性
推荐亲戚朋友到该地的可能性	Pearson 相关性	0.432**	1
	显著性(双侧)	0.000	
	N	100	100

注：**表示在 0.01 水平(双侧)上显著相关。

4.4.3 满意度对游客感知的景区整体旅游形象的相关分析

由表 7 可以发现，游客对各评价因子的总体满意度与游客感知的景区整体旅游形象显著正相关，这也从侧面印证了本研究评价指标体系设计的合理性。

表 7 满意度对游客感知的景区整体旅游形象的相关分析

		总满意度	您觉得该景区的整体旅游形象
总满意度	Pearson 相关性	1	0.341**
	显著性(双侧)		0.001
	N	100	100
您觉得该景区的整体旅游形象	Pearson 相关性	0.341**	1
	显著性(双侧)	0.001	
	N	100	100

注：**表示在 0.01 水平(双侧)上显著相关。

4.5 重要性—表现性分析(IPA)

IPA 分析法是一种偏于定性研究的诊断模型。它列出产品和服务的所有绩效指标的重要程度及满意程度的打分，将影响游客满意度的各因素归入四个象限内，如图 1 所示。

图 1 中，第Ⅰ象限高满意度、高重要性区域，具有一定的优势，可以顺其发展；第Ⅱ象限为高满意度、低重要性区域，又称为“维持区”，不需要花费过多精力；第Ⅲ象限为低满意度、低重要性区域，也称为“机会区”，是次要劣势，可优先发展；第Ⅳ象限为低满意度、高重要性区域，称为“修补区”，是主要劣势，位于这一象限的因子，需要重点改进。

根据表 1 中重要性和满意度的配对样本 t 检验的数据结果，我们计算可得，7 项指标重要性的总的平均数 I 等于 4.02，满意度对应的 7 项指标满意度的总的平均数 P 等于 3.35。根据 IPA 分析法可以得知，$I=4.02$ 和 $P=3.35$ 这一交点就是重要性轴和满意度轴相交的原点。基于相交的这一点，画出垂直相交的 I 轴和 P 轴，划分出 IPA 图的四个象限

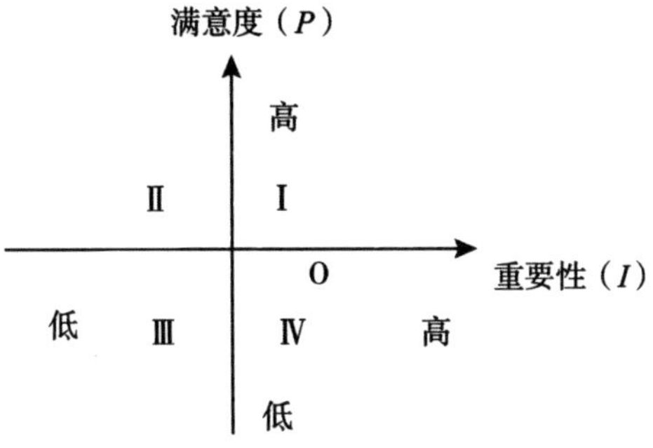

图 1　IPA 分析法

(如图 2 所示)。将 7 项指标中的每一对指标的 *I* 值和 *P* 值的交点在四个象限的相应位置用符号和表示的项目进行标示。

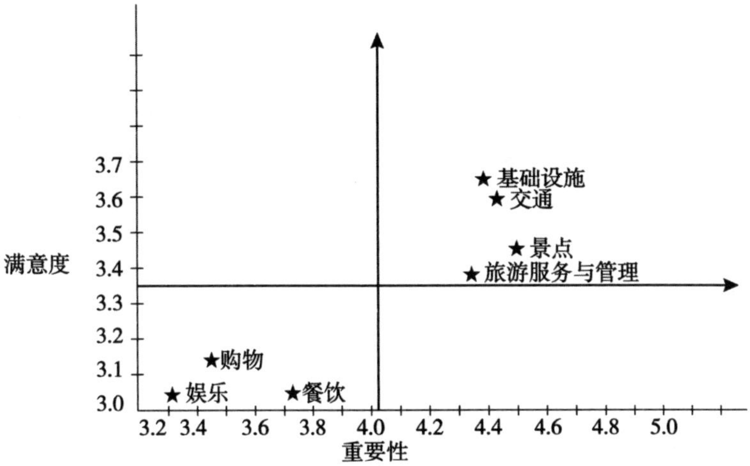

图 2　总体满意度 IPA 定位

如图 3 所示，测量满意度的 7 项指标中，有基础设施、交通、景点、旅游服务与管理 4 项指标位于第一象限，根据 IPA 分析方法，位于这一象限的指标为高满意度、高重要性，并且这些指标测量的游客满意度均小于其感知的重要性。根据 Oliver 对顾客满意的定义，可以得出结论：虽然黄鹤楼景区在基础设施、交通要素、景点要素、旅游服务与管理要素方面表现比较好，游客的满意度较高，但游客在这方面的实际印象与他们期望值之间存在差异，仍需要继续努力。

娱乐、购物、餐饮三项指标位于第三象限。根据 IPA 分析原理，这三项指标为重要性和表现性均差的项目。虽然游客感知的期望值均低于他们的期望值，但是这些因素并不重要。

如图 4 所示，仅有景区完整性这一指标在第 I 象限内，根据 IPA 分析原理可知，在游

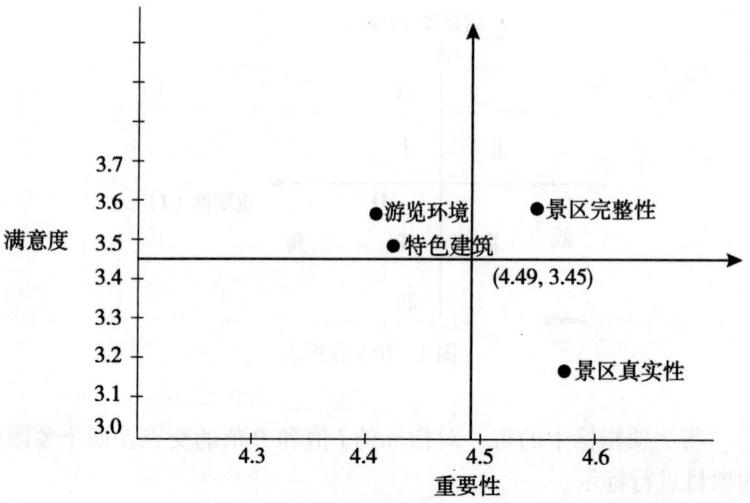

图 3　景点满意度 IPA 定位

客的印象中，黄鹤楼景区的景区完整性($t=8.802$，$P=0.000<0.05$)不仅很重要，而且黄鹤楼在这方面做得也比较好，给予游客很好的体验。但是也不难发现，游客对此感知的重要性要远远高于其游后的满意程度，因此在景区的完整性方面，黄鹤楼景区还需要努力。

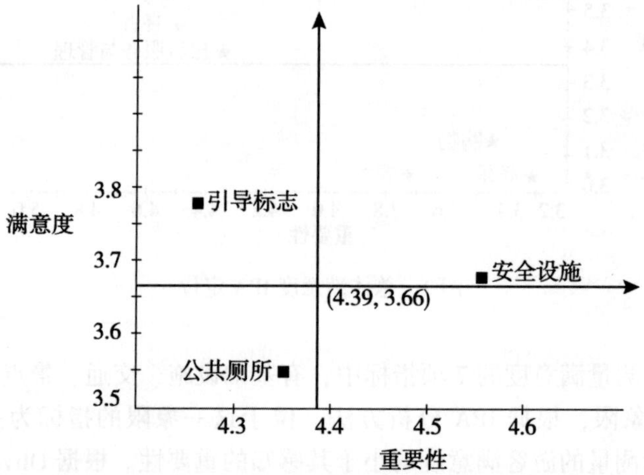

图 4　基础设施满意度 IPA 定位

游览环境和特色建筑影响因子位于“维持区”的第Ⅱ象限，就调查的游客群体可以看出，在校大学生认为这两个满意度的影响因子并不重要，或者他们对此并没有关注很多，但是有较好的感知。

景区真实性位于第Ⅳ象限，在游客心目中，景区真实性是非常重要的影响因子，但是黄鹤楼景区在这方面并没有满足游客的需要。对景观真实性 t 检验可以发现

$p=0.000<0.05$，这表明游客在感知景观真实性方面与他们的期望存在显著落差，满意度低于重要程度。因此，黄鹤楼景区需要在景观真实性方面多多努力，以提高游客满意度。

如图 5 所示，安全设施位于第Ⅰ象限，引导标志位于第Ⅱ象限，公共厕所位于第Ⅲ象限，可以看到，黄鹤楼景区在引导标志方面做得很好；而在公共厕所方面虽然游客认为重要程度相对不高，但是满意度依然较低，需要努力提升。另外游客对景区的安全设施赋予很高期望，景区还需要在这方面做出改进。

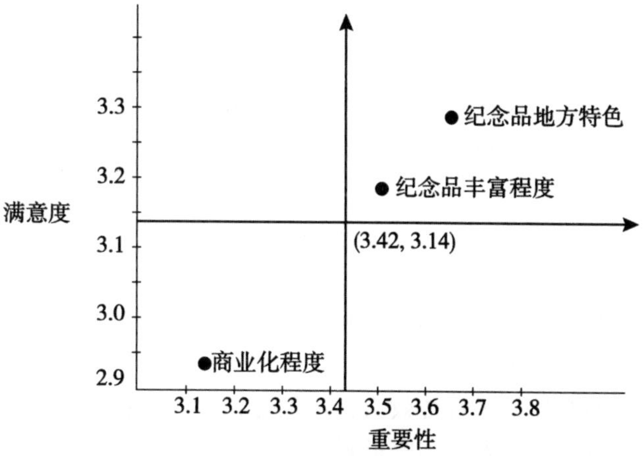

图 5　购物要素满意度 IPA 定位

由图 6 可以看出，纪念品地方特色和纪念品丰富程度位于第Ⅰ象限，根据 IPA 分析原理，游客认为这两方面不但重要，而且相对来说，黄鹤楼景区在这方面做得也不错，让他们满意。游客对纪念品地方特色（$t=2.799$，$P=0.006<0.05$）、纪念品丰富程度（$t=2.524$，$P=0.013<0.05$）的实际感知与他们的期望值有显著差异，其重要性均值大于满意度均值，因此，黄鹤楼景区在纪念品的地方特色和纪念品的丰富度上还需要努力。

位于第Ⅲ象限的是商业化程度，这方面是低重要性低满意度。从配对比较的结果来看，游客对商业化程度（$t=1.573$，$P=0.119>0.05$）的实际感知与他们的期望值并没有明显的差异，因此对于商业化程度这一要素需要改进的并不多。

5. 结　　论

综合前述分析，我们可以得出如下结论：

对于在校大学生来说黄鹤楼景区门票价格偏高，纪念品价格合理。在校大学生游览黄鹤楼景区的比例受每月生活费用的影响，这说明在校大学生游览黄鹤楼景区之前会较多的考虑门票价格。

从客源地来看，家庭居住地在武汉市及湖北省市、县的在校大学生中，只有较小比例的在校大学生进入黄鹤楼景区游览过，大多数人只在景区外面随意看看，并未进入景区内部游览。

大多数人通过亲戚朋友介绍才了解黄鹤楼景区，从其他信息途径了解黄鹤楼景区的所占比例较小，这说明黄鹤楼景区的旅游促销还停留在较原始的口碑宣传效应这一层次上，促销的手段还比较单一，需要进行多样化促销。

在校大学生游览黄鹤楼景区的原因主要在于其悠久的历史文化，这表明黄鹤楼景区的核心竞争力依然体现在其悠久的历史和独特的文化内涵之上。研究表明游览过黄鹤楼景区的在校大学生重游的可能性不大，但向他人推荐景区的意愿较高，说明黄鹤楼景区在大学生心中具有独特的旅游价值，但对在校大学生吸引力较低，有待提升。

在校大学生对黄鹤楼景区的总体满意度较高。黄鹤楼景区在基础设施、交通要素、景点要素、旅游服务与管理要素方面的表现比较好，游客的满意度较高，但游客在这方面的实际印象与他们期望值之间存在差异，仍需要继续努力。娱乐、购物、餐饮三项指标为重要性和表现性均差的项目。黄鹤楼景区可以在这几个方面做出改进以提高满意度。

6. 建　　议

结合黄鹤楼景区在校大学生游客满意因素分析研究所得结论，本文对黄鹤楼景区将来的发展与管理提出以下建议：

增强景区营销，如增强景区宣传效力，增加促销手段；科学细分游客群体，对特殊群体如老人和大学生等收入较低者适当降低景区门票价格。

深度开发黄鹤楼景区的展示内容，提高旅游吸引力。游客在黄鹤楼各层的游廊上看到的是武汉市的现代风貌，与他们心理图景中的诗画黄鹤楼形成鲜明的对比，黄鹤楼旅游形象的不对称造成游客旅游心理满足上的极大失落。景区在开发上无法再现游客心理图景中的诗画黄鹤楼，但是可以通过让游客在体验黄鹤楼历史演变的过程中逐步改变心理期望值，把他们心目中的黄鹤楼按照历史发展的时空顺序逐步再现为现代的黄鹤楼。比如黄鹤楼在展示内容上可以增加反映各个历史时期黄鹤楼鲜明特色和历史演变的诗词、楹联、书画、人物像等静物；在展示手段上突破静物展示的局限，运用现代媒体技术，对相关静物做出形象生动的解释，再现该历史时期的时代风貌。

增加与黄鹤楼主题相符的参与性体验旅游活动。总的来说，黄鹤楼景区的游客参与性体验活动较少，并且与景区主题不协调，吸引力不大。本文认为黄鹤楼景区可以开展举行以“故人西辞黄鹤楼，烟花三月下扬州”为主题的武汉至扬州的旅游活动。景区内可以增加“电子涂鸦墙”的使用，并且在各个楼层为游客提供纸墨笔砚，供游人抒发景区游览感怀。这不仅可以减少景区柱子、墙壁上的乱涂乱刻现象，还会增加游客的旅游兴趣。景区还可以不定时地选出游人留下的优秀的诗词或书法作品，在景区内进行展示。

重视游客满意度管理，提高游客满意度。黄鹤楼景区应该提高旅游服务水平，例如提供景区免费讲解服务、大力开展微笑服务等。

（作者电子邮箱：guolingmin820@163.com）

◎ 参考文献

[1] 董观志，杨凤影．旅游景区游客满意度测评体系研究[J]．旅游学刊，2005，1.

[2] 郭进辉，郭伟峰．基IPA分析法的武夷山九曲溪漂流游客满意度实证研究[J]．乐山师范学院学报，2010，12.

[3] 韩笑，杜先利．基于五级态度量表生态旅游景区游客满意度研究——以滕州微山湖红荷湿地公园为例[J]．安徽农业科学，2010，3.

[4] 胡静．2013中国旅游业发展报告[M]．北京：中国旅游出版社，2013.

[5] 李明晨．黄鹤楼的历史演变与旅游开发[D]．华中师范大学，2009.

[6] 李智虎．谈旅游景区游客满意度的提升[J]．企业活力，2003，4.

[7] 汪侠，顾朝林，梅虎．旅游景区顾客的满意度指数模型[J]．地理学报，2005，5.

[8] 吴忠军．旅游景区规划与开发[M]．北京：高等教育出版社，2003.

[9] AbrahamPizam, Yoram Neunann, and Arie Reiehel. Dimensions of tourist satisfaction with destination area[J]. *Annual of Tourism Research*, 1978, 9.

[10] Cardozo, R.. An experimental study of customer effort, expectation and satisfaction[J]. *Journal of Marketing Research*, 1965, 3(2).

[11] Maryam Khan. ECOSERV eco-tourists' quality expectations [J]. *Annals of Tourism Research*, 2003, 30.

[12] Parasuranman, A., Zeithaml, V., and Berry, L.. SERVQUAL, A multiple item scale for measuring consumer perceptions of service quality [J]. *Journal of Retailing*, 1988, 64(1).

Investigation of Satisfaction to the Yellow Crane Tower Scenic Area of College Students

Fan Zhiyong[1] Guo Lingmin[2] Hu Yue[3]

(1, 2, 3 Economics and Management School of Wuhan University, Wuhan, 430072)

Abstract: Along with the tourism market competition, satisfaction of tourists to scenic spots have received more and more attention. In this paper, Wuhan City, Yellow Crane Tower scenic area as the research object, we select the special student groups as the research object. On the basis of the tourist satisfaction measurement model and index system, through field research and student tourists questionnaire visit to Yellow Crane Tower scenic area, using statistical analysis software SPSS and IPA analysis method to analyze survey data, evaluate of tourist satisfaction and its influencing factors. Based on the results of investigation and analysis, we put forward some suggestions for the future development and management of the scenic spots of Yellow Crane Tower.

Key words: Tourist satisfaction; College students; Yellow Crane Tower scenic area; IPA

学术创业：中国研究型大学如何转型
——评《学术创业：中国研究型大学第三使命的认知与实现机制》

● 何德旭
(中国社会科学研究院 北京 100102)

在世界范围内对研究型大学追根究源，可追溯到1809年洪堡建立柏林大学。“洪堡改革”启动了大学职能从传播知识和为少数关键职业提供训练服务向“研究”、“发展知识”、“教学与研究相统一”的转变，一些专业学科院系和研究机构开始建立。19世纪的德国大学模式标志着现代研究型大学的初步形成，而第一所真正意义上的研究型大学则是由深受德国大学理念影响的丹尼尔·吉尔曼在1876年创建的美国约翰·霍普金斯大学，他的思想包括建立具有极高学术标准的研究生院，创建研究所和研究中心，解决生产的科学化和复杂化问题，以满足社会对大学担当推动科技创新重任的要求。因此，约翰·霍普金斯大学被认为是“美国高等教育中从未见过的最具鼓舞作用的影响力”①。此后，若干研究型大学逐渐以其高水平的科学研究和人才培养影响全美科学和高等教育的发展。

什么是研究型大学？学者们有不同的看法和不同的描述。按照美国卡内基高等教育机构分类法(2011年版)，年授予博士学位不少于20个，四项科研指标总和得分好于一般以上即可认为是研究型大学。四项科研指标是：(1)理工学科的研发经费；(2)其他学科的研发经费；(3)理工研究人员数(博士后数量、其他非教职有博士学位的研究人员数量)；(4)人文、社会、理工科技和数学以及其他学科(如商科、教育、公共政策、社会工作)博士学位授予量。这是一个相当量化和具体的评价指标体系。

依据以上两类标准，能提供一定数量的博士学位和科学硕士学位的大学就具有研究型大学的基本条件，但四项科研指标水平是一个相对指标，必须高于一般水平以上才符合研究型大学的条件。

参照卡内基分类标准，结合我国高等教育实际情况，我国研究型大学初步界定为：如果一级学科的博士学位点授予权数占全校一级学科总数的50%以上，二级学科硕士学位点授予权数占全校二级学科总数的80%以上，且其年度科研经费相当于或超过年度教学用经费的大学，都属中国研究型大学②。

除了以上通过数字界定研究型大学之外，研究型大学具有哪些内涵特征？概括而言，研究型大学是高等教育机构中的重点大学，以培养高层次的学术人才，从事高水平的科学研究，吸引大量科研经费，产生高水平的科研成果的教育科研机构。研究型大学的发展水

---

① 克拉克·克尔．大学之用[M]．北京：北京大学出版社，2008.

② 林荣日．中国研究型大学综合实力评价指标体系设计[J]．中国高等教育评估，2002，2：17-20.

平是衡量国家竞争力的一个重要指标。

研究型大学的第三使命是指大学在完成教学与科研基本使命前提下，为了进一步推动自身社会服务功能的多元化，依靠大学现有的人力资源、教学资源、科研资源，同产业、政府组织进行网络式的交流与合作，并通过技术咨询或转让、合作研究、大学衍生企业创办等形式开展与教学和科研相关联而又有区别的知识创新及商业化应用活动。所以，研究型大学践行第三使命的活动也称为学术创业。

自从20世纪下半叶以来，大学逐渐成为促进经济与社会发展的原动力，知识的资本化与大学研究成果的产业化开始进入大学发展议程，许多国家先后涌现出研究型大学用原创性科技成果转化、孵化、催生、兴办新产业的现象，大学从研究和教学使命之外又延伸出了服务于经济和社会发展的职能(Etzkowitz，1998)。埃兹科维茨(Etzkowitz，2007)甚至认为，将基础研究和教学与产业创新结合在一起的MIT模式，正在取代哈佛模式成为学术界的榜样。

随着大学的科学知识的生产转化为经济价值的创造，经济本身也发生了转化，大学作为经济发展参与者不仅改变了企业和大学关系的性质，也使大学成为地区的重要角色。大学不再被企业和政府所指挥，而是在促进创新和产业政策体制中，即在大学—企业—政府三螺旋关系中，作为有影响力的行动者和平等的合伙人出现。科学和经济这两个制度上的领域，尽管迄今为止还相对分离和独立，但已经开始不可避免地缠绕在一起了。

然而，自从市场导向的改革以来，中国大学的目标和使命趋向多元化，不断开发大学教师和学校资源，承担服务于经济发展的大学“第三使命”的压力，也往往使得大学陷入“三”难困境(培养人才、学术创新、经济收入)。中国的教育部门一直在追求GDP主义，结果是教育部门的产值上去了，但制约着教育部门本身的进步和人才的质量。所以，中国高等教育市场化是一个饱受争议的命题。

相对于欧美研究型大学而言，中国研究型大学不算长的发展历史、复杂的治理结构和模糊的战略目标为研究者带来了巨大的挑战和研究难度，或许这正是这本书的研究价值所在。在国内，能够对中国研究型大学战略转型做如此全面和深刻的描述的著述并不多见，而在国际高等大学发展战略研究领域也很少有关于中国研究型大学的系统而专业的研究。因此，由武汉大学夏清华教授倾心撰写、武汉大学出版社出版的重要作品《学术创业：中国研究型大学第三使命的认知与实现机制》具有非常重要的国际学术价值和应用价值，这项研究的意义在于，它将驱动大学利益相关者思考大学的战略定位和社会角色，不断调整大学的运作方式，为读者呈现一个全新的国家创新系统与经济增长过程中的新型研究型大学风貌，也为读者提供了全面了解中国研究型大学的过去、现在和将来的宝贵资料，在国际相关学术领域具有独特的价值和学术水平。

本书的研究主题涉及交叉学科范畴，有很大的研究难度和创新价值。作者巧妙地从大学功能演变的角度阐释了现代研究型大学如何承载新的第三使命以及对传统大学的职能和教育理念的影响。作者用大量的文献资料和实际调查数据，从多个方面分析了中国研究型大学在国际化、中国经济发展方式转型以及高等教育体制改革等背景下战略转型的方式、能力及其绩效评价，为大学未来的发展战略决策提供了智力支持。全书立意高远，思路开阔，研究方法严谨，研究难度大，资料丰富，研究结论观点新颖，而且政策建议思路非常清晰、可行。

一位具有二十多年教育工作经历的大学学者用她自己独到的眼光、开阔的思维、科学的方法、严谨的治学、灵巧的写作和深切的责任感贡献了一部经得起时间考验的好作品。

《珞珈管理评论》投稿简则(讨论稿)

《珞珈管理评论》是由武汉大学经济与管理学院主办、武汉大学出版社出版的集刊，为半年刊，本刊旨在追求正确的价值取向、多元的学术思想及高质量的学术品位，以提供一个弘扬学术、启迪创新思维、探讨管理学科前沿问题、交流管理理论以及展示管理学科学术成果的学术平台为动力，以推动管理学教学及科研的发展为使命。

1. 本集刊于2010年启动网上投稿系统，现要求所有投稿均通过投稿系统进行。请作者登录《珞珈管理评论》网站(网站地址：http://ljmr.whu.edu.cn)，注册作者账户，进行投稿。本集刊将不再接受纸质投稿。

2. 上传文稿为Word和PDF两种格式，请用正式的GB简体汉字横排书写，文字清晰，标点符号规范合理，句段语义完整，全文连贯通畅，可读性好；全文以不超过8000字为宜(有价值的综述性论文，可放宽到12000字，包括图表在内)。图表、公式、符号、上下角标、外文字母印刷体应符合规范。若论文研究工作受省部级以上基金项目支持，请用脚注方式注明基金名称和项目编号。

3. 正文文稿格式为：(中文)主题→作者姓名→工作单位→摘要→关键词(3~8个)→1引言(正文一级标题)→内容(1. 1(正文二级标题)…，1. 2 …)……→结论→参考文献→(英文)主题→作者姓名→工作单位→摘要→关键词→附录；摘要不超过300字。

4. 来稿刊用后，按规定赠予当期刊物两份(若作者较多，会酌情加寄样刊)。

附录：参考文献著录规则

全文采取脚注和文后参考文献的著录规则：脚注用于对文稿的相关内容进行注释说明，在需注释说明的内容所在页面下进行说明；参考文献用于对正文中引用的相关文献进行说明，标注于正文文后。

1. 脚注在页面的标注格式

如：①此处的人口总数专指当年城市人口总数。

2. 参考文献在正文后的标注格式

2. 1　按正文中引用的文献出现的先后顺序用阿拉伯数字连续编码，并将序号置于方括号中，用右上标[1][2][3]标示。

2. 2　同一处引用多篇文献时，将各篇文献的序号在方括号中全部列出，各序号间用“,”间隔。

2. 3　中国著者姓名的汉语拼音按GB/T 16159—1996的规定书写，名字不能缩写。

示例：Zheng Guangmei

欧美著者采用名在前姓在后的著录形式，欧美著者的名也可以缩写，不能省略缩写点；如用中译名，可以只著录其姓。

示例1：Alberd Einstein，还可表示为：A. Einstein

示例2：伏尔特·韦杰

示例3：P. S. 昂温

2.4 作者在3人以下全部著录，3人以上可只著录前3人，后加"，等"，外文用"，et al."，" et al."不必用斜体。责任者之间用"，"分隔。

2.5 参考文献中各部分的顺序为：

2.5.1 书籍

[序号]作者. 题名(或加其他题名信息). 版本项[文献类型]. 出版地：出版者，出版年：引文页码(报纸需标注日期及版面).

示例：[1]中国社会科学院语言研究所词典编辑室. 现代汉语词典[M]. 北京：商务印书馆，1996：258-260.

[2]Kirzner, I. M.. *Discovery and the capitalist process*[M]. Chicago: University of Chicago Press, 1985：33-34.

2.5.2 期刊文献

[序号]主要责任者. 题名：其他题名信息. 刊名，年，卷(期)：起止页码.（对于合期中的析出文献，在圆括号内注明合期号）

示例：[1]李晓东，张庆红，叶瑾琳. 气候学研究的若干理论问题[J]. 北京大学学报(自然科学版)，1999，35(1)：101-106.

[2] Admati, A. R., Ross, S. A.. Measuring investment performance with a rational expectations model[J]. *Journal of Business*, 1985, 58：42.

2.5.3 报纸中的析出文献

[序号]主要责任者. 文献题名. 报纸名，出版日期.

示例：[1]谢希德. 创新学习的新思路[N]. 人民日报，1998-12-25(10).

2.5.4 论文集中的析出文献

[序号]析出文献主要责任者. 析出文献题名. 析出文献主要责任者. 专著题名：其他题名信息. 出版地：出版者，出版年：析出文献的页码.

示例：[1] 林平. 美国反托拉斯法的主要内容及最新发展[A]. 汤敏，茅于轼. 现代经济学前沿专题：第三集[C]. 北京：商务印书馆，1999：221-249.

2.5.6 电子文献

[序号]主要责任者. 题名：其他题名信息. 出版地：出版者，出版年(更新或修改日期)[引用日期]. 获取和访问路径.

示例：[1]江向东. 互联网环境下的信息处理与图书管理系统解决方案[J/OL]. 情报学报，1999，18(2)：4[2000-01-18]. http∥www.chinainfo.gov.cn/periodical/qbxb/qbxb99/qbxb990203.